Blondinen bevorzugt

Ingelore Ebberfeld

BLONDINEN BEVORZUGT

Wie Frauen
Männer verführen

Westend Verlag

Copyright © 2007 Westend Verlag, Frankfurt/Main
Lektorat: Beate Koglin, Frankfurt/Main
Layout und Satz: Sabine Conrad, Karben
Umschlagabbildung: Getty Images
Druck: Clausen & Bosse, Leck
Printed in Germany
ISBN 978-3-938060-18-6

Die Deutsche Bibliothek verzeichnet diese Publikation in der Deutschen Nationalbibliografie. Detaillierte bibliografische Daten sind im Internet über http://dnb.ddb.de abrufbar.

Verlagsverzeichnis schickt gern:
Westend Verlag, Hufnagelstraße 19–21, Loft 1, D-60326 Frankfurt
www.westendverlag.de

Inhalt

Einleitung

Frauen wissen, wovon Männer träumen

Die Frau ist die einzige Beute, die ihrem Jäger auflauert.
Jörg Knör, Kabarettist

Im Tierreich täuschen fast alle Weibchen beim Balzritual Passivität vor. In Wirklichkeit sind die Tierdamen sehr aktiv. Sie sind es und nicht die Männchen, die den ersten Schritt in Richtung Sex machen. Ganz unverhohlen locken sie mit ihren Sexualduftstoffen. Denen können die Männchen nicht widerstehen. Darauf sind sie programmiert und kommen sogleich angetrottet.

Ähnlich unschuldig gebärdet sich auch die Menschenfrau. Beim Anbändeln gibt sie sich harmlos und naiv, tut so, als trüge sie nichts dazu bei, wenn ein Mann auf ihren Körper Appetit bekommt. Die Wahrheit ist: Frauen tun *alles* Mögliche, um von Männern beachtet zu werden. Sie lieben es ganz außerordentlich, wenn diese ihren Körper betrachten und begehren. Deshalb betonen sie ihre schwungvollen Kurven, zeigen verlockende Haut.

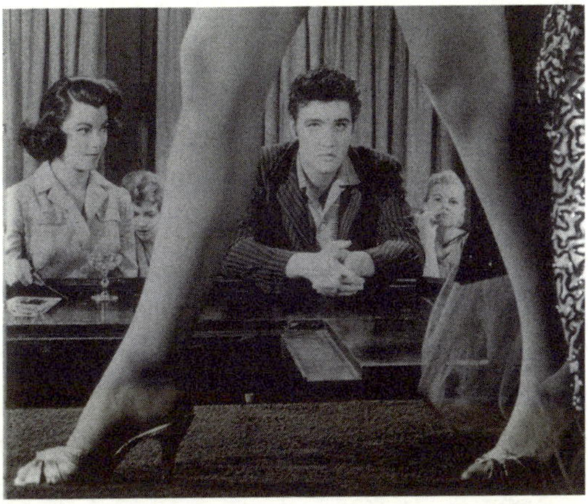

1 Elvis Presley in *Jailhouse Rock*, 1957

Mit knappen Tops, engen Hosen und bauchfrei schlendern Frauen über die Straße. Beim Ball oder Empfang zeigen sie sich in atemberaubenden Fummeln. Tief dekolletiert, hauteng oder mit einem langen Schlitz im Rock präsentieren die Damen ihre Sahnestücke: Busen, Beine, Po. Topless und mit String-Bikinihöschen promenieren sie an den schönsten Stränden dieser Welt. Das weibliche Geschlecht hat sich zur attraktiven Beute gemacht. Es ist das ewig gleiche Spiel der Geschlechter. Seit Jahrhunderten funktioniert es wunderbar nach immer derselben Formel: *Sie* lockt, *er* lässt sich locken. *Sie* gibt vor, passiv zu sein, *er* mimt den Eroberer und wird aktiv. Doch bei diesem Geplänkel der Geschlechter mischt die Natur kräftig mit.

Wir sind nicht soeben vom Baum gesprungen, betonte einmal der Soziologe Helmut Schelsky. Dennoch konnten wir unsere archaische Vergangenheit nicht vollständig abschütteln. Wir tragen eine ordentliche Portion Triebe in uns, was unser Überleben sichert. Keine Frage, wir haben unsere Triebe kräftig gezügelt. Aber sie haben noch immer ein gehöriges Wörtchen mitzureden. Und der Sexualtrieb mischt besonders mit. Anzunehmen, wir würden nur aus Spaß Sex haben, wäre ein Irrtum und reichlich naiv. Umgekehrt wird ein Schuh draus. Sex macht uns Spaß, weil die Natur es so will. Spaß beim Sex ist der Garant für die Fortpflanzung der Gattung Mensch. Die Natur hat alles getan, damit dieses Prinzip funktioniert.

Als man Prinzessin Chimay fragte, was in aller Welt sie denn zu Rigo, dem Zigeuner, hingezogen habe, antwortete sie in »ehrlicher Laune«: »Sein Geruch.« Als Arthur Miller sich in Marilyn Monroe verliebte, waren es ihre Kurven (91–61–86), die ihn sprachlos machten. Doch dass wir wegen hinreißender Hinterbacken heiraten oder wegen eines dicken Bankkontos, davon wollen wir natürlich nichts wissen. Wir bevorzugen rationale Erklärungen, die die Wahl unserer Partner rechtfertigen. Sie klingen charmanter und sind eines zivilisierten Menschen würdiger. In Wirklichkeit aber wollen wir uns *erfolgreich* fortpflanzen. Deshalb sind wir recht pingelig bei der Geschlechterwahl und nehmen nicht jeden x-Beliebigen.

Uns gefallen Frauen, die weiblich sind, und Männer, die ihren Mann stehen. Das sind Vorgaben, die die Natur unseren Vorfahren einimpfte. Hätten sie diese nicht ernst genommen, würde es uns heute vermutlich nicht geben. So suchte sich der Urmann ein junges, gesundes Weib, an dem was dran war.

2 Die Monroe als Pin-up-Girl

Das versprach Fruchtbarkeit. Und das Urweib suchte sich einen gesunden starken Mann. Der versprach Schutz und Versorgung während der Kinderaufzucht. Nur so konnten beide sichergehen, dass ihre gemeinsamen Nachkommen eine Überlebenschance und damit ihre Gene eine Zukunft hatten. Millionen Jahre sind seither vergangen, aber viel weiter sind wir nicht gekommen. Noch immer finden Männer das Gleiche an Frauen und Frauen das Gleiche an Männern attraktiv. Trotz des aufrechten Ganges, abschließbarer Häuser, Pille und Kinderzeugung durch künstliche Befruchtung, ja selbst wenn wir keinen Kinderwunsch verspüren.

Dass nur die wenigsten einen Traummann oder eine Traumfrau abbekommen, steht auf einem ganz anderen Blatt. Egal wie durchschnittlich wir aussehen oder sind, wir streben stets nach den Dingen, die uns für das andere Geschlecht attraktiv machen. Wenn sich Männer nach einer bestimmten Frau umdrehen, die sie niemals erobern können, und Frauen sich von einem bestimmten Mann angezogen fühlen, der für sie unerreichbar ist, dann zeigen sich darin die tatsächlichen Wahlkriterien. Die freie Wahl haben jedoch nur die Hochattraktiven unter uns. Je attraktiver jemand ist, desto höher sind dessen Ansprüche bei der Partnerwahl und desto wahrscheinlicher ist die Garantie, diese einzulösen zu können.

Es geht also darum, bei der Partnerwahl eine gute Figur zu machen. Das machen Frauen, indem sie sich mit ihrem Körper große Mühe geben. Sie wollen Blicke auf ihn lenken. Auf immer neue Art werden dabei die weiblichen Attribute unterstrichen. Einmal ist es die Taille, ein andermal sind es die Brüste, der Po, die Hüften oder die Beine, die Frauen besonders hervorheben. Stets aber ist es das markant Weibliche, das Männer an Frauen körperlich anziehend finden.

3 Auffallen, um anzulocken

4 Suri-Frau, Äthiopien

Bisweilen nehmen die Unterstreichungen der weiblichen Attribute groteske Formen an. Doch gleichgültig wie die Verschönerungen aussehen, zu allen Zeiten und in allen Kulturen haben sie den gleichen Zweck. Sie schüren die Aufmerksamkeit der Männer, machen attraktiv und sind beziehungsweise gelten als *ausgesprochen* weiblich: ob die extrem geschnürten Wespentaillen des neunzehnten Jahrhunderts, die hohen Plateauschuhe der Siebzigerjahre des letzten Jahrhunderts, die gebundenen Füße der Chinesinnen, die untertassengroßen Lippenplatten der Suri-Frauen aus Südwestäthiopien oder die mit Silikon aufgespritzten Lippen heutiger westlicher Frauen.

Die Übertreibungen der weiblichen Anlagen durch Bekleidungsstücke, Accessoires oder körperliche Manipulationen bewirken etwas ganz Entscheidendes: Sie schaffen gewissermaßen ein Superweib. Denn eine Frau mit extrem weiblichen Merkmalen lässt bei einem geschlechtsreifen Mann keinen Zweifel an ihrer Fortpflanzungsfähigkeit aufkommen.

Nicht nur für diese Art der Weiblichkeit nehmen Frauen viel in Kauf, sondern auch für die ganz »alltägliche« Weiblichkeit. Legt eine Inderin ihren Sari aus Seide an und macht sich für ein Fest zurecht, benötigt sie gut und gerne zwei bis drei Stunden. Ihre schwarze Schwester aus Ostafrika muss hingegen ein bis zwei Tage allein für eine kunstvolle Flechtfrisur nach Landessitte einplanen. Im Orient wiederum dauerten die Schönheitsvorbereitungen einer Braut, die einem Scheich zugeführt wurde, mindestens sechs Monate. Hierzulande braucht eine Frau im Durchschnitt eine Dreiviertelstunde, um sich stadtfein zu machen, einen halben Tag, um sich für die Disko zu rüsten, und manchmal Tage, um sich auf einen bestimmten Anlass vorzubereiten.

Wozu der Aufwand? Weshalb scheuen Frauen weder Kosten, Mühe noch Zeit für ihre Schönheit? Warum nehmen sie unbequeme Kleidung und Verschönerungsschmerzen hin, um attraktiv zu sein? Die Antwort ist schlicht: Sie möchten gefallen. Genauer: Sie möchten den Männern gefallen und von diesen begehrt werden. Männer wiederum sind verrückt nach Frauen, die ihre Weiblichkeit unterstreichen. Beides – die weibliche Lust, sich herauszuputzen, und die diesbezüglichen männlichen Vorlieben – hat mit Partnerwahl und Schönheitsvorstellungen zu tun. Dahinter wieder verbirgt sich der ewig gleiche Wunsch nach erfolgreicher Fortpflanzung. Von daher ist es gewissermaßen eine natürliche Anlage und durchaus sinnvoll, wenn Frauen *alles* Erdenkliche tun, um Männern zu gefallen.

Offenbar ist dieses menschliche Balzverhalten so und nicht anders angelegt. Das belegen unzählige Beispiele aus Gegenwart und Vergangenheit unserer und anderer Kulturen, aber auch biologische Vorgaben sowie Entsprechungen in der Tierwelt. Beständig und auf allen Kontinenten trifft man das gleiche Verhaltensmuster von Mann und Frau beim Liebesgeplänkel. Es ist eine der universellen Konstanten im Verhältnis der Geschlechter.

Beginnen wir mit dem Blick, denn damit fängt alles an.

Teil I

Blickrichtungen

Frauen lassen sich von Frauen nichts vormachen, Männer schon

Männer lesen *Kicker* und Automagazine. Sie interessieren sich für Aktienkurse und kabellose Bohrmaschinen. Vor dem Fernseher bleiben sie beim Sport oder bei Actionfilmen hängen. Frauen stecken hingegen ihre Nase mit Vorliebe in Modezeitschriften und Klatschspalten. Sie kennen sich aus mit Schönheitsmasken und Kalorien. Haben sie die Wahl und – ausnahmsweise – das Kommando über die Fernbedienung, entscheiden sie sich für einen Liebesfilm.

Gibt es also keine Gemeinsamkeiten? Doch! Eines zieht beide Geschlechter gleichermaßen an: der weibliche Körper. Blicke in ein x-beliebiges Magazin genügen. Kaum tauchen weibliche Kurven auf, saugen sich männliche wie weibliche Augen daran fest. Busen, Beine und Po wirken wie ein Magnet. Sie sind die fleischgewordene Dreifaltigkeit für jedermann.

Die Motive der Geschlechter sind allerdings höchst unterschiedlich. Männer werden von der Lust des Schauens getrieben. Ihnen gefällt, was sie zu Gesicht bekommen. Weibliche Kurven und Schönheit regen ihre Phantasie an, nicht zuletzt ihren sexuellen Trieb. Frauen bewegt beim Anblick eines Frauenkörpers etwas anderes. Sie kontrollieren, vergleichen, urteilen: Ist der Busen echt? Sind Fettpolster am Bauch? Haben Po und Oberschenkel Orangenhaut? Was wird getragen oder benutzt, um den Körper sexy aussehen zu lassen, um ihn zu verschönern und zu pflegen?

All das überprüfen Frauen mit dem ersten Blick. Gnadenlos wird der weibliche Körper beurteilt, und auch bei ihrem eigenen gehen sie nicht minder radikal vor. Fast zwanghaft stellen sie sich zu ihren schönen Schwestern in Relation. Das weibliche Geschlecht wittert Konkurrenz. Zu Recht, weil verlockende weibliche Schönheit, ob »echt« oder »unecht«, Erfolg bei Männern verspricht. Deshalb wollen Frauen hinter die Kulissen der Schönheit schauen und haben ein ureigenes Interesse an den Tricks der Verschönerungen. Mit den erworbenen Kenntnissen können sie sich selbst einen Vorteil verschaffen oder zumindest die vermeintliche beziehungsweise tatsächliche Konkurrenz besser einschätzen. Frauen wissen von daher, wie man posieren muss, damit die Figur besser zur Geltung kommt, die Beine nicht zu kurz wirken und Bauchrollen weniger auffallen. Sie wissen um die Geheimnisse des Lichts, das so brutal jede Unzulänglichkeit des Körpers aufzeigt oder sanft kaschieren kann. Ihnen ist Kerzenlicht hundertmal lieber als Neonlicht, besonders wenn sich das Alter ankündigt.

Marlene Dietrich wollte für ihr Publikum und besonders für ihre vielen Verehrer bis ins hohe Alter makellos sein. Sie wusste, wie das anzustellen war, und bestand auf einem eigenen Lichttechniker. Dem gab die Diva genaue Anweisungen. Stand sie vor der Kamera, durfte lediglich ein kleiner Schatten in ihrem Gesicht verbleiben. Ein winziges Dreieck unter ihrer Nasenspitze. Die Falten waren getilgt.

Frauen kennen auch die Möglichkeiten, mit Schminke und Puder ein Gesicht zu verändern, Augen erstrahlen, einen Mund verführerisch schimmern und Wangen rosiger und jugendlicher aussehen zu lassen. Sie haben erstaunliche Kenntnisse über Facelifting, Unterspritzen von Falten und Aufpolsterung der Lippen. Ihnen ist bekannt, welche Schönen sich im Showbusiness haben operieren lassen, welche unter den Glamourfrauen sich die Haare färbt oder hohe Schuhe trägt, um ein anziehenderes Äußeres zu erzielen. Das weibliche Geschlecht beherrscht tausenderlei Kniffs, um jünger, schöner und begehrenswerter auszusehen. Männer befinden sich diesbezüglich in der Steinzeit. Sie wissen im Grunde nicht, was Frauen so alles tun, um ihnen zu gefallen. Die teure Nachtcreme wird deshalb auch schon einmal arglos für rauhe Männerhände benutzt.

Hin und wieder gibt es einen Mann, der sich etwas besser auskennt. Er weiß, wozu Mascara benutzt wird. Dafür ist ihm unbekannt, wozu blickdichte Feinstrumpfhosen gut sind. Lange Haare und lange Fingernägel hält er stets für natürlich gewachsen. Begriffe wie Besenreiser, Couperose und Peeling sind für ihn böhmische Dörfer. Was einer Durchschnittsfrau völlig geläufig ist, bleibt dem Durchschnittsmann fremd. Ohne Englischkenntnisse wissen Frauen von heute, was man unter Eyeliner (Lidstrich), Magic Lip Corrector (Lippenkorrekturstift) oder Powder Blush (Wangenrot) versteht. Sie wissen, wozu Präparate gut sein sollen, deren Namen ewige Jugend versprechen: Moisturzing Lotion (Feuchtigkeitslotion), Target

Signs Cream (Altersfleckencreme) oder Firming Lift Lotion (Straffungscreme).

Eine Quizsendung zu Fragen rund um die Schönheit würde für die gewöhnliche Männerwelt ein Flop werden. Männer sind weit davon entfernt, ein solches Wissen zu benötigen. Ihr Interesse gilt dem schönen Schein, der Erscheinung einer schönen Frau.

Männer betrachten Frauen anders

Ein Mann will nicht wissen, ob die leiblichen Tatsachen einer Frau echt sind, jedenfalls nicht, solange er sie nicht berührt. Er fragt nicht, ob der Po oder der Busen im Kinostreifen zur Darstellerin oder zu einem Bodydouble gehört. Kenntnisse darüber werden rasch vergessen. Ohne Argwohn betrachten Männer rasante, hinreißende weibliche Körper in einem Film oder auf einem Werbeplakat. Idealisierte und vollkommene Schönheiten bringen sie zum Schwärmen oder Träumen.

»Ich hatte mir künstliche Wimpern angeklebt«, berichtete eine Ethnologin. »Die anwesenden Frauen erkannten das selbstverständlich sofort. Von den Männern erhielt ich an diesem Abend ausschließlich Komplimente.« Die Mittdreißigerin war auf einer Verkleidungsparty gewesen, ihr Aussehen sollte Audrey Hepburn nachahmen. Ihrem Freund, der es eigentlich hätte besser wissen müssen, fielen die trügerischen Nerzwimpern nicht auf, betonte die Akademikerin. Stattdessen »erschien ich ihm wie immer«.

Männer sehen zumeist nicht, wenn am Frauenkörper ordentlich geschummelt wird. Frauen haben dagegen einen Adlerblick für jede Einzelheit des weiblichen Körpers. Diese Fähigkeit geht dem weiblichem Geschlecht im höheren Alter keineswegs verloren. Ältere Damen registrieren genau, was ihre Geschlechtsgenossinnen tragen, ob sie *alt* aussehen oder ihre »Altersmängel« kaschieren.

»Das ist eine Perücke!«, herrschte eine alte Dame ihren Mann auf ihrem siebenundsiebzigsten Geburtstag an. Unbekümmert hatte er die Frisur und das dichte Haar der neunundsiebzigjährigen Schwägerin gelobhudelt. Sein Fauxpas: Ihm war der Unterschied zwischen echtem und unechtem Haar nicht aufgefallen. Anstatt sich nun, da er die Wahrheit kannte, des noch ungewöhnlich dichten und gut frisierten Haares seiner Frau zu erinnern, gestand er überrascht und freimütig: »Tja, hab ich gar nicht gesehen, sieht doch nicht schlecht aus, oder?«

Es gibt kaum eine Frau, die nicht die offenen Geheimnisse der Stars und Sternchen kennt. Eine Frau weiß, Hildegard Knef ließ sich ihre Nase schon in jungen Jahren operieren, Verona Pooth (ehemals Feldbusch) hat sie sich ebenfalls korrigieren lassen, und Brigitte Bardot und Pamela Anderson sind keine echten Blondinen. Das weibliche Geschlecht speichert diese Informationen ein für alle Mal im Langzeitgedächtnis. Selbst schwierige Begriffe bleiben haften. Was ganze Generationen von Chemielehrern nicht erreichen konnten, schaffte ein banaler Zeitschriftenartikel spielend, der sich mit dem Aussehen weiblicher Superstars befasste. Als beispielsweise Marilyn Monroe über Nacht zum Star wurde, kannten Frauen plötzlich Wasserstoffperoxyd und wussten, wozu es gut ist.

Falsche Tatsachen ihrer Geschlechtsgenossinnen merken sich Frauen aus gutem Grund. Sie werden dadurch auf eine manifeste und persönliche Art und Weise berührt. Eine Überschätzung oder falsche Einschätzung anderer Frauen führt zur eigenen Herabsetzung. Der eigene »Marktwert« fällt. Die siebenundsiebzigjährige Dame war zutiefst getroffen, weil ihr Mann die Schummelei der Schwägerin nicht erkannt und ihre noch schönen Haare fehlerhaft eingeschätzt hat. Sie fühlte sich entwertet, die Schwägerin zu Unrecht überbewertet. Gleiches mögen Frauen empfinden, die sich einer gleichaltrigen Werbedame gegenüber sehen, die um einige Jahre jünger aussieht – wenn nicht Jahrzehnte –, deren fehlerfreies oder jugendliches Aussehen allerdings das Ergebnis eines Gesichtsliftings, eines guten Maskenbildners oder Fotografen ist.

Ein perfekter Frauenkörper, ob vorgegaukelt, operiert oder kameratechnisch manipuliert, stellt bei Frauen auch immer den eigenen Körper auf subtile Weise in Frage. Als Jamie Leigh Curtis die Scheinwelt dieser Idealkörper für einen kurzen Moment aufbrach, waren viele Frauen erleichtert. Endlich konnten sie sich mit wahren Gegebenheiten vergleichen. Die Schauspielerin hatte zwei verschiedene Bilder von sich veröffentlichen lassen. Das eine zeigte sie als makellose Hollywoodschönheit, das andere durchschnittlich. Im letzteren Fall hatte sich die amerikanische Schauspielerin wie »die Frau von nebenan« ablichten lassen. Der Schnappschuss einer ganz normalen Frau: Man sah Dellen an ihrem Körper, die Figur hatte ihre Idealform verloren, das Gesicht sah durchschnittlich aus.

Begeisterungsstürme lösen bei Frauen auch immer wieder Bilder aus, die von Paparazzi geschossen werden und die Schönen der Welt in ihrer natürlichen Schönheit zeigen. Ob Madonna, Britney Spears oder Christina Aguilera: Ungeschminkt, unfrisiert und ohne Designerkleidung sehen diese Damen plötzlich völlig normal aus. Für Frauen ist das ein *sehr* beruhigendes Gefühl. Sie fühlen sich der Konkurrenz gewachsen. Einen Mann lassen derartige Vergleiche kalt. Er kommt nicht auf den Gedanken, solche Bilder per E-Mail an Freunde weiterzuschicken. Frauen tun das schon. Wie sie sich auch stundenlang über die Schönheitsoperationen von Melanie Griffith oder Cher unterhalten und darüber in hitzige Diskussionen geraten können.

So paradox es klingt, das männliche Geschlecht hat solche Dinge nicht im geringsten nötig. Den Wunsch, die Wahrheit über weibliche Körperfakten zu erfahren, hegen Männer nicht. Im Gegenteil, sie lassen sich gern vom trügerischen Äußeren einer Frau umgarnen.

Gut verpackt, wecken Frauen Männerlust

Das starke Geschlecht stöhnte auf, als Anita Ekberg dem Trevi-Brunnen entstieg und der Stoff ihres Kleides am Körper klebte. Der Männerwelt war es einerlei, wie die rasanten Kurven der nordischen Schönheit im Kinofilm *La dolce vita* (1959) zustande kamen. Die atemberaubende Szene aus Federico Fellinis Film machte die Kurvenschöne über Nacht weltberühmt. Der Brunnen in einer kleinen Gasse Roms wurde fortan zur Pilgerstätte für Verliebte und liebestolle Männer.

Anita Ekberg hat in ihrem nassen Kleid nicht nur Männer zum Stöhnen und Schmachten gebracht. Sie hat auch Maßstäbe gesetzt. Denn Jahrzehnte später tat es ihr das Model Claudia Schiffer gleich. In einem ähnlichen Kleid ließ sie sich von unzähligen Journalisten vor demselben Brunnen ablichten. Die Bilder verbreiteten sich in Windeseile über den Globus. Für Tage zierten sie Magazine und Gazetten. Wieder konnten sich Männer an den weiblichen Formen vor dem Trevi-Brunnen nicht sattsehen. Ihre angebeteten Kurven verdankten die beiden Schönen allerdings nicht allein der Natur. Raffiniert geschnittene Kleider betonten, wo sie betonen sollten. Verborgene Büstenhalter drückten die Busen zurecht, grad so wie es Männer mögen.

Das männliche Geschlecht wird durch die »Verpackung« einer Frau enorm angezogen. Weil das so ist, geben sich Frauen reichlich Mühe damit. Doch das ist nicht das einzige Motiv. Frauen finden an dieser Art der Männerverführung ungemeinen Gefallen. Deshalb ist die Lust darauf auch nicht neu. Als Cäsar, der mächtige Feldherr und Staatsmann von Rom, Kleopatras Reizen erlag, war ihr Körper mit den edelsten Ölen gesalbt. Ihr Gesicht war raffiniert geschminkt und ihr Haar sorgfältig frisiert. Ihre Ohren und ihren Hals zierten kostbare Schmuckstücke. Der Leib der Ägypterin war in feinste Stoffe gehüllt, die ihre Figur verführerisch umschmeichelten. Sie duftete nach den angenehmsten Wohlgerüchen.

Nach Cäsars Tod umgarnte Königin Kleopatra auch den römischen Staatsmann Marcus Antonius formvollendet. Ja, sie setzte sich in Szene. Als sie ihm auf dem Kydnosfluss entgegensegelte, um ihn zu begrüßen, befand sie sich unter einem reich verzierten Sonnendach. Die Herrscherin »saß auf

5 Ägyptische Kleidung

einem Thron, gekleidet und geschmückt, wie man Aphrodite gemalt sieht … Herrliche Düfte von reichlichem Räucherwerk verbreiteten sich über die Ufer«, berichtet der griechische Schriftsteller und Philosoph Plutarch. Selbst das Schiff diente ihrem Glanz und ihrer Glorie. Es hatte ein vergoldetes Heck, parfümierte Purpursegel, und die versilberten Ruder vereinten ihren Rhythmus mit dem Schall der Flöten.

Mehr als zwei Jahrtausende später, nämlich im Jahre 1770, war einigen Männern die »Schummelei« der Frauen ein Dorn im Auge. Die hohen Herren von Westminster erließen ein Edikt, in dem geschrieben stand: »Jede Frau in jedem Alter, jedem Rang, jedem Berufe, Jungfrau, Frau oder Witwe, die, vom Beginn dieser Verordnung, einen Unterthanen Seiner Majestät mit Hülfe von Parfümen, falschen Haaren, spanischer Schminke [Rouge], Stahlschnürleibchen, Reifröcken, hohen Schuhabsätzen, falschen Hüften zur Heirat verlockt, wird die vom Gesetz gegenwärtig gegen Hexerei und ähnliche Praktiken vorgesehenen Strafen erleiden, und die Heirat wird für null und nichtig erklärt werden.«

So mancher Mann wird sich vor und wohl auch nach diesem Edikt über »die falschen Tatsachen« einer Frau beklagt haben. Macht es doch einen Unterschied, sich von diesen betören zu lassen oder betrogen zu sehen. Doch kein Erlass vermochte, Frauen auf Dauer die Lust an dieser Art der Verschönerung zu nehmen. Im Gegenteil, der Erfolg bei Männern gab ihnen stets recht. Immer raffinierter und selbstverständlicher stellte das weibliche Geschlecht seinen Körper zur Schau. Längst sind die Mittel dazu nicht mehr nur Königinnen und reichen Damen vorbehalten. Selbst Frauen, die ihre Haare mit dem Tschador verdecken, greifen zu modernsten Schminkutensilien. Unter der blauen Burka sieht man nicht selten reizendes Schuhwerk hervorlugen. In der afghanischen Hauptstadt Kabul boomen die Beautysalons. Auch während der Talibanregierung gab es Frauen, die sich schminkten oder westliche Kleidung unter der Burka trugen – trotz der harten Strafen, die dafür drohten. Der Grund ist nicht zu übersehen: die Lust, verlockend schön zu sein. Schöner oder doch mindestens ebenso schön wie die Nebenbuhlerin.

Frauen wollen beschaut werden

Zwei Frauen mit der gleichen aufregenden Abendrobe eines bekannten Modeschöpfers besuchen den Wiener Opernball. Noch sind die Damen einander nicht begegnet und tanzen beschwingt in den Armen ihrer Herren dahin. Schließlich entdecken sie sich …

Szenenwechsel. Eine nominierte Hollywoodschauspielerin defiliert im Blitzlichtgewitter auf dem roten Teppich zur jährlichen Oscarverleihung. Die bewunderte Schönheit trägt ein atemberaubendes Stückchen Stoff. Fast ist sie den Blicken entschwunden, da veranlassen Zurufe sie, sich noch einmal umzudrehen. Beim Umschauen erblickt sie ihre ebenfalls nominierte und ebenso schöne Kollegin in exakt dem gleichen Hauch von Nichts …

Von einem Moment zum anderen hat sich die Einmaligkeit des jeweiligen Auftritts in etwas Verwechselbares verwandelt. Das kommt einer kleinen Katastrophe gleich, denn bewundernde Blicke bleiben aus. Die aber sind für das weibliche Balzverhalten äußerst wichtig.

Einer ganz gewöhnlichen Frau in einem weniger teuren Kleid und bei einer nicht gar so aufregenden Gelegenheit ergeht es nicht viel anders. Wie die Damen vom Opernball oder auf dem roten Teppich möchte auch sie sich gern von ihren Geschlechtsgenossinnen unterscheiden. Die Kleiderfrage ist folglich eine sehr zentrale Frage, vor allem bei besonderen Anlässen. Anders ergeht es Männern. Sie machen sich kaum Gedanken über ihr Äußeres. Hinein in den guten Anzug, in den Frack oder den Smoking – der ihnen nicht selten von ihrer Frau zurechtgelegt wird, wie Umfragen immer wieder bestätigen –, schon hat sich der Fall. Eine entsprechende Krawatte oder Fliege auszuwählen ist ebenfalls kein großes Problem.

Kurzum, die Bekleidung des Mannes ist einfach und schlicht. Was noch viel beeindruckender ist: Die Abendgarderobe eines Mannes lässt ihn zumeist in der schwarzen uniformierten Masse seiner Geschlechtsgenossen untergehen. Im grauschwarzen Einerlei fällt er nicht weiter auf. Nur die Frau an seiner Seite bringt Farbe in den Saal. Sie zieht Blicke auf sich. Je raffinierter der Schnitt, je großzügiger das Dekolleté, je höher der Schlitz im Kleid, desto mehr offene oder verstohlene Blicke erntet ihr Körper. Ob die Trägerin des

»raffinierten Teils« eine ausgesprochene Schönheit ist, ist dabei nicht gar so wichtig. Sieht sie gut aus und hat eine rasante Figur, umso besser. In jedem Fall möchte eine Frau sich selbst so attraktiv als irgend möglich zeigen. Sie wird ein Kleid auswählen, dass ihrer Figur schmeichelt und sie schöner aussehen lässt.

Blicke wirken auf Frauen wie Komplimente, geben ihnen Selbstvertrauen und steigern ihren Marktwert. Deshalb genießen Frauen Blicke, die ihren Körper streifen, außerordentlich. Diese Blicke müssen keineswegs bemerkt werden. Es reicht dem weiblichen Geschlecht häufig, sie zu fühlen. Garant für gefühlte Blicke können bestimmte Kleidungsstücke sein, ein kurzer Rock, ein tief ausgeschnittenes Oberteil, ein Hut, hohes Schuhwerk oder einfach Bekleidung, die aus dem üblichen Rahmen herausfällt oder gerade »hip« ist.

Ein Hinterherschauen von Männern genießen Frauen in aller Regel ebenfalls sehr. Selbst wenn es sie – wie nachgerufene Komplimente – oft in Verlegenheit bringt. Das etwas hölzerne und aufdringliche Johlen, Zwitschern und Pfeifen einer Männerhorde kann ein Hochgenuss für manche weibliche Seele sein. »Ich werde niemals die Tage vergessen, an denen ich meinen Mann zur Columbuskaje (Bremerhaven) begleitet habe«, gestand eine Fünfundsiebzigjährige. Die noch immer hübsche und blondierte alte Dame meinte damit die unbändigen Pfiffe und Rufe von GIs, die ihr in den Fünfzigerjahren gegolten hatten. Jedes Mal, wenn sie ihren Mann zum Schiff gebracht hatte und es an der Pier zurück nach Hause ging, musste sie an den »grauen Riesen« vorbei. Auf den Dampfern, die Truppen aus Amerika an Bord hatten, standen dann »Unmengen von johlenden Soldaten. Ich hab mich nie umgedreht. Es war ein unglaubliches Gefühl, und ich dachte nur, jetzt nur nicht mit den hohen Schuhen umknicken oder in eine Steinspalte treten«.

Blickvorschriften

Die blonde Kapitänsfrau hätte ihren Auftritt an der Columbuskaje durchaus mit einem neutraleren Äußeren vermeiden können, wie auch ihre Geschlechtsgenossin im März 2002. Es war in der *Wetten-dass-Show*, da präsentierte eine schon etwas ältere Schauspielerin ihren reizvoll verpackten Busen. Der blondgelockte Showmaster war wie immer über weibliche Reize erfreut, durfte die Rundungen jedoch nicht direkt anvisieren. Der halben Nation vor der Mattscheibe erging es anders. Sie durfte es im selben Moment ungestraft tun.

Die privilegierten Fernsehzuschauer staunten dabei nicht schlecht. Ihr unzensierter Blick sah einen prallen Busen, der durch einen Push-up-BH ins rechte Licht gerückt wurde. Eine figurbetonte Kostümjacke, die lediglich von einem Knopf zusammengehalten wurde, machte diesen Einblick möglich. Die sinnlichen Brüste sprangen förmlich aus ihrer knappen Verhüllung. Es geschah, was geschehen musste und nur allzu menschlich ist. Nach einiger Konservation verfing sich der Blick des Moderators in der freizügigen Jacke. Die Besitzerin des Busens reagierte prompt und pikiert. Schnurstracks übernahmen ihre Hände die Aufgabe der fehlenden Knöpfe, während sie äußerte: »Na, willst du da wohl nicht hinschauen!« Der sonst so wortgewandte Entertainer fühlte sich auf frischer Tat ertappt. Seine Augen flüchteten zu neutraleren Orten des Schauspielerinnenkörpers. Die Konversation wurde fortgesetzt, als wäre nichts gewesen.

In Wirklichkeit fand hier eines jener Balzrituale statt, die wir nur allzu gut kennen. Sie lockt, tut aber so, als geschehe alles ohne Absicht. Mehr noch, die Dame konnte ihr Balzverhalten leugnen, weil es Konventionen des Blicks gibt. Es mag sein, dass die Schauspielerin von dem Moderator nichts wollte, aber ihr lag an begehrlichen und bewundernden Blicken.

Bei Lichte betrachtet dient aufreizende Kleidung von Frauen ausschließlich zur Anmache. Der Trick: Das Sichtbare und die Kleidung selbst geben eine Idee und Vorstellung von den verhüllten Teilen des Körpers. Das wiederum beflügelt Männer.

Natürlich können Männerblicke Frauen verletzen. Besonders das Starren in den Ausschnitt, auf den Busen, in den Schritt oder auf die Scham wird als indiskret, dreist oder sogar als aggressiv gewertet. Es sind jene Stellen des Körpers, die auf Männer einen besonders starken sexuellen Reiz ausüben. Weshalb sie nicht zuletzt verdeckt und vom weiblichen Geschlecht reizend verpackt werden. Blicke auf diese Zonen sind nur statthaft, wenn sie erlaubt werden, und dann handelt es sich um eine intime Situation.

In alltäglichen Situationen ist wesentlich, ob Blicke auf die Intimzonen des Körpers wahrgenommen werden. Das hat mit der Distanz zu tun, denn ein Blick, der den Körper in unmittelbarer Nähe berührt, ist etwas vollkommen anderes als einer aus einigen Metern Entfernung. Blicke in Reichweite kommen einer unerlaubten Berührung gleich. Das wissen Männer. Auch dass sie Frauen mit einem Blick ausziehen oder demütigen können. Deshalb unterlassen Männer in aller Regel schamlose Blicke. Einen direkten Blick auf die reizvollen Teile des Frauenkörpers riskieren Männer meistens nur, wenn sie sich sicher wähnen, dabei nicht selbst gesehen zu werden.

Andererseits provozieren Frauen Männer, sie mit den Augen auszuziehen. Hauchzarte Kleider mit dünnen Spaghettiträgern, tiefsitzende Hüfthosen zu knappen Tops, wozu sonst werden diese Kleidungsstücke getragen, wenn nicht zu dem Zweck, die Phantasie des Mannes anzukurbeln? Frauen sind da nicht viel anders als eitle Pfauen. Der Fasanenvogel schlägt für die Angebetete ein Rad und lockt mit dem, was ihm die Natur geschenkt hat. Die menschliche Frau wählt verlockende Kleidung. Der Pfau will Eindruck schinden und sich gegenüber der Konkurrenz durchzusetzen. Frauen geht es um nichts anderes.

Im Gegensatz zum Pfau, der beim Balzritual uneingeschränkt beäugt werden darf, ist dies bei einem sinnlich zurechtgemachten Frauenzimmer nicht erlaubt. Ganz gleich wie eindringlich das aufreizende Geschöpf seine Weiblichkeit präsentiert. Vorgewölbte Brüste mit steifen Brustwarzen unter einem engen Pullover sowie vorquellende Schamlippen in engen Hosen sind für die Augen tabu. Doch gerade diese Körpersignale zeigen in aller Regel sexuelle Bereitschaft oder sexuelle Erregung an und versetzen das männliche Geschlecht in sexuelle Alarmbereitschaft. Das ist durchaus im Sinne der Natur. Gleich so wie die angeschwollenen Geschlechtsteile vieler Affenweibchen, die Männchen anlocken sollen.

Männer mussten allerdings dennoch lernen, diesen Reizen *erst einmal* zu widerstehen. Sogar »harmlos« schwankende Frauenpopos oder nur mäßig bekleidete Oberschenkel dürfen nicht unter allen Umständen beäugt werden. Dafür sorgen feststehende Blickvorschriften. Sie regeln den Umgang der Geschlechter und das soziale Leben entscheidend. Ohne Blickvorschriften wären wir mehr Tier als Mensch. Sie haben sich in allen Kulturen entwickelt, vielerorts sehr unterschiedlich, und nicht zuletzt sind sie vom Zeitgeist abhängig. Während heutzutage beispielsweise ein europäischer Mann einen Blick auf die Unterschenkel und Knie einer Frau werfen darf, ohne dabei etwas zu riskieren, hätte dies ein Ehrenmann im Rokoko niemals gewagt. Schon der Blick auf den weiblichen Fuß wurde als unpassend empfunden, auch auf den beschuhten und bestrumpften. Eine Frau, die ohne Not ihre Fesseln und Waden zeigte, galt als schamlos.

Dazumal trugen Damen am Hofe lange, weitausladende Reifröcke. Beim Gehen lugten allein die Schuhspitzen für den Bruchteil einer Sekunde unter dem Rocksaum hervor. Allerdings sah man beim Sitzen mehr von Fuß und Bein, mehr noch beim Treppenhinauf- und -hinuntergehen, und erst recht wenn die Damen die Kutsche bestiegen oder ihr entstiegen. Die Kavaliere hatten bei diesen Gelegenheiten dem weiblichen Geschlecht sittsam ins Antlitz zu sehen. Ebenso, wenn ein reizendes Geschöpf auf ihrem Sitzmöbel plaudernd keck und provokant mit dem Fuß wippte. Den vornehmen Herren durften die Augen noch nicht einmal übergehen, wenn die hinreißende Verführerin beim Verlassen der Karosse voller Unschuld den Rock mehr als erforderlich anhob.

Blickvorschriften gab es von jeher auch beim Dekolleté, mithin dem Busen. Gleichgültig wie tief die Damenwelt im Barock – und späterhin im Rokoko – blicken ließ. Sie konnte sich stets auf die Konventionen des Blicks

6 Gabriela Sabatini, 1993

verlassen. Heutzutage sieht es damit nicht anders aus. Frauen rund um den Globus zeigen sich mit lasziven oder verruchten Kleiderausschnitten, doch die Männerwelt darf höchstens verstohlen plieren.

Die Aufmachung bekundet jedoch nur eines: Schau mich an, aber wehe du schaust direkt. Darin zeigt sich ein ambivalentes Verhalten, das Psychologen als Double-Bind (Doppelbindung) bezeichnen. Gemeint ist, dass zwei sich widersprechende Signale ausgesendet werden, die zur Bindung des Gegenübers führen. Widersprechende Signale können für das Gefühlsleben sehr verwirrend und sogar krankmachend sein, etwa wenn ein Kind mit Schlägen und gleichzeitigen Liebesbeteuerungen aufwächst. Im Fall des sexuellen Geplänkels wirkt sich Double-Bind durchaus prickelnd aus. Das Provokante und zugleich Verbotene bewirkt einen zusätzlichen Reiz. Er ist sogar so wirkungsvoll und stimulierend, dass die Geschlechter darauf nicht verzichten wollen.

Schauen, ohne dabei gesehen zu werden

Selbst in der BH-losen Zeit der Siebzigerjahre galt es als unverschämt, wenn männliche Blicke auf Brustkonturen und erigierten Nippeln verweilten. Kein Mann hatte auf »befreite Brüste« zu starren, die sich lebensfroh wippend und in ihren natürlichen Ausdehnungen unter dem T-Shirt abzeichneten. Egal wie emanzipiert der Busen daherkam.

Umgekehrt hatte eine Frau von jeher nicht auf den in der Hose verborgenen Penis zu schauen. Auch nicht, wenn er sich durch bestimmte Körperhaltungen oder stramme Beinkleider provokant abzeichnete. In den Jahren der engen Jeans oder Kordhose machte so manches männliche Gemächt äußerst eindrücklich auf sich aufmerksam. Es hieß jedoch: Hinschauen verboten! Doch nicht nur in den Sechziger- und Siebzigerjahren wölbte sich etwas im männlichen Schritt und in der Leiste hervor. Jahrhundertelang trugen Männer äußert enge Kniehosen. Der sich abzeichnende Phallus wurde von der Frauenwelt selbstverständlich stets bemerkt. Ebenso selbstverständlich schauten beide Geschlechter in unbeobachteten Momenten auf männliche sowie weibliche Attribute. Entsprechend soll es vorgekommen sein, dass

Studentinnen der Achtundsechzigergeneration aus ihren Beobachtungen im Hörsaal wussten, ob ihr Dozent »Rechts- oder Linksträger« war.

Trotz Blicktabus blicken wir unglaublich oft auf intime Stellen des Körpers. Mehr noch, wer uns begegnet, wird von oben bis unten mit den Augen abgerastert. Das geschieht in Sekundenschnelle. Durch das visuelle Abtasten des Körpers findet eine Bewertung statt. Sie macht eine genaue Einschätzung der Geschlechtszugehörigkeit, Attraktivität und körperlichen Anziehungskraft möglich. Notwendigerweise müssen wir für diese Bewertung die geschlechtsspezifischen Merkmale aufsuchen, auch und gerade die Brüste und das Geschlecht. Das geschieht im wesentlichen unbewusst. Die meisten Menschen sind davon überzeugt, in aller Regel als erstes und ausschließlich das Gesicht anzuschauen, nur in Ausnahmefällen die Geschlechtsregion. Ein wissenschaftliches Experiment mit einer Reihe von Männern und Frauen offenbarte etwas anderes.

Die Versuchsreihe war einfach. Testpersonen mussten unter falschem Vorwand in einem Café warten. Sie wurden gebeten, eine Spezialbrille zu tragen. Der Zweck der Brille war ihnen nicht bekannt, auch nicht, dass diese mit einer Minikamera ausgestattet war, die eine Aufzeichnung der Pupillenbewegungen erlaubte.

Das Ergebnis: Ausnahmslos alle Versuchspersonen hatten während des Wartens Personen ihres Umfeldes von oben nach unten mit den Augen abgeklopft. Die jeweiligen spezifischen Geschlechtsmerkmale der Betrachteten wurden dabei *immer* aufgesucht, sogar mehrfach. Als die getesteten Männer und Frauen von ihren Geschlechtsobservationen erfuhren, bezweifelten sie die Angaben der Wissenschaftler. Erst als man ihnen die Aufzeichnungen zeigte, konnten sie vom Gegenteil überzeugt werden.

Offensichtlich sind wir auf diese Blickabtastungen seit jeher programmiert. Sie geben uns Sicherheit und Orientierungshilfe für unser Verhalten. Mit welchem Geschlecht wir es im Alltag zu tun haben, ist nahezu in jeder Lebenssituation von Bedeutung: Für unser Sexualleben ist die Blickabtastung sogar unentbehrlich. Im Tierreich wird überaus deutlich warum, etwa bei Schimpansen. Die männlichen Tiere schätzen mit dem Genitalblick nicht nur ein, ob ein angehender Rivale vor ihnen herläuft oder ein harmloses Weibchen, das etwa in Paarungsstimmung oder trächtig ist, sondern auch, wie der Nebenbuhler »drauf ist«. Weibchen wiederum sehen, in welcher geschlechtlichen Stimmung die Konkurrenz und die Mannsbilder sind.

Im Werbe- und Balzverhalten sind Blicke auf die primären Geschlechtsmerkmale äußerst notwendig. Insofern tun wir gut daran, körperliche Geschlechtsmerkmale hervorzuheben. Frauen aber tun dies in besonderer Weise, weil sie dafür mehr Grund haben als Männer. Denn Männer werden sexuell viel direkter durch weibliche Körpermerkmale angesprochen, als das umgekehrt der Fall ist. Eine Frau, die einem Mann gefallen will, wird folglich alles tun, damit er sie unter allen Umständen als begehrenswerte Frau einstuft.

Teil 2

Balzverhalten

Der Pretty-Woman-Auftritt

Alle Augen sind auf die atemberaubend schöne Frau an der Bar eines Luxushotels gerichtet. Ein erfolgreicher und gutaussehender Geschäftsmann geht auf sie zu. Er traut seinen Augen nicht, starrt sie fassungslos und hingerissen an. Sie, die Frau an der Bar, das Straßenmädchen im umwerfenden Haute-Couture-Kleid, genießt es, auf diese Art angeschaut zu werden. Sie weiß, sie sieht genau so aus, wie er es sich gewünscht hat.

Wir befinden uns in der Schlüsselszene des Kinofilms *Pretty Woman*. Just hat die Verwandlung einer gewöhnlichen Prostituierten in eine Dame von Welt stattgefunden. Der Geschäftsmann, dargestellt von Richard Gere, wird sich nun unsterblich in das bezaubernd schöne Dirnengeschöpf, gespielt von Julia Roberts, verlieben.

Ist eine derartige Szene umgekehrt denkbar, das heißt, ist eine Frau völlig hin und weg, weil sie den ehemaligen Strichjungen in einem schmucken Designeranzug an der Hotelbar kaum wiedererkennt? Zugegeben, diese Situation ist vorstellbar, aber wäre sie ein guter Plot für einen Film? Hätte die zugrundeliegende Magie der Geschlechtercharakterisierung die gleiche Wirkung auf das Kinopublikum? Die Antwort ist nein. Männer träumen nicht von solcherlei »Auftritten«. Sie wünschen sich keinen maßgeschneiderten Frack, keine dazu passende Fliege, kein blütenweißes Hemd und keine picobello geputzten Schuhe, nur um ihrer Liebsten damit zu imponieren. Ihnen kommt es nicht in den Sinn, ihr Aussehen so zu inszenieren, damit *ihr* vor Staunen der Mund offen steht. Eher gefällt es Männern, bewundernde Blicke für einen schnellen Sportwagen zu ernten, mit dem sie die Geliebte abholen kommen. Das Gegenstück zu *Pretty Woman* wäre eben nicht *Pretty Boy*, sondern ist und bleibt *Der große Gatsby*. Der wiederum konnte auch mit einem großem Auto, einem luxuriösen Anwesen und viel Geld bei seiner Angebeteten nichts erreichen. Das aber ist eine ganz spezielle Geschichte, die eingefleischte Kinogänger oder Leser von Francis Scott Fitzgerald gut kennen.

Pretty Woman war eine der erfolgreichsten cineastischen Liebesgeschichten. Nicht zuletzt weil die Macher des Films mit Klischees und Träumen gearbeitet haben, etwa der Verwandlung eines hässlichen Entleins zum schönen Schwan. Von einer solchen Verwandlung träumen nicht nur große Mädchen, denen man als Kind Märchen von Hans Christian Andersen vorlas. Frauen jeder Couleur sind davon beseelt. Häufig offenbart sich dieser Traum in dem Wunsch, in Weiß heiraten zu wollen. Nicht von ungefähr, denn ein Brautkleid macht jede Frau zum Star, zum unbedingten Mittelpunkt. Der Weg zum Traualtar gleicht dem Gang auf dem roten Teppich in Cannes. Die Begrüßung nach der Trauung vor der Kirche ähnelt dem Bad in der Menge bei der Verewigung auf dem *Walk of Fame*.

Diesen einmaligen Auftritt lassen sich Frauen einiges kosten. Brautkleid, Schuhe, Wäsche und Accessoires entsprechen nicht selten ein oder zwei Monatsgehältern der Braut. Das Gros der weißen Bräute wird niemals wieder im Leben so viel Geld für eine Garderobe ausgeben. »Die Kundinnen wissen, was sie preislich erwartet. Manche trösten sich damit, das Kleid später umfärben oder ändern zu lassen. Doch die meisten tragen es nur an ihrem Hochzeitstag, und dabei bleibt es«, beteuert eine Verkäuferin von Brautmoden. Wegen der schönen Erinnerung werden die Kleider viele Jahre im Schrank verwahrt. Weniger romantisch veranlagte Gemüter bringen sie in Secondhandläden oder bieten sie bei eBay an. Im Moment, wenn ein Brautkleid oder irgendein anderes außergewöhnliches Kleid gekauft wird, stehen allerdings weniger rationale oder praktische Erwägungen im Vordergrund. Vielmehr soll sich der Traum erfüllen: einmal die Schönste sein, einmal alle Blicke auf sich lenken.

Bräutigame lassen die pompösen und grandiosen Inszenierungen ihrer Bräute keineswegs kalt. Im Jahre 2004 zeigte beispielsweise Kronprinz Frederik von Dänemark unübersehbare Gefühle. In der Kirche wartend musste er gehörig mit den Tränen kämpfen, als seine wunderschöne Mary endlich zur Kirchentür hereinkam. Überwältigt war und ist auch so mancher Mann, wenn er seine Angebetete zu einem besonderen Anlass abholt und sie sich für den Abend in eine Prinzessin verwandelt hat. »Lass ihn ein wenig warten, damit er dir entgegenfiebert und dich noch glücklicher empfängt«, empfiehlt eine kurze Abhandlung aus den Fünfzigern mit dem Titel *In der Zeit der Verlobung*. Ein überflüssiger Rat, den Generationen von Frauen nicht benötigten: Intuitiv ließen sie auf sich warten. War es möglich, schritten sie wirkungsvoll die Treppe herunter. Langsam, Stufe um Stufe, um die Dramatik ihres Erscheinens zu vergrößern, die Aufmerksamkeit zu steigern und in einem noch glänzenderen Licht zu erstrahlen.

Und der Mann? Ihm schwillt die Brust, das Wesen, das da die Treppe herunterschwebt, will zu ihm. Diese Frau, um die ihn alle beneiden, gehört nur ihm allein. Ist sie nicht wirklich sein, gefällt es ihm, mit einer Schönen gesehen zu werden. Sätze wie: »Was war das für eine Granate neulich an deiner Seite?« oder »Woher hattest du denn den Feger?« stärken das Selbstwertgefühl von Männern. Auch wenn die betreffenden Männer bei solcherlei Komplimenten vorgeben, nicht zu wissen, wovon die Rede ist. Was ein Mann wirklich selbstbewusst macht, sind *Dinge*, die seine Anerkennung und Macht sichern. Nicht umsonst hieß es in einer Werbung: »Mein Auto, mein Haus, mein Boot ...

Das Hinunterschreiten der Treppe, soll es gekonnt aussehen, ist nicht leicht. Schauspielerinnen müssen es genauso üben wie Stars und Sternchen. Lange Röcke und hohe Schuhe könnten zu Fall bringen, eine schlechte Körperhaltung den Eindruck ruinieren. In der Vergangenheit waren es besonders adlige und großbürgerliche Damen, die sich pompöse Treppenauftritte erlaubten, auch Männer mit Titeln oder Macht. Vielerorts reichte für einen wirkungsvollen Auftritt auch ein langes Schreiten durch den Saal oder ein effektvolles Eintreten durch die Tür. Für Letzteres bedienten sich Damen im siebzehnten Jahrhundert eines akustischen Kleidungsstücks. Es handelte sich um einen laut knisternden Seidenunterrock. Das exklusive Dessous war beim Herein- und Hinausrauschen derart effektiv und wirkungsvoll, dass eine Frau von Welt darauf nicht mehr verzichten wollte. Auch späterhin nicht, als aus den aufwendigen Brokatroben längst schlichtere Woll- und Baumwollkleider geworden waren.

Kleine Auftritte werden mit ähnlichen Mitteln inszeniert. Mir haben Frauen erzählt, sie hätten den ganzen Tag nichts gegessen, um am Abend beim Rendezvous noch einen flachen Bauch zu haben. Neue Verehrer treffen viele Frauen grundsätzlich nur am Sonnabend. Der Nachmittag bleibt der Schönheitspflege vorbehalten. Zum Routineprogramm gehören: Gesichtsmaske, Vollbad, Ganzkörperpeeling, Maniküre, Pediküre und ein entsprechendes Make-up. Bestimmte Körperpflegehandlungen müssen schon Tage vor dem Treffen vorgenommen werden, damit von den Verschönerungen nichts mehr zu sehen ist. Eine Damenbartentfernung kann eine längere Rötung nach sich ziehen. Ebenso die Entfernung von Körperhaar an Beinen oder in den Achseln.

Frauen, die sich derart auf eine Verabredung mit einem Mann vorbereiten, wollen gefallen, mit ihrem Körper Eindruck machen. Sie überlassen nichts dem Zufall und holen das Optimum aus sich heraus. Jede Kleinigkeit wird bedacht, allem wird Aufmerksamkeit geschenkt, von der Kleidung bis hin zum Handtascheninhalt. Die Inszenierung, das Durchstylen, macht durchaus Sinn. Ist man verliebt, zählt jeder Augenblick. »Und jeder noch so kleine Zeitabschnitt, den man gemeinsam verbracht hat, bekommt Gewicht und liefert Stoff für die Rückschau«, betont die amerikanische Anthropologin Helen Fisher von der Rutgers-Universität in Brunswick, New Jersey.

Ein Rendezvous ist von daher eine gute Gelegenheit, sich zur Schau zu stellen, sich von der besten Seite zu zeigen, eine Gelegenheit, bei der das Bestmögliche zum Einsatz kommt und mit den Erwartungen des anderen spekuliert wird. Je verführerischer eine Frau auftritt, desto mehr Stoff liefert sie ihrem Verehrer für seine Phantasie und Tagträume. Der verheißungsvolle Blick einer Frau ist das eine, das andere, welchen Eindruck ihr Körper auf den Mann gemacht hat. Er, der Körper einer Frau, verfehlt nie seine Wirkung auf das männliche Geschlecht.

7 Die tschechoslowakische Botschafterin in Österreich, 1990

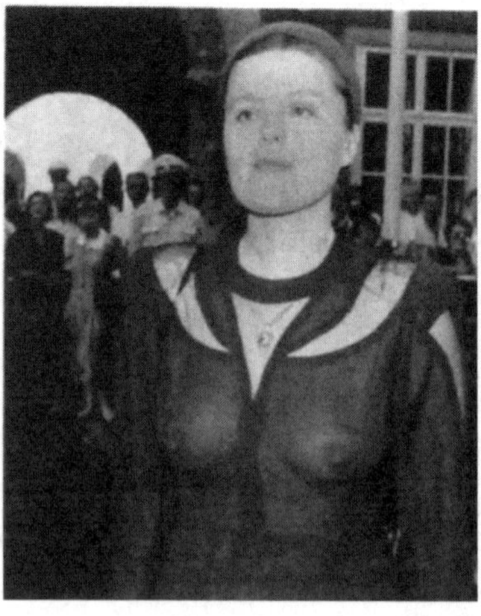

Bereits das Ablegen eines Mantels kann ein prickelnder Moment sein. Der Akt kommt einer kleinen Enthüllung gleich. *Sie* steht plötzlich in einem hinreißenden kleinen Schwarzen da. Und *er*? *Er* ist erstaunt, ja entzückt, auf eine ganz andere Art, als wenn *sie* bereits schon so dagestanden wäre. Dazu kommt: Das Ablegen des Mantels hat etwas zum Vorschein gebracht, was *ihm* gefällt: ein wenig nackte Haut, sprich bloße Arme oder bloße Schultern, hauchzart bekleidete Beine ... Doch auch weniger, das heißt mehr an Bekleidungsstoff, hat es in sich. Eine enge Hüftjeans in Kombination mit einem enganliegenden T-Shirt, ein rotes hochgeschlossenes langärmeliges Kleid ohne Firlefanz, ein enges Kostüm, ein anschmiegsamer Pulli, der verführerische Unterwäsche ahnen lässt, oder eine semitransparente Bluse, die einiges verrät. Hauptsache eine Frau hat sich in ein Wesen verwandelt, das begehrenswert und erotisch ist. Das Gegenteil wäre bei einem Rendezvous ein Desaster.

Jeden Tag aufs neue Pretty Woman sein

Begehren auszulösen ist für eine Frau unmittelbar von ihrem Körper abhängig. Als die gutaussehende französische Schriftstellerin Simone de Beauvoir ihren Altersspuren unausweichlich ins Gesicht sehen musste, stellte sie den Geschlechtsverkehr zu ihrem Lebensgefährten Jean-Paul Sartre ein. Da war die schöne Intellektuelle gerade fünfzig. Sie wollte sich die Schmach einer Zurückweisung ersparen, wie sie selbst schreibt.

Während Simone de Beauvoir, die ein ausnehmend kluges Buch mit dem Titel *Das Alter* geschrieben hat, darüber grübelte, ihre Xanthelasmen[1] chirurgisch entfernen zu lassen, wurde ihr geliebter Existenzphilosoph mit dem »Froschgesicht« weiterhin von jungen Studentinnen angehimmelt. Wohl niemals in seinem Leben hatte Beauvoirs Lebensgefährte darüber nachdenken müssen, seine schielenden Augen korrigieren zu lassen. Die überaus rationale Intellektuelle aber wusste, niemals mehr in ihrem Leben würde sie wieder so schön sein wie in früheren Jahren. Ihre Pretty-Woman-Zeit war

[1] Hellgelbe Cholesterinablagerungen im Bereich der Augenlider

vorbei. Gegen die junge Konkurrenz hatte ihr Körper keine Chance. Ihre Attraktivität bröckelte, bei Männern sank ihr Kurswert proportional mit ihrem Alter.

Ein unattraktiver Mann oder ein Mann mit körperlichen »Schwachstellen« hat nicht annähernd so viel Schwierigkeiten mit seinem Äußeren, wie eine Frau mit ähnlichen »Mängeln«. Sein Selbstbewusstsein hängt nicht in erster Linie von seinem Körper ab, sondern von dem, was er darstellt, was er hat. Bei Frauen ist es umgekehrt, mögen der Intellekt und der Status auch groß sein. Der *Playboy* brachte das geschlechtsspezifische Körpergefühl mit einem entsprechenden Witz auf den Punkt: »Männer tragen T-Shirts mit der Aufschrift: ›Bier formte diesen schönen Körper.‹ Aber ich habe noch nie eine Frau gesehen mit einer Aufschrift: ›Meine Schenkel sind das Resultat einer Bindegewebsschwäche.‹«

Wegen des unterschiedlichen Körpergefühls betrachten Frauen und Männer sich selbst mit anderen Augen. Schauen Männer morgens in den Spiegel, reiben sie sich geistesabwesend den vierundzwanzig Stunden alten Bart nach dem Motto: »Verflixt und zugenäht, ich muss mich rasieren!« Es folgt der Griff zu Rasierschaum und Rasiermesser oder zum elektrischen Gegenstück. Routinemäßig entfernen sie ihre Haarstoppeln, darauf konzentriert, sich nicht zu schneiden und jedes Barthaar zu erwischen. Man kämmt sich, schüttet schnell etwas Aftershave auf die Hände, klopft das Nass in die Haut ein. Der Blick in den Spiegel ist beendet.

Wer einen Mann bei der Morgentoilette beobachtet, wird feststellen, er schaut sich nicht wirklich an, sondern irgendwie durch sich hindurch. Es ist ein Anschauen ohne Tiefgang. Der Blick ist eher oberflächlich. Männer kontrollieren kurzfristig etwas, das sie unter Kontrolle halten wollen, Haupthaare, Barthaare, Härchen, die aus der Nase oder den Ohren wachsen. Dieser Kontrollblick reicht gewöhnlich einmal am Tag. Eine Restauranttoilette ohne Spiegel ist für Männer kein Problem. Sie treibt in aller Regel die volle Blase zum Örtchen oder ein Händewaschen vor dem Essen und nicht etwa ein Überprüfen ihres Aussehens.

Anders ergeht es einer Frau. Sie kann ohne Spiegel nicht auskommen, ihr Äußeres muss sie beständig im Auge behalten. Sie fragt: »Sehe ich *noch* gut aus? Stimmt alles mit mir?« Die meisten Frauen haben stets einen Spiegel bei sich. Das Bedürfnis danach ist so groß, dass es Handtaschen mit eingebautem Spiegel gibt und Sonnenblenden auf der Beifahrerseite von Autos damit ausgestattet sind.

Sucht das weibliche Geschlecht die Toilette auf, ist der Grund dafür nicht mit Sicherheit vorauszusagen. Die drückende Blase wird oft sogar zur Nebensache, etwa auf den Toiletten von Diskotheken. Einmal abgesehen davon, dass Frauen solche Toiletten häufig zu zweit aufsuchen, weil die Toilette für sie eben nicht nur ein »Ort des Geschäfts« ist, wollen sie vor allem einen Blick in den Spiegel werfen. Kein junges Mädchen oder keine junge Frau verlässt die Toilette einer Diskothek, ohne irgendeine »Korrektur« ihres Äußeren vorgenommen zu haben. Erst dann geht es zurück auf das Balzparkett der Disko.

Der Blick morgens in den Spiegel ist für Frauen niemals ein Routineblick, sondern ein Überprüfen des neuen Ist-Zustandes. Kleinstmitesser oder Kleinsthärchen werden mit einem Vergrößerungsspiegel aufgespürt. Winzig kleine Unzulänglichkeiten, die bekanntlich von keinem Mann registriert werden. Männer schauen Frauen nicht lupengenau an. Das wissen Frauen durchaus, auch dass nur die wenigsten Männer einen Blick für Cellulite (Orangenhaut) an den Oberschenkeln haben. Viel wahrscheinlicher ist, Frauen entdecken kleinste Fehlbarkeiten an Frauenkörpern. Ihr überkritischer Blick macht niemals vor ihren Schwestern halt. Folglich fürchten Frauen viel eher die kritischen Blicke ihrer eigenen Geschlechtsgenossinnen.

8 Sophia Loren und Jayne Mansfield

Früh haben Frauen erfahren, nicht jeden Tag sieht eine Frau gleich aus. Als Kind lernten sie, ein Schönheitsschlaf wirkt Wunder. Als Backfisch bekamen sie die ersten Gesichtspflegeprodukte, und spätestens zu diesem Zeitpunkt hielten sie auch ihre erste Frauenzeitschrift in den Händen. Durch Kosmetik- und Gesichtspflegewerbung wird Frauen schlagartig klar: Du musst alsbald etwas fürs Aussehen tun! Vorbeugend sozusagen. Blutjunge Fotomodelle oder Superstars werben in den Blättern mit ihrer makellosen und faltenfreien Haut für Anti-Aging-Cremes oder Revitalisierungslotionen. Wer würde da nicht zur Einsicht gelangen, frühestmöglich mit der Pflege der Haut zu beginnen? Nun, Männer!

Für Männer gelten andere Gesetze. Sie müssen keine Angst vor Falten oder grauen Schläfen haben. Ihr Körper und ihr Aussehen sichern ihnen nicht unbedingt die Aufmerksamkeit beim anderen Geschlecht. Peter Alexander trällerte nicht von ungefähr im Brustton der Überzeugung in die Welt hinaus: »Ein Mann muss nicht immer schön sein.« Wobei sein Schauspielkollege Georg Thomalla im gleichnamigen deutschen Spielfilm von 1956 einstimmte und sang:

»Darauf kommt es gar nicht an.
Die Schönheit macht es nicht allein,
nur das eine muss er sein, ein *Mann*.«

Tatsächlich sucht das weibliche Geschlecht in erster Linie einen Partner mit Status und nicht einen Schönling. Im Gegenzug bietet es Attraktivität. Einschlägige Heiratsanzeigen legen dafür Zeugnis ab. Etwa: *Er*, so und so alt, Unternehmer, erfolgreicher Werbegraphiker, Geschäftsmann oder Professor an der Universität sucht: attraktive, schlanke Sie, meist fünf bis zehn Jahre jünger. *Sie* dagegen, hübsch, jung oder noch junggeblieben, gute Figur, wünscht einen gutsituierten Herren, gerne etwas älter. Aufgrund dieser Wahlkriterien überrascht es keinen, wenn eine hübsche, unbekannte junge Frau einen unattraktiven, stark übergewichtigen, sehr bekannten Mann mit Managerposten und hohem Einkommen heiratet.

Und ewig lockt das Weib

In seinem bedeutenden Buch *Die Abstammung des Menschen und die geschlechtliche Zuchtwahl* schreibt Charles Darwin 1874: »Der Mann unterscheidet sich vom Weib in der Größe, der Körperkraft, der Behaarung usw., ebenso in geistiger Beziehung, in derselben Weise wie die beiden Geschlechter bei vielen Säugetieren.«

In der Tat unterscheiden sich die Geschlechter bei vielen Säugetieren. Und häufig ist der Unterschied beträchtlich wie bei Gorillas und beim Menschen. Doch im Reich der Tiere sind Männchen nicht cleverer als Weibchen. Der Naturforscher Darwin kann folglich bei »geistiger Beziehung« nicht an Klugheit gedacht haben. Er hatte vielmehr das »Denken« beim Paarungsverhalten im Auge. Fraglos sind hier drastische Unterscheidungsmerkmale auszumachen.

Ein Hirsch denkt sich: Ich will so viel befruchtungsfähige Weibchen, wie ich kriegen kann. Dagegen denkt sich die Hirschkuh: Ich will den Stärksten. Beide geben ihr Bestes während der Brunft. Sie lockt mit ihrem unwiderstehlichen Geschlechtsduft, er protzt mit Stimme, Geweih und der Vertreibung seiner Nebenbuhler.

Ähnlich unterschiedlich denken Männer und Frauen. Doch haben Menschen keine begrenzte Brunftzeit, die Kinderaufzucht ist komplexer und dauert wesentlich länger. Spezifisch menschliche Auswahlkriterien mussten sich herausbilden, die die Geschlechter *langfristig* aneinander binden. Entsprechend sucht sich ein Mann eine Frau, deren Körper man die Fortpflanzungsfähigkeit und das längerfristige erfolgreiche Durchbringen der Kinder *ansieht*. Eine Frau sucht sich einen Mann, der Potential für eine dauerhafte *Versorgung* bei der Kinderaufzucht verspricht.

Das Weib lockt folglich mit ihrem Körper. Er ist für das weibliche Geschlecht das wichtigste Kapital, für das männliche das wichtigste Auswahlkriterium. Der Mann wirft ebenfalls seinen Körper in die Waagschale der Beziehung, bedeutender ist jedoch, was er ist und was er hat. Der Körper hat beim Balzverhalten also für Männer und Frauen einen unterschiedlichen Wert.

Das Anlocken mit dem Körper lernen Frauen schon in Kindertagen. Kleine Mädchen werden weit aufwendiger herausgeputzt als kleine Jungen. Sie besitzen vielerlei weibliche Accessoires, die sie ihren kleinen Freundinnen mit Stolz vorführen. Und eine Mädchengarderobe hat ein breiteres Spektrum als die von Jungen. Werdende Mütter, denen es egal ist, ob sie einen Sohn oder eine Tochter bekommen, argumentieren in Bezug auf die Vorteile eines Mädchens: »Man kann sie süßer anziehen.« Gleiches äußern Schwangere, die sich von vornherein ein Mädchen wünschen.

Im Süden Europas und in Russland fällt das Herausputzen der kleinen Mädchen besonders auf. Schmuck in den Ohren, Halsketten, vor allem aber bauschige Spitzenkleidchen und bunte Schleifchen im Haar lassen sie wie damenhafte Käthe-Kruse-Puppen erscheinen. Auf der Straße gehen die kleinen Fräuleins kokett trippelnd an der Hand ihrer Eltern. Auf ihren Gang wird geachtet. Die kleinen Prinzessinnen sollen nicht schlurfen und breitbeinig gehen. Beim Sitzen müssen sie die Beinchen fein zusammenhalten.

Auf Kuba können schon kleine Mädchen lernen, wie man mit Männern schäkert und was *erotische* Körpersprache ist. Besonders diejenigen Mädchen, die die *Rosalio-del-Castro-Schule* in Havanna besuchen und Tanzunterricht nehmen. Verführerisch bewegen bereits Siebenjährige ihren Körper in perfekter Manier. Ganz so wie es hierzulande in Mini-Playback-Shows oder ähnlichen Veranstaltungen üblich ist, wo die »kleinen Dinger« in akzentfreiem Englisch von Liebe und Begehren, von Verlangen und Sehnsucht singen. Ihre Körperbewegungen sprechen die Sprache einer erwachsenen, sinnlich-aufreizenden Frau. Wie jene verführerischen Frauengestalten der Popkultur, deren Anziehungskraft auf einer einstudierten sexuellen Körperinszenierung basiert, die an ein tabuloses und von triebhafter Lust gesteuertes Weib denken lässt.

Inszeniert waren auch die Körperbewegungen der Sexbomben, die Männer der Fünfzigerjahre des letzten Jahrhunderts atemlos machten. Die damaligen Leinwandikonen gingen weit subtiler und mit weniger simulierten Koitusbewegungen vor. Ihre enorme sinnliche Ausstrahlung war sexuell weniger aggressiv als heutzutage, vor allem waren diese Geschöpfe von erotischen Geheimnissen umgeben. Jene unfassbare Erotik ist noch immer zu spüren, beispielsweise in dem 1953 von Howard Hawks gedrehten Filmklassiker *Blondinen bevorzugt*. Marilyn Monroe und Jane Russell spielen die Hauptrollen. Sie stellen zwei Revuegirls dar, Lorelei und Dorothy, die einen Mann fürs Leben suchen.

Vor Erotik knistert es bereits in den ersten Minuten des Kinostreifens, wenn die beiden von ihrer »Schwäche« singen, von Männern, die Geld und Diamanten besitzen. Ihre Devise: »Men are the same everywhere« – Männer sind überall gleich. Deshalb empfiehlt Lorelei mit verführerischer Stimme: »Find a gentleman, who is shy or bore, or short or tall, or young or old, as long as the guys are millionaires« – Finde einen Mann, der schüchtern oder langweilig, klein oder groß, jung oder alt ist, Hauptsache sie sind Millionäre.

Lorelei – Marilyn Monroe – ist so verführerisch wie ihre Namensschwester vom Rhein. Und auch Dorothy ist atemberaubend schön. Rote hautenge Glitzerkleider unterstreichen die Kurven der beiden. Eine Schleppe und ein Rockschlitz bis zur Hüfte machen sie zu Königinnen der Erotik. Lediglich beim Gehen wird jeweils das linke Bein sichtbar. Eingehüllt in zarte Nahtstrümpfe und auf roten Pumps werden die Beine zum Versprechen sündiger Leidenschaft. Kurz tauchen sie auf, schon im nächsten Moment, beim nächsten Schritt, sind sie dem Blick wieder entschwunden.

Womit locken die beiden Verführerinnen sonst noch? Mit Brüsten. Sie sind spitz, stramm und auseinanderliegend verpackt. Lockend sind auch die rotgeschminkten Münder, die in sanften Wellen frisierten Haare, die mit Federn geschmückt sind. Glitzernder Halsschmuck und Gesten tun ein Übriges. Die Körper von Marilyn Monroe und Jane Russell bewegen sich spielerisch, schäkernd und keck, niemals obszön. Sie sprühen Frische und Leichtigkeit aus.

Marilyn Monroe und Jane Russell haben das, was wir mit dem Wort Sexappeal beschreiben, das gewisse sexuelle Etwas. Es ist die Statur, die Bewegung, die Kleidung, die Sprache und die Wesensart. Eine Frau mit Sexappeal erweckt den Eindruck, als habe sie ein Geheimnis, ein sexuelles Geheimnis. Eine Frau mit Sexappeal verspricht, höchste sexuelle Freuden zu bereiten, weil sie dem Anschein nach über einen starken Sexualtrieb verfügt. Ihr Körper ist ein einziger Lockruf. Diesen Lockruf bekamen Marilyn Monroe und Jane Russell nur teilweise in die Wiege gelegt, einen Großteil haben sie erlernt beziehungsweise einstudiert.

Männer vergessen beim Anblick derartiger Frauen in aller Regel das Atmen, und das aus gutem Grund. Solche Frauen haben alle Attribute, die dem männlichen Geschlecht gefallen.

Die besten Attribute einer Frau

Kurven, jugendlich glatte Haut, strahlende Augen, gesundes Haar und nicht zuletzt ein frisches, munteres Wesen gehören zu den Topsignalen einer Frau. Beginnen wir mit den Kurven. Kurven sind das Ergebnis von Fettablagerungen auf dem Muskel- und Knochenapparat. Der weibliche Körper verfügt im Durchschnitt über fünfundzwanzig Prozent, der männliche nur über 12,5 Prozent Fett. Die höheren weiblichen Fettreserven sind für die Reproduktionsfähigkeit unerlässlich. An Brüsten, Hüften und Hintern konzentriert, teilen sie hochsichtbar dem Mann mit: Ich kann Kinder bekommen. Magere Frauen, das heißt Frauen, die im Durchschnitt weniger als vierundzwanzig Prozent Fett ihres Gesamtgewichts auf die Wage bringen, sind nicht fruchtbar. Bei Frauen, die extrem dünn sind, bleibt der Eisprung aus. Ebenso steht es mit der ersten Regelblutung. Sie setzt bei Mädchen erst ein, wenn der Fettanteil im Körper stimmt.

Außerdem speichert Fett Sexualhormone. Auch wandelt das Fettgewebe Hormone um, genauer gesagt, Androgene in Östrogene, also männliche in weibliche Hormone. Das Erstaunliche: Ein Drittel des Östrogens, das im Blut einer fruchtbaren Frau zirkuliert, stammt von diesem Umwandlungsprozess. Größere Brüste und ein entsprechender Po teilen folglich etwas über den Hormonzustand mit und über die Fähigkeit zum Eisprung. Der Biologe Karl Grammer von der Wiener Universität, der in seinem Buch *Signale der Liebe* diese Zusammenhänge genauer aufgreift, betont: »Fett könnte damit eine ausgleichende Funktion haben und tatsächlich für den Einsatz und die Aufrechterhaltung der Ovulation [Eisprung] verantwortlich sein.«

Ein Mann wählt eine Frau nicht allein wegen ihrer Kurven aus. Es gibt viele Faktoren, die die Partnerwahl mitbestimmen. Das gilt für beiderlei

Geschlecht. Spezielle Vorlieben, gesellschaftliche Vorgaben, der Bildungsgrad, die Zugehörigkeit zu einer Gruppe oder einem Volk, das Geschlechterverhältnis und so weiter und so fort können die Wahl mitbestimmen. Dennoch, wir wählen *auch immer* nach biologischen Vorgaben. Die Natur hat uns an der Leine. An einer *sehr* langen Leine. Deshalb mögen Männer Kurven und betonen Frauen ihre Rundungen.

Kommen wir zu den anderen Attributen, die Marilyn Monroe und Jane Russell vorweisen können: eine makellose Haut, strahlende Augen, gesundes Haar und nicht zuletzt ein frisches, munteres Wesen. Es sind Eigenschaften, zu denen sich Männer generell hingezogen fühlen, weil sie Jugend und Fruchtbarkeit signalisieren, unterstreicht die Anthropologin Helen Fisher. Frauen auf der ganzen Welt würden, wenn auch unbewusst, versuchen, diesem Bild von Jugendlichkeit zu entsprechen.

Darüber hinaus tut eine Frau gewöhnlich alles, um sich vom Mann zu unterscheiden. Umgekehrt ist das ebenso der Fall. Die Unterscheidungsmerkmale sind es, die das eine Geschlecht für das andere anziehend machen. Schon in der Pubertät wird das deutlich. Mädchen interessieren sich für Jungen, die sich besonders hervortun, Jungen interessieren sich für Mädchen, die schon was »vorzuweisen« haben.

Alles, was an Frauen männlich aussieht, finden Männer nicht reizvoll: Körperhaare, eine tiefe Stimme, ein breitbeiniger Gang, männliche Haarschnitte, kantige Körper. Frauen hingegen empfinden einen Mann als wenig männlich, wenn er eine hohe Stimmlage hat, beim Gehen mit dem Hintern wackelt oder seine Haut zu weich ist. »Es hat die Frauen stets irritiert. Am Anfang einer Beziehung waren sie zunächst sehr überrascht und empfanden meine weiche haarlose Haut als sehr angenehm. Mit der Zeit jedoch fanden sie sie nicht mehr sehr attraktiv«, erzählt ein Sechsundfünfzigjähriger. Er empfand es selbst als »komisch«, »aber was sollte ich machen, und in ein paar Jahren fällt's nicht mehr auf. Alte sind an den Beinen eh unbehaart.«

Frauen unterscheiden sich vom männlichen Geschlecht sogar, wenn sie von Berufs wegen ausgesprochen männliche Kleidung tragen, etwa bei der Polizei oder beim Militär. Frisur, Schminke und nicht zuletzt Körperbewegungen geben Hinweise. Haben sie das »Weibliche im Blut«, wie man es etwa den Kubanerinnen nachsagt, springt die Geschlechtszugehörigkeit förmlich ins Auge. Auf Kubas Straßen sind uniformierte Damen mit Blumen im Haar oder lackierten Fingernägeln nichts Ungewöhnliches. »Der Blick, das Lachen, und man erfreut sich an ihrem weiblichen Gang, da ist ihre martialische Uniform sofort vergessen«, erläutert ein Kubaner.

Eine ehemalige Nachtclubtänzerin des weltberühmten *Tropicanas*, des *Lidos* von Havanna, erinnert sich an ihre Militärzeit. Nach der Revolution sei es für sie selbstverständlich gewesen, ihr Bühnenkostüm gegen eine Uniform auszutauschen. »Schmuck musste im Spind bleiben, es war verboten, ihn zu tragen. Aber wir haben uns welchen aus Papier und Klebstoff gemacht, gedreht und dann angemalt. Der war sehr schön. Ohne unseren Schmuck können wir einfach nicht leben.« Ohne weibliche Bewegungen geht es offenbar ebenfalls nicht. Kubanerinnen haben einen sehr weiblichen Gang, den sie auch beim Tragen flacher Schuhen und in Uniform keineswegs verlieren. Anders als viele ihrer uniformierten Geschlechtsgenossinnen in den USA oder Europa wollen sie sich ihn nicht abgewöhnen. Im Gegenteil, sie lieben es, mit ihrem Gang zu flirten.

Weiblichkeit durch Gang und Kleidung

»Wie die sich bewegt, wie Pudding, wie eine Götterspeise auf Beinen, als wenn die etwas eingebaut haben, irgendeinen Apparat. Die sind ganz anders konstruierte Lebewesen«, schwärmt *Jerry* alias Jack Lemmon staunend und zugleich hingerissen im Kinostreifen *Manche mögen's heiß* (1959). An ihm ist soeben *Sugar Kane* – Marilyn Monroe – vorbeigerauscht und hat ihn in ihren Bann gezogen.

Eine Frau weiß, wie sie sich bewegen muss, damit Männer ihr Aufmerksamkeit schenken. Sie lässt die Hüften schwingen, macht Trippelschritte und übertreibt so die natürlichen Veranlagungen, die ihren Gang auszeichnen. Im Unterschied zum Mann sind weibliche Bewegungen beim Gehen runder und fließender. Männer gehen eckiger, ihre Bewegungsabläufe wirken verzögert. Selbst Berufstänzer, die weiche, runde, fließende Bewegungen erlernt haben, sind durch ihren Gang von Frauen zu unterscheiden. Eine Balletttänzerin läuft anders über die Bühne als ihre männlichen Kollegen.

Männer setzen die Füße fester auf, gehen breitbeiniger, und ihr gesamter Körper schwankt beim Gehen, besonders der Schulterbereich. Der Gang ist kräftig. Hingegen bewegen Frauen nur geringfügig den Oberkörper, dafür stärker das Becken. Entscheidend hierfür ist der Körperschwerpunk, der bei der Frau tiefer liegt, beim Mann höher. Dadurch wird die geschlechtsspezifische Gangart provoziert.

Insgesamt wurden sechsunddreißig verschiedene Arten des zweifüßigen Ganges bei der menschlichen Spezies identifiziert. Das reicht vom langsamen Schlendern (ungefähr einem Schritt pro Sekunde) über den Spaziergang (zwei Schritte pro Sekunde) bis zum schnellen Spurt (vier oder fünf Schritte pro Sekunde). An neun Gangarten kann man das weibliche Geschlecht erkennen, dazu gehören das Stelzen, Trippeln, Gleiten (elegante Version des Trippelns), Hüpfen, Schreiten, Wackeln, Huschen, Tänzeln und schnelles Laufen.

Ein weiteres wichtiges Merkmal des weiblichen und männlichen Gangs ist der Abstand der Füße. Er bestimmt, wie wir den Gang empfinden und beurteilen. Im Durchschnitt halten Frauen einen seitlichen Fußabstand von circa zwölf Zentimetern beim Gehen ein. Verringert sich dieses Maß, bezeichnen wir den Gang als erotisch, er wirkt anziehend. Enge Röcke und Kleider erzwingen diesen erotischen Effekt, den Mannequins aus dem Effeff beherrschen. Sie präsentieren Mode mit sehr eng aneinander vorbeigeführten Beinen.

Vor einigen Jahrzehnten lernten die damaligen Vorführdamen, die Füße ordentlich auf einer gedachten Linie voreinander zu setzen. Bei Tieren nennt man diese Art des Gehens *schnüren*, Füchse und Wölfe laufen so. Die heutigen Models setzen die Füße versetzt neben die imaginäre Linie nach innen, sie kreuzen ihre Beine also ein wenig. Der Gang wirkt dadurch katzenartig und bei genügend Übung sehr geschmeidig. So wurde denn auch aus dem einstigen Laufsteg der Catwalk.

Ein fließender, schwingender Gang ist das A und O einer Frau, die gefallen und weiblich wirken will. Umgekehrt fühlt sich jede Frau gekränkt, der man nachgesagt, sie ginge »wie ein Macker«. Die meisten Frauen üben nicht von ungefähr irgendwann einmal ihren Gang. Zumeist als Kind oder Jugendliche, entweder mit hochhackigen Schuhen oder mit einem Buch auf dem

Kopf. Männer sind Gangübungen gegenüber resistent. Und sie schlüpfen als Kinder auch nicht in die Schuhe ihrer Väter.

Eine Frau, die beim Gehen mit den Hüften rollt, erfährt mehr Aufmerksamkeit von Männern, vor allem wenn sie sich zudem sehr weiblich kleidet. Das können besonders Frauen bestätigen, die sowohl Hosen als auch Röcke tragen. Der Effekt wird noch gesteigert, wenn Röcke Bein sehen lassen. »In der männlichen Vorstellung ist es leicht, einen Rock hochzuheben, aber ein Kampf, eine Jeans auszuziehen«, meint dazu der bekannte Zoologe und Verhaltensforscher Desmond Morris.

Den enormen Einfluss weiblicher Kleidung auf Männer bestätigt die sogenannte Türritual-Studie von K. S. Renne und P. C. Allen aus dem Jahre 1976. Beobachtet wurden Männer und Frauen beim Passieren von Türen. Das Ergebnis der Untersuchung: Je weiblicher eine Frau gekleidet war, umso größer war die Wahrscheinlichkeit, dass ihr die Tür von einem Mann offengehalten wurde.

9 Cindy Crawford, 1995

Das Bemerkenswerte: Ein wenig Haut wirkt Wunder. Männer »stehen« auf entblößte weibliche Körperteile. Darauf reagieren sie immer. Nackte Haut regt ihre Phantasie an und wirkt unterschwellig als sexuelles Signal. Ganz gleichgültig ob es sich dabei um Arme, Dekolleté oder Beine handelt. Unter bestimmten Umständen reizt sogar der nackte Fuß, der freigelegte Rücken oder Bauchnabel. Entscheidend ist, wie und unter welchen Umständen die nackte Haut präsentiert wird. Dafür jedoch haben Frauen ein Gespür. Sie sind perfekt in der geschickten Präsentation nackter Haut.

»Ursula nutzte die Gelegenheit, um den obersten Knopf ihrer Bluse zu öffnen, den Rock etwas höher übers Knie zu ziehen und ihre Beine unter dem Tisch herauszuschwenken, damit Scherer das Ergebnis ihrer Bemühungen in Augenschein nehmen konnte, ohne direkt unter den Tisch schauen zu müssen.« So beschreibt Heiner Link in seinem Roman *Fräulein Ursula* die Protagonistin, die genau weiß, was sie tut. Bis zu den »rüschengeschmückten Enden ihrer halterlosen Strümpfe« gibt sie ihre Beine frei und sieht »keine Notwendigkeit, diesen Zustand rückgängig zu machen«.

Die Entblößung von Fräulein Ursula hatte Erfolg, Scherer erlag ihren Reizen. Freilich hat der Autor Heiner Link diese Szene erdacht, unüblich ist sie allerdings nicht. Genügend Frauen setzen derartige Strategien täglich ein. Eine Vierundvierzigjährige machte mir einmal vor, wie eine ihrer Freundinnen Männer anzumachen pflegte. Sie nahm eine Zigarette, kramte auffällig in ihrer Handtasche herum und sah sich mit einem Rehblick verstört um. Dabei ruckelte sie auf dem Stuhl hin und her, schlug die Beine von einer Seite auf die andere übereinander, streckte ihren Busen ein wenig vor und führte in einer übertriebenen Geste die Zigarette in die Nähe des Mundes.

»Das war zunächst alles«, betont die Mittvierzigerin. Stand dann ein Mann mit Feuer vor ihr, schlug sie lächelnd die Beine erneut übereinander, diesmal in die andere Richtung. Während er ihr Feuer reichte, sah sie ihm unaufhörlich in die Augen, beugte sich mehr als nötig vor, streckte den Busen noch weiter heraus und stülpte die Lippen wie zu einem Kuss vor. War die Zigarette entzündet, fixierte sie die Augen des Mannes noch intensiver »und hauchte ihm einen Dank entgegen, als habe er sie aus einer lebensbedrohlichen Lage befreit«. Auf die Frage, ob diese übertriebene Dramaturgie denn gewirkt habe, wird mir versichert: »Ja, immer!«

Derartige Anmachstrategien sind auch im Tierreich bekannt. Beim ersten Östrus (Eisprung) machen beispielsweise die Jungstuten der Zebras ein ähnliches Getöse, um Junggesellen anzulocken. Sie stellen sich breitbeinig und mit erhobenem Schwanz in die Steppe und machen das sogenannte

Rossigkeitsgesicht: Bei vorgestrecktem Kopf zeigen sie ein halb geöffnetes Maul und schürzen ihre Lippen vor. Das genügt, um einen interessierten »Herrn« anzulocken. Der Geschlechtsakt wird nicht sogleich vollzogen, erst muss sich der »Verführer« als treuer Begleiter bewähren, dann darf er aufreiten.

Mehr als drei Dutzend Männer, denen ich von der »Zigarettenanmache« erzählt habe, verkündeten einhellig, derartige Methoden würden bei ihnen nicht wirken. Ein Zweiunddreißigjähriger: »Das kann ich mir gar nicht vorstellen. Das würde bei mir nicht funktionieren. Obwohl ... das läuft viel unterschwelliger ab, quasi unmerklich. Manche haben sogar eine mörderische Performance drauf, da kannst du gar nicht anders ...«

Und ein Sechsundvierzigjähriger erinnert sich: »Ich habe einmal eine Frau kennengelernt, die hatte es echt drauf. Zuerst hab' ich es nicht bemerkt. Dann ist sie zum Körperangriff übergegangen. Hat mir von ihren Herzrhythmusstörungen erzählt, meine Hand genommen, auf ihre Brust gelegt und gesagt: ›Fühl mal!‹ Was willst du da machen, frag ich dich?«

Frauen geben unbewusste Zeichen

Die überwiegende Mehrzahl der Frauen geht in der Tat beim Anmachen sehr viel verhaltener vor. Winzige Zeichen reichen zumeist aus. Diese Zeichen werden oft unbewusst gegeben, was etwa eine Studie unter der Leitung des Biologen Karl Grammer bestätigt. Die Forschergruppe untersuchte tausend Frauen in Wiener Diskotheken. Ihre Fragestellung lautete: Hat die Art der Bekleidung etwas mit dem Hormonhaushalt zu tun? Also, welche jeweilige Kleidung wählen Frauen während der verschiedenen Phasen ihres Zyklus?

Die Biologen fotografierten Diskobesucherinnen und nahmen Speichelproben. Was sie herausfanden, war überraschend: Frauen lassen kurz vor dem Eisprung tief blicken. Konkret heißt das, je höher der Östrogenspiegel der untersuchten Diskothekbesucherin, desto mehr Haut zeigte sie. Und umgekehrt: Je weniger weibliche Hormone im Blut zirkulierten, desto züchtiger war die Bekleidung. Darüber hinaus stellten die Wissenschaftler fest: Diejenigen Frauen, die zum Zeitpunkt des Eisprungs mehr Haut als andere gezeigt hatten, nahmen keine Pille und waren ohne Partner in die Diskothek gekommen.

Die Wiener Forscher bestätigen damit die Annahme, Frauen würden zumeist eine Affäre eingehen, wenn sie ihren Eisprung haben, sie also schwanger werden könnten. Diese Seitensprünge sind durchaus von der Natur gewollt. Sie erzwingt damit »Kuckuckseier mit völlig neuen genetischen Profilen«. Die Anthropologin Helen Fisher meint dazu 2004 in einem Fernsehinterview: »Die Evolution hat uns offenbar ein doppeltes Fortpflanzungsprogramm verpasst. Wir haben einerseits den Drang, uns mit einem festen Partner zu paaren, andererseits eine Neigung zum Seitensprung. Ich habe Ehebruch in vierzig Kulturen studiert, und sogar in Ländern, in denen man dafür geköpft wird, wird viel betrogen.«

Man schätzt, dass in Familien mit mehreren Kindern, dreißig bis vierzig Prozent der Erstgeborenen nicht vom eigentlichen Ehemann sind. Beim zweiten Kind sind es hingegen nur noch zehn Prozent, die durch einen Seitensprung gezeugt wurden.

Für die biologische Flirtsteuerung via Hormonen lassen sich weitere wichtige Tatsachen ausmachen: Körpergerüche und Geruchsempfinden. Während des Eisprungs können Frauen bestimmte Düfte des Mannes deutlicher wahrnehmen. Männer wiederum empfinden spezifische Frauendüfte während der fruchtbaren Tage als besonders attraktiv. Der Hormonhaushalt regelt zudem den Körpergeruch von Mann und Frau, allerdings bei Frauen differenzierter. Eine junge Frau duftet anders als eine schwangere oder eine Frau nach dem Klimakterium. Der Körpergeruch schwankt außerdem während des Menstruationszyklus. Manche Männer können diese Geruchsschwankungen bewusst wahrnehmen, wie ich in meinem Buch *Botenstoffe der Liebe* von 1995 nachgewiesen habe. Doch vieles, was mit unseren Körpergerüchen zusammenhängt und Einfluss auf unser Verhalten hat, registrieren wir nur unbewusst. Trägt eine Frau nach dem Klimakterium etwa bestimmte nicht bewusst wahrnehmbare Duftstoffe (Pheromone) einer Zwanzigjährigen, kann dies mehr Zuwendung beim Partner auslösen. Das zeigt eine Studie von Susan Rako und Joan Friebely aus dem Jahr 2004. Was das für Pheromone sind, wurde noch nicht offenbart, da die Forscher die »nachgebauten Pheromone« der Zwanzigjährigen patentieren lassen wollen.

Mehr entblößte Hautfläche bedeutet mehr Körpergerüche und eine nachdrücklichere Geruchswahrnehmung, besonders bei freien Achseln. Der Achselgeruch wirkt selbst dann, wenn das Achselhaar entfernt und Deo benutzt wird. Der eigene Geruch kann nie vollständig unterdrückt oder überdeckt werden. Andernfalls könnten Haustiere ihr Herrchen oder Frauchen niemals wiedererkennen. Körpergerüche spielen also in der zwischenmenschlichen Kommunikation eine wichtige Rolle. Frauen ist das von jeher bewusst, weshalb sie ihre Reize mit Düften zu verstärken suchen. Die duftenden Öle der Vergangenheit und heutigen Parfüme hatten und haben nur einen Zweck: Sie sollen die erotische Ausstrahlung unterstreichen.

In unserer archaischen Vergangenheit machte das Weib plump mit brünstigen Sekreten auf sich aufmerksam, während die moderne, kultivierte Eva mit künstlichen Duftstoffen lockt. Sie umgibt sich geschickt mit einer unschuldig erscheinenden und damit vor allem akzeptierten Duftwolke aus dem Flakon.

Wer heutzutage Umkleidekabinen für Frauen in Schwimmbädern und Fitnesscenter betritt, wird geradezu von Düften erschlagen. Da gibt es keinen Frauenkörper, der nicht mit duftenden Bodylotionen eingecremt wird, keinen Haarschopf, der nicht nach irgendeinem Gel, Festiger oder doch wenigstens nach einem Haarschampon duftet. Doch den meisten Frauen reichen diese schwindelerregenden Duftgeschosse nicht. Sie legen zur Sicherheit noch etwas Parfüm auf, um dafür zu sorgen, auf keinen Fall überrochen zu werden. Die betörenden Duftwolken sind keineswegs ein Privileg junger Frauen. Die heutige Großmutter greift ebenfalls gern zu *Opium* und Co. Die älteren Damen setzen kräftige Duftmarken, grad so wie ihre jüngeren Geschlechtsgenossinnen. Warte- und Krankenzimmer sind davon nicht ausgenommen. Praktische Ärzte kommen ins Grübeln, ob die duftige Anmache ihnen gilt. Unlängst stellte sich ein junger Chirurg am Bett einer frischoperierten Sechsundsiebzigjährigen die gleiche Frage: »Meint sie mich?«

Aufreizende Haut

Frauen sind immer wieder erstaunt, wenn Männer sich den Hals verrenken, nur weil eine Frau entblößte Haut zeigt. Ein wenig Brust- oder Rückendekolleté, schon saugen sich Männeraugen an den freigelegten Körperregionen fest. Sogar ein geistesabwesender, zeitungslesender Mann erwacht aus seiner Lethargie, wenn nackte Frauenbeine an ihm vorbeimarschieren. *Der Spiegel* oder *Auto Motor Sport* werden für einen kleinen Augenblick zu einer nichtssagenden Nebensache. Das männliche Wesen gibt sich seiner Phantasie hin, einer Phantasie, die eine Frau beim Anblick nackter Männerbeine niemals entwickeln würde.

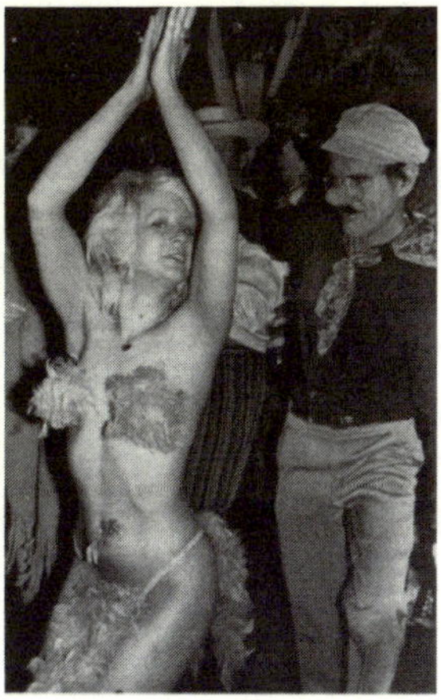

10 Körperliche Narrenfreiheit beim Fasching, München 1978

Ohne Zweifel ist weibliche Haut für den Mann ein erotischer Reiz höchster Güte. Sie hat für ihn unmittelbare Signalwirkung. Obgleich Frauen das nur schwerlich nachvollziehen können, sind sie sich dessen bewusst. Daher zeigt das weibliche Geschlecht stets Haut, wenn es darauf ankommt. Junge Frauen sind in aller Regel weit großzügiger mit der Präsentation entblößter Haut als ältere. Männer wiederum sehen sich selten veranlasst, bestimmte Körperpartien durch nackte Haut hervorzuheben. Selbst dann nicht, wenn sie im Showgeschäft tätig sind. Sie singen höchstens einmal im Muscle Shirt oder reißen sich bei einem »heißen« Song das Oberhemd auf. Im Hintergrund tanzen allerdings häufig halbnackte Go-Go-Girls. Sie verleihen dem »brünstigen Hirsch« das notwendige sexuelle Fluidum.

Für den Sexualforscher und Arzt Iwan Bloch war die Haut ein einziges großes Wollustorgan. Bei einem Erwachsenen sind über eine Fläche von durchschnittlich 1,86 Quadratmeter etwa 80000 hochempfindliche und 640000 weniger empfindliche Nervenenden verteilt. Haut ist also ein riesiger Sensorenträger, ein außerordentliches sensibles Sinnesorgan und eine Lustquelle. In der Tat ist innige geschlechtliche Liebe stets hautnah. Selbst ein flüchtiger Akt kommt nicht ohne Berührung aus. Insofern verschafft Haut Lust. Das gilt für beiderlei Geschlecht. Berührung und sexuelle Lust gehören zusammen.

Nackte Haut sendet das Signal aus: Ich bin lustvoll und verschaffe Lust. Ihr Anblick kann zudem sexuelle Assoziationen hervorrufen. Im Fall des Mannes existiert sogar ein biologisch gesteuertes Reaktionsmuster, nämlich der Reflex, auf nackte Frauenhaut mit Erektion zu reagieren. Jeder Mann hat dieses Wunder der Natur schon einmal an sich beobachten können. Sicher nicht ständig und mit berechenbarer Regelmäßigkeit, aber mit Sicherheit in jungen Jahren. Wenn im Alter der Penis bockt, das besagte Wunder ausbleibt, greift mancher Hochbetagte zu Viagra. Schon funktioniert »es« wieder, und der »Kleine« ist in Hab-Acht-Stellung.

Dass mit Viagra der Nacktmechanismus greift, davon ist das Pharmaunternehmen Pfizer aus New York fest überzeugt. Außer an Männern testete es die Wirkungsweise von Sildenafil, also Viagra, zudem an 3000 Frauen. Die Auswertung der Studie ergab: »Männer haben beim Anblick einer nackten Frau immer eine Erektion und wollen dann Sex. Bei Frauen hängt das von einer Myriade von Faktoren ab.« Ihr sexuelles Begehren wird nicht *unmittelbar* durch nackte Männerhaut geweckt.

Die Untersuchung des Konzerns belegt, dass visuelle Wahrnehmungen und körperliche Reaktionen auf Basis chemischer Prozesse stattfinden. Und dass Männer hierfür prädestiniert sind. Hingegen haben Frauen eine »Vorrichtung«, die den chemischen Automatismus aushebeln kann. Möglicherweise handelt es sich dabei um eine eingebaute psychologische Barriere. Das legen Forschungsergebnisse des Ludwig Boltzmann Institutes der Universität Wien nahe. Wissenschaftler hatten die Hormonwerte von männlichen sowie weiblichen Testpersonen überprüft, nachdem sich diese pornographische Filme angesehen hatten. Das überraschende Ergebnis: Das Sexualhormon Testosteron stieg bei beiden Geschlechtern gleich schnell an und nahm um den gleichen Wert zu.

Bei beiden Geschlechtern hatten die Darstellungen Wirkungen gezeigt. Der entscheidende Unterschied zwischen Männern und Frauen war jedoch: Männer werden von pornographischen Bildern unmittelbar angemacht, sie haben gar keine Wahl, während Frauen über einen psychologischen Filter verfügen. Sie können entscheiden, ob sie sich auf das, was sie sehen, einlassen wollen oder nicht.

Männer mögen nackte Haut, deshalb verkauft sich der *Playboy* seit seinem Erscheinen im Jahr 1953 hervorragend. Er fand stets Käufer – wie auch das Vorläufermagazin, der *Esquire* –, die großes Vergnügen an den abgebildeten Damen finden. Eines ist sicher: Kein Mann erwirbt ein derartiges Magazin wegen der schriftlichen Beiträge, sondern wegen der ausdrücklichen – besser noch nachdrücklichen – Abbildungen weiblicher Geschlechtsmerkmale. Der *Playboy* erreichte sogar eine gewisse Salonfähigkeit. Er kann, ohne Anstoß zu erwecken, vielerorts öffentlich gelesen werden. Auch gibt es Frauen, die ihrem Mann schon einmal ein Magazin zum Geburtstag geschenkt haben. Schließlich ist mancher Mann sogar »völlig verrückt« auf eine bestimmte Ausgabe. Ein vierundfünfzigjähriger Anwalt wollte unbedingt das Heft mit der Sportlerin Susi Erdmann sein Eigen nennen. Auf die Frage, weshalb, antwortete er völlig ernst: »Nur so!« Unter »nur so« verstand er freilich, die erfolgreiche Rodlerin so sehen zu wollen, wie die Natur sie erschaffen hat, eben nackt.

Sparsame Bekleidung erhöht den Reiz

Die meisten »Playboyhäschen« sind zwar nackt, aber nicht in vollem Umfang splitterfasernackt. Durch Spezialkleidung oder Accessoires werden ihre weiblichen Attribute in aufreizender Weise geschickt hervorgehoben. Die abgelichteten Frauen tragen oft ausschließlich Schuhe mit hohen Absätzen, häufig Dessous. Vielfach werden hauchzarte Blusen, Maschenhemdchen oder andere Kleidungsstücke mit Durchscheineffekt getragen. Sie verhüllen absolut nichts, geben dem Betrachter jedoch das Gefühl, er habe einen Röntgenblick.

Die auf diese Art bekleideten Frauen treffen den erotischen Geschmack der Männer. Wäre dem nicht so, blieben die Herrenmagazine Ladenhüter. Der Psychoanalytiker und Freud-Schüler Theodor Reik weiß aus seiner Praxis zu berichten, dass eine »erstaunlich große Anzahl von Männern« teilweise bekleidete Frauen oder Frauen im Negligé attraktiver fände als nackte. Diese Männer würden den Anblick einer halb entkleideten Frau dem einer nackten vorziehen, schreibt Theodor Reik in seinem Buch *Von Liebe und Lust*. In vielen Fällen wäre die sexuelle Erregung durch den völlig nackten Körper verzögert oder geschwächt, während der Anblick des nur teilweise entkleideten Körpers einer Frau die Männer stark errege. Der Psychoanalytiker betont, jeder Analytiker würde Fälle kennen, in denen Männer ihre volle sexuelle Potenz nur erreichten, wenn die Frau zumindest teilweise angezogen bliebe.

11 Reizvolles Posieren, um 1910

In der Kunst werden Frauen ebenfalls gerne teilbekleidet dargestellt. Keineswegs weil Künstler moralische Vorbehalte hätten, sondern weil es ihrer Neigung entspricht. Sie stellen das dar, was sie selber so und nicht anders empfinden. Es gibt Maler, deren Bilder lassen diese Neigung unmittelbar erkennen, etwa die des Flamen Félicien Rops (1833–1898). Seine weiblichen Akte zeigen stets Frauen, die noch irgendetwas tragen, etwa einen Hut, Strümpfe oder Schuhe.

Nacktheit allein ist augenfällig noch kein Garant für Erotik. Es bedarf einer entsprechenden Aufmachung und Körperhaltung. Ganz gleichgültig ob in der Malerei, Bildhauerei oder Fotografie, die Frauen werden in entsprechenden Posen dargestellt. Die Umgebung spielt eine Rolle, das gesamte Ambiente. In anderen Situationen, beispielsweise auf der Bühne, macht weibliche Nacktheit bestimmtes Beiwerk erforderlich, einen zarten Schleier oder diffuses Licht, einen Vorhang, der im rechten Moment fällt, Musik, die das Gemüt auf sinnliche Weise berührt. Erotik wird folglich inszeniert. Sie ist nicht einfach nur da.

»Bildlich gesprochen ist Erotik – erotische Nacktheit – die verhüllte, verschleierte Sexualität«, schreibt die Kostümhistorikerin Ingrid Loschek. Ergänzend fügt sie hinzu, die Erotik sei die Sexualität des Denkens und Fühlens und spräche diese auch an. Ähnlich drückt sich eine achtzehnjährige Abiturientin aus, die auf die Frage, weshalb es an Nacktbadestränden »zu nichts komme«, antwortete: »Reine Nacktheit ist doch langweilig.«

Aus Jürgen Egers Geschichte *Das Wetterloch* geht genau dieser Zusammenhang hervor. Die Erzählung spielt zu DDR-Zeiten. An einem Nacktbadestrand der Ostsee liegt der Held »zur Abwechslung auf dem Bauch«, denn, so heißt es an dieser Stelle, »ich war eingeschlafen, und er hat schon eine Röte angenommen … wir reden über … Es ist egal. Denn da kommt sie. Die eben noch hitzig und eifernd geführte Diskussion über was weiß ich verstummt mit einem Mal. Als hätte ein Dirigent ein verabredetes Zeichen gegeben. Das passiert hier so oft nicht. Und ich muss zugeben, dass ihr Erscheinen sicher auch deshalb so eindrucksvoll ist, weil sie ganz und gar nicht nackt ist.«

Jürgen Eger beschreibt nun detailliert, was die junge Dame genau trägt, unter anderem ein Hemdchen, »das ihr nicht bis zum Nabel reicht und dessen Stoff nicht so leicht und so weich ist, so dass ihre beiden Beulen vorn die Aufmerksamkeit männlicher Blicke noch mehr auf sich ziehen. Dazu trägt sie zu allem Überfluss ein ebenmäßiges Ich-weiß-gar-nicht-warum-die-alle-so-gucken-Gesicht, das von wilden schwarzen Locken umrahmt ist.« Die

Beschreibung der Szene wird mit den Worten abgeschlossen: »Diese samtweiche Stimme! Diese perlengleichen Zähne! Diese blauen Augen! Diese tiefschwarzen Augenbrauen! Diese Locken! Dieses ganze Drum und Dran! Diese kokette Unschuld! Dieser frontale Angriff dieser unerbittlichen, über Männerleichen gehenden Waffen!«

Verlockendes Entkleiden

Frauen verfügen über viele Waffen. Hierzu zählt auch das Entkleiden, das nach dem Sexualforscher Alfred C. Kinsey viele Männer gern beobachten würden. Die männliche Phantasie wird dadurch beflügelt, die sexuelle Lust angestachelt. Das Ausziehen wirkt wie ein Versprechen und deutet auf das, was schließlich betrachtet werden will.

Tatsächlich ist das Entkleiden selbst in »neutralen« Situationen nicht ganz ohne. Ein Grund weshalb nicht zuletzt noch in den Sechzigerjahren und weit in den Siebzigern des letzten Jahrhunderts hinein Paravents in Arztpraxen und Kliniken üblich waren. Das Verschwinden hinter den Stoffwänden sollte eine erotische Atmosphäre beim Ablegen der Kleidung verhindern. Heute gibt es zumeist Umkleideräume, oder die Patientinnen werden für einen Augenblick allein gelassen.

Beispiele aus vergangenen Jahrhunderten zeigen, dass selbst das verborgene Entkleiden seinen Reiz hatte. Adlige Damen zelebrierten das Umziehen hinter der spanischen Wand, während Männer dem Tun gerne vor der Abschirmung beiwohnten. Gemälde und Romane zeugen noch heute von der erotischen Atmosphäre dieser unschuldigen Verlockung. Der eine oder andere Verehrer einer hochherrschaftlichen Dame mag vielleicht sogar eine bestimmte Morgen- oder Nachmittagsstunde zum Besuch gewählt haben, um der Angebeteten beim Garderobenwechsel nahe zu sein. War auch nur der Kopf der Dame zu sehen, sah und hörte der Bewunderer doch einiges. Rauschende Röcke, Kleidungsstücke, die scheinbar achtlos auf die Kante des Paravents geworfen wurden. Zofen, die mit diesem oder jenem Stück Stoff auftauchten und wieder verschwanden. Der männlichen Phantasie wurde genügend Nahrung angeboten.

Ist eine umgekehrte Szene denkbar, ein Tausch der Geschlechter? Nein, Frauen haben kein Interesse an männlicher Unterwäsche, die über Paraventkanten zu hängen kommt. Männer werden hingegen von Frauenunterwäsche beflügelt. Ihre Lust auf sich entkleidende Frauen ist beträchtlich, was sich unter anderem am Besuch von Stripteaselokalen zeigt. Bekanntlich ist der Strip nicht gleichzusetzen mit einem achtlosen Ausziehen von Kleidung. Die ihn begleitenden Körperbewegungen sind ganz entscheidend. Alles muss fließen, leicht und gekonnt aussehen. Das Becken ist beim Ausziehen in ständiger Bewegung. Es bietet sich an und dar. Ein raffiniertes Zeigen und Verdecken sowie ein langsames Entblößen von nackter Haut sind die Hauptmerkmale eines gekonnten Strips.

Mit Striptease verdienen heutzutage nicht selten Studentinnen, Verkäuferinnen oder Hausfrauen ein Zubrot. Sie treten in bestimmten Diskotheken oder bei Privatveranstaltungen auf. Es sind Frauen, die das Strippen genießen, die es mögen, wenn Männer sie dabei betrachten. Die meisten dieser Frauen, auch viele professionelle Stripperinnen, gewinnen dem Beschautwerden viel ab. Ebenso ergeht es einem Großteil jener Frauen, die noch einen Schritt weiter gehen und in Peepshows ihre Geschlechtsorgane mit gespreizten Beinen darbieten. Manche der Frauen mögen es, Männer auf diese Art anzumachen. Andere triumphieren gar, weil sie damit Macht ausüben können. Sie beherrschen die Gefühle der Männer.

Die Lust am Zeigen und Präsentieren des Körpers liegt der Frau im Blut. Es ihre Form des Balzverhaltens. Mit körperlichen Reizen können Frauen die Aufmerksamkeit des männlichen Geschlechts auf sich lenken und es schließlich an sich binden. Diese Lust am Zeigen und Locken offenbart das weibliche Geschlecht auf vielfältige Weise: in harmloser Form beim Tragen bestimmter Bekleidung; in durchschaubarer Form im Bloßlegen bestimmter Hautpartien und schließlich in unübersehbarer Form in der zügellosen Darbietung des halbnackten oder ganz nackten Körpers.

Die Annahme, Frauen würden sich nur des Geldes wegen nackt ablichten lassen, ist in den meisten Fällen ein Trugschluss. Unzählige Frauen sehnen sich danach, einmal im *Playboy* zu erscheinen. Dafür würden sie sogar auf Bezahlung verzichten. Derartige Magazine suchen sich keine »Mädchen«, sondern »junge Frauen rennen uns die Bude ein«, versichert ein entsprechender Redakteur. Ebenso wenig müssen sich Blätter wie die *Bild-Zeitung* um halbnackten Nachschub Sorgen machen. Täglich gelingt es dem Millionenblatt, immer neue nackte weibliche Tatsachen zu präsentieren. Sie garantieren dem Springer-Verlag weiterhin einen guten Absatz und den zumeist männlichen Lesern den gewohnten Anblick.

Die auf Publicity begierigen jungen Damen sind sich dabei für nichts zu schade. Sie posieren halbnackt für alles und jeden Anlass. Gekonnte Kollagen sorgen häufig für die gewünschten Zusammenhänge. So sah sich der Fußballbundestrainer Rudi Völler zur Europameisterschaft 2004 einer neuen Mannschaft auf der Aufmacherseite des Blattes gegenüber. Elf hübsche Frauen standen vor ihm auf dem Rasen, rafften die Trikots (im Stil der Nationalmannschaft) hoch und zeigten ihre entblößten Busen. Auf der letzten Seite der *Bild*, der Rückseite, war dasselbe weibliche Elfergespann von hinten zu sehen. Diesmal waren die Damen nackt bis auf Kniestrümpfe und Stollenschuhe. Ihre Becken waren ein wenig nach hinten gekippt, damit die Pos richtig zur Geltung kamen. Dem Trainer beziehungsweise dem Leser wurde damit anschaulich demonstriert, wo es langgeht, falls die deutsche Mannschaft verlieren sollte.

Heute Deutschland gegen Ts
Rudi, ihr müsst si

12 »Fußballtatsachen« 2004 nach *BILD*-Manier (Vorderseite)

...sonst könnt ihr uns

13 wie **12** (Rückseite)

Viele Frauen wünschen, sexy Fotos von sich zu haben. Der Wunsch danach ließ eine neue Branche entstehen, Fotografen, die sich auf »sinnliche Nacktfotos« spezialisiert haben und sozusagen *Playboy*-Fotos für den Hausgebrauch anfertigen. Aus zwölf ausgewählten Fotos wird ein Kalender und schließlich ein Geschenk für den Freund, Liebhaber oder Ehemann. Es bleibt nicht aus, dass die erotische und zumeist gelungene Dokumentation auch schon einmal einer Freundin, einem Freund oder Bekannten gezeigt wird.

Es gibt auch Frauen, die sich von der Straße weg engagieren lassen, um sich vor laufender Kamera für eine Fernsehsendung nackt ablichten zu lassen. Profis fotografieren die jungen Frauen an weiten weißen Stränden, auf schroffen kahlen Felsen oder in wogenden Meereswellen. Anschließend können Fernsehzuschauer in einer eigens dafür gemachten Sendung die beeindruckenden Fotos der hüllenlosen Laienmodels sehen, eben so, wie die Aufnahmen entstanden sind. Natürlich gefallen sich die »Damen von der Straße« auf den Fotos, mächtig stolz kommentieren sie: »Ich hätte nie gedacht, dass ich so aussehen könnte.«

Flirten mit entblößten Hautpartien

Die Lust des Entkleidens hängt mit der Lust der Frau zusammen, körperlich begehrt zu werden. Dazu kommt noch etwas Entscheidendes: Es reicht Frauen nicht, nur dem Partner zu gefallen. Sie wollen auch anderen Männern gefallen. Das ist übrigens die Basis des Flirts, an dem wir alle großes Vergnügen finden. Dem Flirt haftet fraglos etwas Sexuelles an. Er sorgt für eine prickelnde Atmosphäre zwischen den Geschlechtern. Mit Gesten, Worten und Taten wird geflirtet. Frauen flirten zudem mit bestimmter Kleidung. Die leibliche Entblößung, das heißt, das Präsentieren unbedeckter Hautpartien, ist dabei ein überaus wirkungsvoller Flirtfaktor. Er wird ausnehmend gern eingesetzt, nicht für einen speziellen Mann, sondern für alle Männer.

Diese spezielle Flirtlust ist alterslos und keineswegs nur an junge, empfängnisfähige Frauen gebunden. Auf die Frage, für wen sie sich zurechtmache, bemerkte Elizabeth Taylor (74) im Jahre 2006: »Für die Männer, dann für mich – und dann erst für andere Frauen. Weil man es Frauen nie recht machen kann.« Im selben Jahr wurde Nadja Tiller (77) und ihrem Mann Walter Giller der Bambi für ihr Lebenswerk überreicht. Die in die Jahre gekommene Schauspielerin machte eine durchaus gute Figur. Ihren Brustansatz hatte sie geschickt mit einem Seidenschal verdeckt. Auf ein tiefes Dekolleté konnte und wollte Frau Tiller aber nicht verzichten.

Ihrer unbekannten achtzigjährigen Landsmännin. der ich einige Monate zuvor in der Steiermark begegnet war, ging es ebenso. Sie plänkelte beim Wandern mit ihrem Brustansatz. Der semitransparente Stoff ihrer Bluse machte zudem eine sehr konkrete Vorstellung von der Spitzenunterwäsche möglich, die »nicht von schlechten Eltern« war. Die sehr feine alte Dame war ansonsten wie »aus dem Ei gepellt« gekleidet.

Zum gleichen Zeitpunkt fiel mir dort eine weitaus jüngere Frau von circa vierzig Jahren am Arm eines sichtlich älteren Mannes auf, die noch eindrücklicher auf sich aufmerksam machte. Nicht nur, weil sie im biederen Kurort Bad Gleichenberg auf hohen Schuhen gekonnt einherstolzierte, sondern weil sich ihr üppiger Busen eindringlich vorwölbte. Die hautenge durchsichtige Bluse mit gewaltigem Ausschnitt ließ BH-Spekulanten nicht im unklaren. Die hellblondierten Haare, das stark geschminkte Gesicht, die ausschließlich extravagante, teure Kleidung, das alles wirkte wie ein gewaltiger Augenaufschlag beim Flirt. Ihr scheinbar unbeteiligter Gesichtsausdruck verriet: Sie wusste, man beäugt sie. Und er, der grauhaarige, unscheinbare, etwas beleibte Herr an ihrer Seite? Ihm war sichtlich wohl, er genoss die Aufmerksamkeit, die ihm ihretwegen zuteil wurde.

In den Metropolen der Welt machen es Frauen vor, und auf den Laufstegen von Paris, Mailand und London ist es normal. Models zeigen unverhüllt oder freischwingend unter transparenten Stoffen ihre zumeist mit Silikon gefüllten Busen. Es gilt als normal, Durchsichtiges oder »heiße Kollektionsstücke« barbusig vorzuführen. Offen getragene Pelzjacken auf nackten weiblichen Oberkörpern lassen auch jene Tage vergessen, in denen Models ihre bloße Haut mit der Aufschrift »No Fur« – kein Pelz – zu Markte trugen.

Doch dass sich Frauen verführerisch oder halbnackt zeigen, ist kein Phänomen der letzten Jahrzehnte. Die Lust am Zeigen des Körpers ist noch nicht einmal auf den Laufstegen erfunden worden. Bereits Ende des 18. Jahrhunderts hüllten sich etwa Englands Damen der Upperclass in dünne Musselin- und Gazechemisen. »Die nackten Figuren«, notierte ein Zeitzeuge, spazierten »in Scharen« unter anderem in der New Bond Street, Pall Mall, dem Hydepark und im Kensington Garden. Sie riefen Sittenwächter auf den Plan, die aufs schärfste gegen so viel Haut protestierten. Der Bischof von Rochester versuchte gar, dem zügellosen Treiben 1799 mit Hilfe eines Hirtenbriefes Einhalt zu gebieten. Ihm waren außerdem die kurzen Röcke der Tänzerinnen in der Oper ein Dorn im Auge. Das moralische Aufbegehren war nicht von Erfolg gekrönt. Im Gegenteil, die Damen riskierten mit der *reizenden* Bekleidung Gesundheit und Leben. Manch eine zog sich eine böse Erkältung zu oder erlag der sogenannten »Musselin-Krankheit«. Sie starb an Schwindsucht.

Die nicht gerade von der Sonne verwöhnten Engländerinnen verzichteten selbst bei eisiger Kälte lieber auf einen Mantel. Nichts sollte das todschicke und hauchzarte Kleid verdecken. Ein Mantel hätte zudem einen netten erotischen Nebeneffekt der duftigen Kleider verhindert. Hin und wieder blies nämlich der Wind die zarten Röcke hoch und ließ die Beine sehen.

Noch ärger trieb es in jenen Jahren in Paris eine gewisse Theresia Tallien. Sie war eine außerordentlich schöne und einflussreiche Dame, welche einen Salon ihr Eigen nannte. In ihm trafen sich hohe Politiker und die schönsten Frauen der Stadt. Eine von ihnen war Joséphine, die Gemahlin von Napoleon und spätere Kaiserin. Es heißt, Theresia Tallien soll in Sachen Mode Maßstäbe gesetzt haben. Sie zögerte nicht, sich halbnackt zu zeigen. Auf der Avenue des Champs-Élysées spazierte sie in einem fleischfarbenen Trikot, das keine Zweifel über ihren körperlichen Wuchs ließ. Ihre Schenkel und Beine waren mit Reifen geschmückt. Der Höhepunkt ihrer Auftritte: Nur mit einem Tigerfell bekleidet verfolgte sie eines Tages das Bühnengeschehen in ihrer Opernloge.

Im Herbst des Jahres 1795 wird laut der Kunst- und Kostümhistorikerin Wiebke Koch-Mertens sogar von einem »epochemachenden Ereignis« gesprochen. Madame erscheint »auf einem Ball in der Großen Oper in einer ärmellosen Tunika aus weißem Atlas …, die sie auf dem bloßen Körper ohne Hemd oder sonstige Unterkleidung getragen hat, das Gewand war am linken Bein bis zum Oberschenkel hochgeschürzt, die Hüfte mit einem Schurz aus blauem Atlas geziert, die Finger der Hände und die Zehen der bloßen Füße mit kostbaren Ringen geschmückt, die einzige Fußbekleidung bildeten die antiken Sandalen.«

Augenscheinlich war Madame nur die Spitze des Eisberges. In jenen Tagen lässt nämlich der Dichter August von Kotzebue aus Paris verlauten: »Wenn das nun so fort geht – und warum sollt' es nicht? –, so werden in hundert Jahren unsere Enkelinnen ihre Töchter mit wenigen Kosten kleiden. Man lacht wohl jetzt über den Gedanken, dass unsere Urenkelinnen vielleicht nur Schürzen von Feigenblättern tragen werden.«

Napoleon war es schließlich, der der frivolen Bekleidung jener Pariser Jahre den Todesstoß gab. Er verbot Joséphine den Umgang mit Madame Tallien, gestattete am Hofe nur blickdichte Stoffe und untersagte die Einfuhr der durchsichtigen englischen Musselin- sowie hauchdünnen Baumwoll- und Leinenstoffe. Doch Verbote konnten Frauen langfristig nicht von ihren reizvollen Körperverpackungen abhalten, und genügend Männer gefiel, was ihnen das weibliche Geschlecht so freizügig darbot. Beide Veranlagungen sind unzweifelhaft dem Geschlechtstrieb geschuldet.

Lust auf nackte Haut

Zu den Befürwortern von nackten weiblichen Tatsachen gehören viele Drehbuchautoren und Regisseure. Von jeher phantasieren sie entblößte oder spärlich bekleidete Frauen und bannen sie auf Zelluloid. Große und kleine Filmsternchen ziehen sich für »heiße« Rollen aus. Manche scheuen nicht, die Beine für eine Cunnilingusszene zu spreizen. Derart weit gehen nur die wenigsten, aber splitterfasernackte weibliche Oberkörper sind mittlerweile eine Selbstverständlichkeit.

In *Metropolis*, dem Filmklassiker von Fritz Lang, sah man freilich weniger, aber man sah genug. Der deutsche Stummfilm von 1926 zeigt den damaligen Filmstar Brigitte Helm nahezu nackt. Als Maria tanzt sie knapp und durchscheinend bekleidet in der Szene »Tanz der Hure Babylon«. Ihr Tun wird laut Drehbuchanweisung von mehr als einem Dutzend Männer mit gierigen Augen und lüsternem Gesichtsausdruck verfolgt. Es sind gutsituierte Herren, Geschäftsmänner im Smoking.

Im nationalsozialistischen Deutschland geizt man ebenfalls nicht mit weiblichen Reizen. 1940 wird *Kleider machen Leute* nach dem Roman von Gottfried Keller gedreht. Heinz Rühmann spielt in dem Käutner-Film den Schneidergesellen Wenzel. Bereits nach knapp sechs Minuten wird deutlich, wonach das Männerherz sich sehnt. Das übermüdete Schneiderlein phantasiert eine schöne Nackte, die einer Hochzeitskutsche entsteigt. Träumend traut Wenzel seinen Augen nicht, und der Kinozuschauer versucht vergeblich, an der Traumfrau einen Slip auszumachen. Nach wenigen Sekunden ist der Spuk vorbei, aus dem nackten Trugbild wird eine richtige Braut. Sie trägt ein Hochzeitskleid aus zartesten Spitzen, das immerhin noch ihre Beine durchscheinen lässt.

Das Verlangen des Mannes nach möglichst viel entblößter weiblicher Haut und die körperliche Freizügigkeit der Frau offenbarten sich sogar bei einer ganz außerordentlichen Premiere. Sie fand am 8. März 1929 um 23.10 Uhr statt. Das Funkhaus Berlin, der Sender Witzleben, übertrug die ersten Fernsehbilder Deutschlands. Die Fernsehempfänger – nur zigarrenschachtelgroß und mit miserabler Bildqualität – zeigten zwei Damen in feschen Badeanzügen. Die Macher der Kurzsendung, so hieß es, waren mit ihrer Ausstrahlung sehr zufrieden.

Als die Nation dreißig Jahre später, also 1959, bereits über eine stattliche Anzahl von Fernsehgeräten verfügte, waren noch weit mehr Herren entzückt. Allabendlich tauchte in der Asbach-Uralt-Werbung eine üppige Wasserstoffperoxyd-Blondine auf, freilich noch in Schwarzweißmanier. Der kurvenreiche Marilyn-Monroe-Verschnitt pries Weinbrand an, »in dem der Geist des Weines« steckt. Die Dame selbst steckte in den ersten Werbeminuten in hohen Pumps und einem knappen Revuekostüm, das ebenso gut ein Badeanzug mit riesiger Schleife auf dem Rücken hätte sein können. Eine Filmsequenz später erschien dieselbe Asbach-Dame bekleideter, aber durchaus nicht weniger »scharf«. Nur zögerlich und schüchtern kam sie ins Bild, doch das hautenge, schulterfrei und tief dekolletierte lange Abendkleid sprach eine andere Sprache. Indem ihre Hand stockend vom unteren Brustansatz bis weit hinab zu ihrem Oberschenkel fuhr, ließ das Werbegeschöpf den Zuschauer mit sinnlich verruchter Stimme wissen: »Wenn einem also Gutes widerfährt, das ist schon ein Asbach Uralt wert …«

Seither rollt die Entkleidungswelle in der Werbung, und die Darstellerinnen entkleiden sich gern. Ende der Sechzigerjahre schwimmt eine junge Fa-Badenixe im Bikini im nassen Element unter dem Motto »Erregend wie ein Sprung in die prickelnde Kühle des Ozeans«. 1991 taucht das Fa-Mädchen aus dem wogenden Wasser dann quasi wieder auf, diesmal mit nacktem Oberkörper. Noch ist sich der Zuschauer nicht sicher, ob der Busen nicht doch von einem fleischfarbenen Bikinioberteil bedeckt ist. Spätestens beim darauffolgenden Werbespot, einige Monate später, verflüchtigen sich alle Zweifel. An einem palmengesäumten Strand läuft das unbekümmerte Fa-Mädchen topless und nur mit einem knappen weißen Slip der »Frische der Karibik« entgegen.

Mit den knapp bekleideten Körpern kommen die Versprechungen. »Sie können alles von mir haben …«, haucht eine junge Dame 1974 in einem durchsichtigen Kleidchen einem Mann entgegen. Doch der hat schon, was er will, und knabbert an seinem Langnese-Eiscreme-Konfekt. Anders ergeht es dem Wanderer in der 1975 gedrehten Milka-Werbung. Auf der Alm an einem Kiosk möchte er Schokolade erwerben. Die Dame in bayrischem Dirndl und mit ordentlich »Holz vor der Hütte« erklärt, welche Sorten es gibt. Dabei bleiben die Augen des Wanderers im vielversprechenden Ausschnitt der vorgebeugten Dirndlfrau hängen. Es ertönt der Slogan: »Die zarteste Versuchung, seit es Schokolade gibt …«

Die Macher solcherart Werbung und ebenso die knapp bekleideten Mädchen und Frauen wissen, weshalb sie mit nackter Haut locken: Sex sales. Der nackte, halbnackte und teilweise entblößte Körper einer Frau beamt sich sozusagen in das Produkt. Der Käufer erwirbt nicht nur bloß weißen Rum, sondern Bacardi. Damit macht ihn sein Unterbewusstsein zum sorglosen Abenteurer an exotischen Stränden; um ihn herum tummeln sich lebensfrohe Schönheiten, die in den Tag hineinleben. Die Käuferin hingegen wird selbst zur Bacardi-Schönheit. Unter der tropischen Sonne vertraut sie ganz auf die Leichtigkeit des Seins.

Etwa ein Drittel der Werbung operiert mit Nacktheit – mit Erfolg, wie horrende Werbebudgets belegen. Alles in allem präsentieren sich 9,8 Prozent der Männer und fünfundzwanzig Prozent der Frauen in der Werbung nackt. Unübertroffen ist Nacktwerbung in der Mode- und Kosmetikbranche. Man schätzt, dass etwas mehr als die Hälfte der typischen Frauenprodukte mit nackten Frauen beworben wird. Ohne Frage, weil Frauen sich mit entblößten Frauen identifizieren. Anders sieht es bei typischen Männerprodukten aus. Sie werden selten mit männlicher Nacktheit an den Mann gebracht.

14 Bugatti-Werbung 2004

Keine vernünftige Frau wird leugnen, nicht schon einmal mit entblößter Haut gelockt zu haben. Ebenso ist Frauen klar, dass sie mit bestimmter Kleidung Aufmerksamkeit auf sich ziehen, auch wenn sie oft behaupten, sie würden sich nur um ihrer selbst willen *so* und nicht anders kleiden. Es mag allerdings sein, dass es den meisten Frauen nicht wirklich bewusst ist, wie häufig sie es tun, weil der gezeigte Körper als zeitgemäß und aktuell gekleidet gilt. Bestes Beispiel hierfür sind Sportlerinnen, die sich von jeher in der Öffentlichkeit der Sportwelt freizügiger zeigen als ihre Geschlechtsgenossinnen im gewöhnlichen Alltag.

Heutige Sportlerinnen wollen durch entsprechende Kleidung nicht nur optimale Bewegungsfreiheit. Ihre Maxime lautet vielmehr: Mit möglichst wenig Stoff, einer möglichst sexy Figur das Rennen machen. Entsprechend minimalistisch bekleidet gehen sie an den Start. Bauchfrei »reißen« Marathonfrauen ihre Kilometer ab, überspringen Hochspringerinnen die Latte oder begeben sich Volleyballspielerinnen aufs Feld. Die Sportbekleidung der männlichen Kollegen mutet dagegen fast antiquiert an. Ihr Outfit trotzt dem Minimalismus sowohl auf der Tartanbahn als auch beim Stabhochsprung, von den Erotikkiller-Trikots der Fußballer ganz zu schweigen.

Immer höher wurden die Beinausschnitte bei den Damen, immer tiefer die Einblicke ins Dekolleté. Der Griff, um das Höschen aus dem Klammergriff der Pospalte zu befreien, ist inzwischen Normalität. Immer mehr gibt es zu sehen, so dass Kameramänner und Zuschauer bei Höchstleistungen intimste Einblicke gewinnen können. Eine Achtundzwanzigjährige beim Fitnesstraining äußerte unlängst in einer Fernsehsendung mit dem Titel *Die Deutschen und der Sex:* »Überall sieht man nur nacktes Fleisch, schöne Frauen und künstliche Frauen mit Silikon …« Das Nackte und das Ausgezogene haben in der Tat von uns Besitz ergriffen. So sehr, dass wir es oft gar nicht mehr bemerken.

Teil 3

Körpervorlieben

Falsche Brüste, tiefe Dekolletés

BHs bringen fraglos jeden Busen in Form, täuschen größeres Volumen vor, verhindern das Flachdrücken der Brüste durch Kleidung und geben den weiblichen Rundungen einen festen Charakter. Viele Frauen behaupten, sie würden einen Büstenhalter tragen, weil es »ohne« beim Gehen schmerzt oder um den Busen weniger auffällig erscheinen zu lassen. Das ist in Wahrheit selten der Grund. In Wirklichkeit wollen Frauen den Busen für Männer ins rechte Licht rücken. Denn auf das männliche Geschlecht übt diese weibliche Körperregion eine unbeschreibliche sexuelle Anziehung aus, einen Reiz, der einmalig in der Natur ist.

In den meisten Fällen täuschen Frauen busenmäßig gesehen etwas vor, was nicht da ist. Das gilt besonders für Volumenvergrößerungen, aber manchmal auch für Verkleinerungen. Letzteres ist auch geschichtlich gesehen seltener der Fall gewesen. Bis ins zwanzigste Jahrhundert hinein versuchten etwa japanische Frauen, ihre Brüste zu verbergen. Im Land der aufgehenden Sonne war es deplaciert, wenn sich der Busen unter der Kleidung abzeichnete. Er wurde umwickelt und damit unsichtbar. Ein Ideal, das jetzt der Vergangenheit angehört und durch westliche Busenstandards abgelöst wurde. Doch eines hat sich nicht geändert: Japanerinnen mögen es nicht, wenn sich ihre Brustwarzen abzeichnen. Sie tragen deshalb Büstenhalter mit Schaumstoffkappe. Nach Aussagen eines deutschen Herstellers von Büstenhaltern hat das mit der Größe der Brustwarzen zu tun. Im Durchschnitt sollen Asiatinnen längere Brustwarzen haben als Frauen anderswo auf der Welt.

In Europa und den Vereinigten Staaten scheint man dagegen auf Nippel zu stehen. Dort klebt sich manche Frau künstliche Brustwarzen auf den eigenen Warzenhof. Erhältlich sind sie unter anderem per Katalogbestellung. Die kleinen »Knöpfe« bohren sich sodann recht sichtbar durch die Bekleidung und machen die Brüste auffälliger. Außerdem gehören steife Brustwarzen zu den Schlüsselreizen des weiblichen Körpers. Sie signalisieren sexuelle Erregung.

Unabhängig vom Geschlecht versteifen sich Brustwarzen bei sexueller Stimulation, und der Warzenhof zieht sich zusammen, insbesondere beim

Orgasmus. Bei Frauen ist dieser Vorgang wegen der Brustwarzengröße deutlicher. Möglicherweise gehören weibliche Brustwarzen deshalb zu den Tabuzonen des Körpers. Auf alle Fälle werden Männer durch steife Brustwarzen zum näheren Hinschauen animiert – auch wenn die Versteifungen auf andere Umstände zurückzuführen sind wie etwa auf ein Frieren.

Konstitution und Farbe der Brustwarzen und ihrer Höfe geben weitere Hinweise. Bei jungen Frauen oder Frauen, die noch nicht geboren haben, sind die Warzenhöfe rosa bis rötlich. Schwangerschaft verändert die Farbe. Ungefähr zwei Monate nach der Empfängnis vergrößert sich der Warzenhof und wird dunkler. Am dunkelsten sind Warzenhöfe während der Stillzeit, danach hellen sie sich wieder auf. Ihre ursprüngliche rosa Farbe erreichen sie jedoch nie wieder. Die kleinen Knötchen auf dem Warzenhof vergrößern sich ebenfalls während der Stillzeit, man nennt sie Montgomery-Tuberkel. Es sind spezielle Drüsen, die eine fettige Substanz absondern und Warzenhöfe und Brustwarzen bei Beanspruchung schützen helfen.

Die Vorliebe des männlichen Geschlechts für kleinere Brustwarzenhöfe und die Abneigung gegen »Tellerminen« mag an den vergrößerten Brustwarzen und ihrer Höfe bei Schwangerschaft und Stillzeit liegen. Große Brustwarzenhöfe signalisieren Schwangerschaft, kleinere hingegen deuten auf eine Frau, die das Potential zur Empfängnis hat und in ihrem Leben noch nicht schwanger war. Ein Faible für hellere Brustwarzenhöfe geht auf das gleiche Phänomen zurück. Sie sind für Männer ein Zeichen von Jugendlichkeit und Fertilität.

Viele Frauen behaupten, dass die Figur mit einem BH einfach besser aussieht. Das stimmt. Der Körper erhält durch Kleidung eine idealisierte Silhouette, eigentlich eine unnatürliche, und ohne Büstenhalter ist diese »neue« Figur, die von Schönheitsvorstellungen und Mode abhängig ist, meistens nicht zu erreichen. Entscheidender aber ist: Frauen haben ein besonderes Verhältnis zum BH, und er verspricht ihnen Erfolg bei Männern. Der erste Büstenhalter wird gut erinnert, wie er aussah, unter welchen Umständen er gekauft wurde und wie man sich damit gefühlt hat. Fast immer gilt er als Symbol des Erwachsenseins, und nicht wenige Mädchen ersehnen den Zeitpunkt herbei, endlich einen tragen zu dürfen. Der Büstenhalter macht sie quasi zur Frau. Das gilt auch, wenn vom Busen noch nicht viel zu sehen ist.

In diesem Sinne verleiht das Tragen eines BHs einer Frau ein Gefühl von Weiblichkeit. In erster Linie ist seine Aufgabe jedoch, eine Frau gut zu verpacken. Er soll sie ansprechend und erotisch aussehen lassen. Das Ziel sind feste wohlgeformte Brüste, keinesfalls sollen sie mit Hilfe eines Büstenhalters schlaff oder gar hängend erscheinen. Derartige Brüste wären zwar immer noch ein untrügliches Geschlechtsmerkmal der erwachsenen Frau, sie würden allerdings kein hohes Maß an Fortpflanzungsfähigkeit anzeigen. Das können nur feste Brüste.

Einen festen, strammen Busen zu besitzen ist fraglos ein Wunsch der meisten, vermutlich sogar aller Frauen. Viele versuchen mit Gymnastik und kaltem Abduschen, die Brüste vor dem vorzeitigen Erschlaffen zu bewahren. Im Handel sind außerdem spezielle Busenmassagegeräte erhältlich, die bei regelmäßiger Anwendung versprechen, den Busen zu straffen und zu vergrößern. Bereits Ende des neunzehnten Jahrhunderts kamen die ersten Geräte – oft mit abenteuerlichem Aussehen – auf den Markt. Mit Wasser oder Unterdruck wirkten sie auf das Brustgewebe ein. Ihr Erfolgsrezept war simpel. Die vermehrte Durchblutung des Brustgewebes während der Anwendung sollte mit der Zeit eine sichtbare Veränderung bewirken. Zum Ärger der Anwenderinnen blieben die wundersamen Effekte aus. Ebenso wenig erfüllten sich die Versprechungen spezieller Salben und Cremes, die zum gleichen Zeitpunkt angeboten wurden. Auch hier warteten Frauen vergeblich auf die »garantierte Straffung und Vergrößerung« ihrer Rundungen.

Doch ein Wundermittel hielt sein Versprechen. Es verfestigte, vergrößerte und führte zur gewünschten Form: der Büstenhalter. 1889 erfunden, avancierte er in rasender Geschwindigkeit zum Busenwundermittel Numero eins. Einzigartig war sein Siegeszug auf dem Gebiet der Brustverschönerung und Körpertäuschung. Selbst absurde Formen wie der »Rundstepper« wurden zum Verkaufsschlager. Dieser mit Nähten übersäte steife Büstenhalter verlieh dem Busen eine spitzhügelige Form. Die Brüste boten sich durch ihn wie zwei spiralgedrehte felsenfeste Spitzbunker dar. In den Fünfziger- und noch weit in die Sechzigerjahre hinein war die europäische Damenwelt von ihm geradezu hingerissen.

Von manchen weiblichen Stars jener Zeit war sogar bekannt, welche Marke sie drunter trugen. Brigitte Bardot schwor auf ihren Balconnet-BH, einen Büstenhalter aus Baumwolle mit Vichykaros, den sie in den Fünfzigern besonders gern vor der Kamera trug. Angriffslustig ragten damit ihre »knallharten Dinger« jedermann unter den stets hautengen Pullovern entgegen, während ihr Mund unschuldig schmollte. Ob Mädchen, junge oder ältere Frau, zweifelsfrei konnte das weibliche Geschlecht erkennen, welches gute Stück dem Busen der Bardot die spitze und geteilte Form gab.

15 BH-Werbung der US-amerikanischen Firma Maidenform (1949–1969)

Diese Art Büstenhalter wirkte wie eine Wunderwaffe, die zum Nahkampf mit den Männern aufforderte. Zur gleichen Kategorie gehörte auch der meistverkaufte BH der Welt, der *Doreen*. Das Triumph-Fabrikat wurde seit seinem Erscheinen im Jahre 1968 über sechzig Millionen Mal verkauft. Von dem »Musterbeispiel an zementierter Weiblichkeit« (*Berliner Zeitung*) gehen noch immer jährlich 1,2 Millionen über den Ladentisch. Allerdings konnte manche Durchschnittsfrau in den Fünfzigern die »spitzen Tüten« nicht zur Genüge füllen. Für sie gab es eine simple Lösung: den aufblasbaren BH. Mit ihm ausgestattet, konnten Flachbrüstige mit den Filmsternchen jener Zeit in Konkurrenz treten. Ebenfalls zum Repertoire der Volumenvergrößerung zählten Stoff- und Gummieinlagen, die heutzutage den leichteren und anpassungsfähigeren Materialien wie Schaumstoff, Silikon und Wasserkissen gewichen sind.

16 Aufblasbare BHs in den Fünfzigern

Tradition der schönen Brüste

Bereits die Griechinnen kannten einige Kunstgriffe, ihre Brustkonturen möglichst vorteilhaft hervorzukehren. Sie legten unter ihren faltenreichen Gewändern das Strophium an, eine handbreite lange Brustbinde, die den Busen stützte und ihm Festigkeit verlieh. Das buntgefärbte oder bestickte, meist aus Stoff, manchmal aus Leder bestehende Band wurde um die nackte Brust gebunden. Ungenügende Fülle wurde vermutlich sogar mit Stoffpolsterungen ausgeglichen. Denkbar ist auch, dass mit der Binde eventuell eine knabenhafte Gestalt erreicht werden sollte. Ein Effekt, den man Römerinnen unterstellt, denn auch sie griffen zur Brustbinde, die von ihnen allerdings Fascia genannt wurde.

17 Brustbinden der Griechinnen, um 300

Wollte eine Griechin ihren Busen hingegen natürlich erscheinen lassen, griff sie zur Asche von Rebhuhneiern und vermischte sie mit Zinkspat und Wachs. Aufgetragen auf die Brüste »standen« sie besser. Ein Mittel, von dem die Mitteleuropäerin im siebzehnten Jahrhundert nichts mehr wissen wollte. Sie glaubte an Tinkturen, die dem Busen Steife, Festigkeit und eine jugendliche Form geben sollten. Freilich blieb der versprochene Erfolg aus, weshalb sich eine Pariser Hofdame bei ihrer Lieferantin bitterlich mit den Worten beklagte: »Plus je frotte, moins ça pousse!« – Je mehr ich einreibe, desto weniger tut sich.

In jenen Tagen waren »schlecht ausgestattete Frauen« nicht gänzlich aufgeschmissen. Es gab künstliche Brüste aus Holz und Einlagen aus Spreu, Lumpen, Pappmaché oder Baumwolle. Im Spätrokoko füllten Frauen ihren Ausschnitt dagegen mit »gestärkten Musselintüchern« auf, um so eine übermäßige Busenfülle vorzutäuschen. Manches Mal wurde sogar ein feines Drahtgeflecht angebracht, damit die schöne Pracht nicht in sich zusammenfiel. Wattierte Brüste waren demgegenüber schon angenehmer und bequemer. Sie hatten so wohlklingende Namen wie »Gorges de Vénus« (Brüste der Venus) oder »Gorges à la Romaine« (Römische Brüste).

Außerdem gab es »false bosoms« (falsche Busen) oder »bust improves« (Brustverbesserer) aus Wachs. Dazu hieß es 1798 im *Journal des Luxus und der Moden:* »Die Damen haben die Sitte durch wächserne Anlagen … sich statt der Busen, wenn die Natur die ihnen versagte, künstliche Stellvertreter von Wachs zugelegt, die so künstlich angepaßt und eingerichtet sind, daß Argus selbst mit allen seinen hundert Augen den kleinen unschuldigen Betrug nicht gemerkt habe würde, wenn nicht ein unbescheidener Plauderer, der die neue Erfindung bei den Busenfabrikanten ausgekundschaftet hatte, durch eine öffentliche Bekanntmachung zum Verräther geworden wäre.«

Manch ein Wachsimitat soll gar auf starkes Herzklopfen reagiert haben, indem eingebaute Sprungfedern die Bewegung auf den falschen Busen übertrugen. Überboten wurde es von einem noch ausgeklügelteren Modell, das im Bedarfsfall eine Errötung vortäuschen konnte. Legende oder nicht, als gesichert gilt, dass ein Pariser Putzmacher im Jahre 1805 falsche Brüste, Schultern und Rückenpartien anpries. Es wurde auf allerhöchstem handwerklichem Niveau geschummelt. Raffinierte Kunstbusen aus fleischfarbenem Wachs oder Leder, samt aufgezeichneten Hautunebenheiten und Äderchen wurden angeboten. Derart falsche Brüste kosteten ein Vermögen.

18 Lieferung eines Kunstbusens aus Leder, um 1800

Wozu das alles? Weil die weibliche Brust eine außerordentliche Portion Erotik besitzt und von daher ein enormer sexueller Stimulus für den Mann ist. Das haben selbst jene begriffen, die noch lange nach Achtundsechzig behaupteten, die nackte Brust der Frau besäße den gleichen Stellenwert und die gleiche »Neutralität« wie die des Mannes. So forderten etwa New Yorkerinnen, ebenso barbrüstig die Untergrundbahn benutzen zu können wie Männer und bei heißem Wetter ihre T-Shirts ausziehen zu dürfen. Im Sommer 1994 gab die Verkehrsbehörde der Stadt New York dem Aufbegehren nach. Sie erlaubte Frauen die Benutzung der U-Bahn mit entblößten Busen.

Auch jene Aussagen von Anthropologen und Völkerkundlern müssen korrigiert werden, die behaupteten, die »Wilden im Urwald« würden den weiblichen Rundungen nichts abgewinnen, da die »Urwalddamen« nackt herumliefen.

Die sexuelle Attraktion des Busens hat nichts mit der vermeintlichen Zivilisation oder der »höheren« Kultur eines Volkes zu tun. Der Busen ist per se ein wichtiges sexuelles Attribut der Frau. Er signalisiert erotisches Vergnügen und Fortpflanzungspotenz. Deshalb waren selbst die Frauen des antiken Griechenlandes ihren Brüsten gegenüber stets aufmerksam, obgleich der erotische Kurswert von Frauen ja angeblich niedriger gehandelt worden sein soll als der von Männern.

Wie bereits erwähnt, ist es im wesentlichen das Fett, das die Reproduktionsfähigkeit von Frauen anzeigt, und der Busen besteht im Durchschnitt aus achtzig Prozent Fett. Auch seine Konstitution gibt wertvolle Hinweise. Stramme, feste, hochstehende Brüste deuten auf eine junge oder jüngere Frau, damit auf eine Frau, die eher Kinder bekommen kann als eine ältere. Schöne Brüste weisen eine Symmetrie auf, ihre wohlgeformten Halbkugeln liegen nicht zu weit außen und nicht zu eng beieinander. Das rechte Abstandsmaß ergeben die Brustwarzen. Ideal ist der Raum zwischen ihnen, wenn dieser Abstand gerade so viel beträgt wie der Abstand von Warze bis zur Mitte der Halsgrube. Alle drei Punkte bilden dann ein gleichseitiges Dreieck.

Schlaffe oder hängende Brüste sind in aller Regel bei älteren und alten Frauen anzutreffen. Sie deuten auf Frauen, die nicht mehr reproduktiv sind. Kurz gesagt zeigen volle und feste Brüste Ovulationspotential an. Sie sind ein sicheres Signal, dass ihre Besitzerin schwanger werden könnte. Wenn Männer folglich auf »knackige«, hochstehende und feste Busen »fliegen«, ist das biologisch gesehen völlig normal. Und wenn Frauen alles unternehmen, um einen jugendlichen, vollen Busen vorzutäuschen, ist das ein cleverer Trick. Damit erregen sie dauerhafte männliche Aufmerksamkeit, langfristige Bindung, und sie können weiterhin mit jungen Frauen konkurrieren.

Im Tierreich gibt es keine Busen

Als der Zoologe und Verhaltensforscher Desmond Morris über den weiblichen Busen nachdachte, kam er auf eine faszinierende These, die er in seinem Buch *Der nackte Affe* vorstellte. Er war überzeugt, dass sich mit der Aufrichtung des Menschen die Geschlechtsmerkmale der Frau verlagert haben. Seine Meinung: »In der Nachahmung der Schamlippen entwickelten die Frauen nach außen gestülpte gerötete Lippen, in Nachahmung wohlgerundeter Hinterbacken fleischige, hervorstehende Brüste.«

Auf die Nachahmung der Schamlippen gehe ich später ausführlich ein (Teil 4: Haare und Kosmetik: Sinnliche Lippen). Was die Brüste betrifft, so gibt es keine wissenschaftlichen Belege, ob die Brustdrüsen des Weibes in archaischen Zeiten ebenso aussahen wie das Gesäuge unserer nächsten Verwandten, der Affen. Affenweibchen haben am Brustkorb lediglich kümmerliche Brustdrüsen. Sie schwellen nur an, wenn sie zum Stillen gebraucht

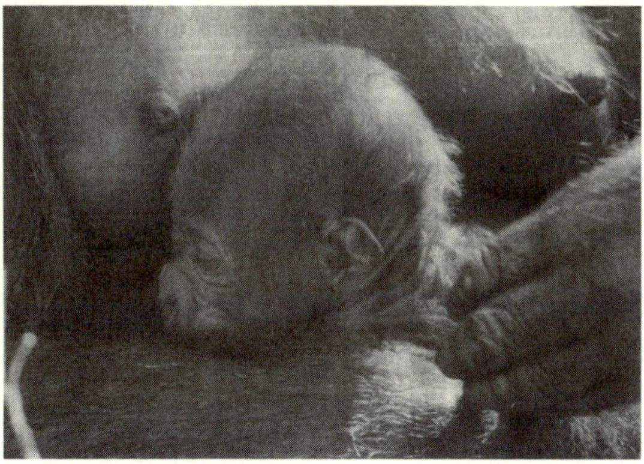

19 Gorilla-Gesäuge

werden. Fließt keine Milch mehr, hängt das Gesäuge schlaff und leer herab. Folglich haben beispielsweise Gorilla- und Orang-Utan-Weibchen nur phasenweise einen Busen. Eine Tatsache, die keineswegs dagegen spricht, unsere weiblichen Altvorderen hätten schon immer ein permanentes auffälliges und fülligeres Gesäuge gehabt.

Auch unter den Affenarten gibt es enorme äußerliche Merkmalsunterschiede, von ihrem unterschiedlichen sexuellen Verhalten einmal ganz abgesehen. Busenmäßig wäre es demgemäß nichts Besonderes, wenn sich der Mensch von Anbeginn drastisch von seinen Verwandten unterschieden hätte. In der Tierwelt ist vieles zu finden, was Mensch und Tier gemeinsam ist oder auch große Unterschiede aufweist. So gibt es bei den Primaten, aber auch bei anderen Säugetieren, versteckte und provokante Geschlechtsmerkmale ebenso wie außergewöhnliche Anlagen, um die Geschlechtszugehörigkeit anzuzeigen.

Ganz offensichtlich hat die Natur auch Dinge verschenkt, die speziell oder universell sind und die Wissenschaftler bis heute nicht wirklich erklären können. Keiner weiß zu sagen, weshalb beim Menschen das Weiße im Auge permanent sichtbar ist, weshalb das menschliche Wesen Haupthaar und Ohrläppchen besitzt und warum die weibliche Frau an der Brust Fett ansetzt. Eines ist sonnenklar: Die Evolution lässt auch jene Entwicklungen zu, die nicht stören und die den ästhetischen Empfindungen zuträglich sind. Dazu gehört der Busen, der – ob nun schon immer da oder nicht – sich im Laufe der Evolution vergrößerte.

Vorstellbar ist folgender Ablauf. Kaum war der Mensch aus dem Unterholz hervorgekrochen und hatte sich aufgerichtet, verlagerte sich sein Gesichtsfeld. Der uneingeschränkte Blick des Mannes auf die Geschlechtsteile der Frau ging verloren. Höhergelegene Anlagen fielen mehr ins Auge und weckten das sexuelle Interesse. Die weibliche Brust gewann an Bedeutung, und der Verlust der Haarkleides ließ sie noch mehr hervortreten. Zudem gaben die Brüste wertvolle Hinweise über den sexuellen Status.

Dazu kam die geschlechtliche Zuchtwahl, die, wie Charles Darwin nachgewiesen hat, viele Anlagen, Eigenschaften und Attribute des Menschen durch Selektion hervorbrachte. Vermutlich bevorzugte der Urmann zur Paarung ein Urweib, das am Brustkorb etwas vorzuweisen hatte. Auf diesem Wege der Selektion setzten sich Frauen mit mehr Busen durch. Auf der anderen Seite hatten nur die kurvenreichen Weiber die Wahl. Sie konnten sich aus der Männerbande den stärksten und erfolgreichsten auswählen. Mit diesem paarten sie sich, und der Nachwuchs trug die erfolgreichsten Gene in sich. Kurzum: Der Busen wurde zum Geschlechtsmerkmal und seine Größe Selektionsmerkmal, was wiederum zu seiner Vergrößerung führte. Wir können nicht beantworten, ob die Brüste schon *immer* ein besonderes Privileg des weiblichen Menschen waren, aber sie sind es ganz sicher geworden. Wie und warum, darüber lässt sich spekulieren. Mit einem hat der Verhaltensforscher Desmond Morris sicher recht: Der Busen ist durch den aufrechten Gang zu einem wichtigen Schauorgan und Schlüsselreiz für den Mann geworden.

Eine weitere einleuchtende Busenthese haben andere Wissenschaftler entwickelt. Sie gehen davon aus, dass Brüste – und auch der Po – in erster

Linie exponierte Fettvorräte signalisieren. In unserer archaischen Vergangenheit waren diese Fettreserven äußerst wichtig, weil sie das Überleben bei Nahrungsmangel sicherten, insbesondere aber auch das Überleben der Nachkommenschaft. Eine Schwangere oder eine stillende Frau mit entsprechenden Fettreserven war in Notzeiten besser in der Lage, ihre Nachkommen durchzubringen. Der Ethnologe und Kulturhistoriker Hans Peter Duerr erklärt mit diesem Fettdepot auch die sexuelle Attraktivität des Busens für den Mann.

Ein weiteres Argument für pralle Brüste führt die Biologin Lynn Margulis ins Feld. Sie meint, das »ständig angeschwollene Gesäuge« habe den Frauen einst einen besonderen Vorteil verschafft. Es half, die Männer hinters Licht zu führen. Üppige Brüste signalisierten ihnen, »ich bin schwanger«. Die »eifersüchtigen Machos« verloren den Überblick über die fruchtbaren Tage und mussten andere Männer ständig von ihrer Frau fernhalten. Nur die permanente Bewachung der Frauen konnte sicherstellen, die Nachkommen stammten allein von ihrem Samen. Das Ziel der Frauen war erreicht: Sie und ihre Brut lebten in Sicherheit und wurden über den Begattungsakt hinaus versorgt. Laut Lynn Margulis führte die Strategie, den Eisprung nicht mehr ausmachen zu können, zur schleichenden Monogamisierung des Mannes. Denn ein permanenter Busen beseitigte das alte Verhaltensmuster der Männer. Diese hatten vormals die Frauen ausschließlich während der fruchtbaren Tage im Auge behalten. Weil der Zeitpunkt des Eisprungs fortan im dunkeln blieb, musste diese Taktik aufgeben werden.

Die Fetttheorien machen es sehr wahrscheinlich, dass Brüste zu einem der männlichen Auswahlkriterien gehören. Im Sinne der Natur wäre das nur logisch. Sie befürwortet eine erfolgreiche Paarung der Fittesten. Die Anthropologin Helen Fisher ist von dieser Annahme mehr als überzeugt. Sie geht davon aus, mehrere wichtige weibliche Geschlechtsmerkmale dürften auf die Rivalität der Frauen untereinander zurückzuführen sein und darauf, welche Frauen die Männer dann auswählten. Dazu zähle als eines der auffälligsten Geschlechtsmerkmale der Frau der permanent vergrößerte Busen.

Kulturell geformte Oberweiten

Bei der Partnerwahl zählt nicht allein, was man hat, sondern auch, was man vorgibt zu sein. Spätestens als die Menschen die archaische Zeit hinter sich ließen und sich zu den Lebewesen entwickelten, die wir kultiviert nennen, tat sich diesbezüglich etwas ganz Entscheidendes. Zum natürlichen Körper und zur Darwinschen Zuchtwahl trat eine weitere Dimension hinzu: die Kleidung und die Möglichkeit, den Körper mit diversen Mitteln und Methoden – wozu auch die Schönheitschirurgie gehört – zu manipulieren. Damit war der Weg frei, die natürlichen sexuellen Reize zu verändern, zu verlagern und besonders zu betonen.

Eine Form der Betonung sexueller Reize ist von jeher das Dekolleté. Anfang des vierzehnten Jahrhunderts kokettierten Damen vorzugsweise mit etwas größeren Halsausschnitten. Ein zaghafter Versuch, auf das Dekolleté zu deuten. Busen und Taille wurden gleichzeitig eng gehalten. Die erotischen Signale waren so nicht zu übersehen. Die Männer ihrerseits präsentierten ihre wohlgeformten Beine in enger Beinbekleidung. Und während vornehme Fräuleins von den Wadenmuskeln angetan waren, starrten Männer auf das bisschen Haut am Hals, phantasierten ihren Blick tiefer in den Ausschnitt hinein und stellten sich schließlich die verpackten Brüste im Naturzustand vor.

Peu à peu, das heißt mit den Jahrzehnten, rutschte der Ausschnitt in Richtung Brustwarzen. Schon trieben es manche Frauen gar zu bunt. In St. Gallen tadelte etwa 1526 der Chronist Johannes Kessler die Freizügigkeit der Mädchen. Sie hätten »ire herz fonen [vorne] und hinden [hinten] bis auf die brust entblösst«. In Zürich ging es nicht minder offenherzig zu, weshalb sich ein gewisser Konrad Pellicanus nicht zur Heirat entschließen konnte. Die Putzsucht und das »wenig sittsame Auftreten der Züricher Frauen und Jungfrauen« gingen ihm zu weit.

Zwei Jahrhunderte später sind halb freigelegte Rundungen an der Tagesordnung, zumindest bei Hofe. Ludwig XV. soll gar geäußert haben, ein Mann würde bei einer Frau immer zuerst aufs Dekolleté schauen. Ein Vorliebe, die von Gräfin Dubarry bestätigt wird. Das vormalige Freudenmädchen, das zur jahrelangen Geliebten des Königs emporstieg, wusste auch ohne dieses Eingeständnis, wonach die Augen des französischen Monarchen gierten. Seine Majestät hatte wohl auch große Freude an einer russischen Goldmünze, die 1761 in Umlauf kam. Auf ihr hatte sich Zarin Elisabeth von Russland verewigen lassen. Sie zeigt die gutgenährte Monarchin mit zwei recht beein-

20 Goldmünze von 1761, Zarin Elisabeth von Russland

druckenden Halbkugeln, die unverfroren aus einem offenherzigen Dekolleté lugen. Die Zarin musste nicht mit ihren Reizen geizen. Ihr war erlaubt, was nicht immer und allen gewährt wurde. Dienstboten am Hofe durften beispielsweise keineswegs mit ausgeschnittenen Kleidern um die Herrschaft herumwieseln.

Zunächst war das Dekolleté ein Adelsprivileg. Bürger konnten sich diese Mode erst aneignen, als sie zur herrschenden Klasse aufstiegen. Flugs untersagten sie den unter ihnen stehenden sozialen Schichten das Recht auf nackte Busenhaut. Das Verbot währte nicht lange. Der Wunsch, den Busen hochzuschnallen und aus dem Kleid quellen zu lassen, war nicht mehr zu unterdrücken. Das Dekolleté hatte seinen Siegeszug durch alle Klassen und Schichten angetreten. Verbote, Vernunft, Anstand und Moral hielten Frauen nicht davon ab, ihre Kleider immer weiter auszuschneiden.

Bei manchen Damen wanderte der Ausschnitt der Abendrobe gar bis zum Rand des Warzenhofes. Weshalb man sich beispielsweise 1867 in der *Saturday Review* lauthals beklagte, die Frauenzimmer hätten ein »Minimum an Kleidung und ein Maximum an Unverschämtheit« erreicht. An den meisten Höfen Europas allerdings waren die kühnen Damen gern gesehen. Den Mannsbildern gefiel der reizende Anblick außerordentlich. Sie wollten die allabendlichen Busenpeepshows weder verbieten noch auf sie verzichten. Im Gegenteil, es dauerte nicht lange, und eine Frau, die lediglich einen kleinen Halsausschnitt trug, mußte sich sagen lassen, sie sei falsch gekleidet.

Am Hofe Königin Viktorias (1819–1901) herrschte nachweislich Dekolletézwang. Ebenso bei ihrem Nachfolger. Nur wenn die Ladies krank, schwach oder hochbetagt waren, ließen die Majestäten in Old Britannia Gnade vor Recht ergehen. Die Damen durften dann ausnahmsweise hochgeschlossen erscheinen. Auch auf deutschem Boden musste zu bestimmten Anlässen die Frau von Rang tiefe Einblicke gewähren. Die Vorschrift für den Berliner Hofball verlangte 1908 beispielsweise einen runden Ausschnitt, der die Schultern freiließ. Kurze Ärmelchen waren gerade noch gestattet. Als Wilhelm II. (1859–1941) fürchten musste, nicht mehr auf seine Kosten zu kommen, erließ er 1913 kurzerhand eine Anordnung für die Berliner Oper. War er bei einer Vorstellung zugegen, mussten Damen tunlichst Dekolleté tragen.

Feine Damen oder jene, die zur besseren Gesellschaft zählten, mussten bei der Auswahl ihrer Garderobe folglich recht bedacht vorgehen. Einen ganzen Katalog von Vorschriften galt es zu berücksichtigen. Verschiedene Anlässe oder Tageszeiten forderten unterschiedliche Kleidung – wie auch heute noch. Ende 1900 wählte die Dame des Großbürgertums zum Dejeuner eine Toilette von schweren Stoffen und ging hochgeschlossen. Das Gleiche galt fürs Dinner. Bestand die Gesellschaft aus mehr als vierzig Personen, war Dekolleté angesagt. Stand eine kleine Soiree ohne Tanz ins Haus, erschien das weibliche Geschlecht hochgeschlossen, mit Tanz war es selbstverständlich dekolletiert. Beim Besuch des Residenztheaters musste die Toilette für die Oper stets eleganter sein als für das Schauspiel. Der Sitzplatz entschied darüber, wie tief der Ausschnitt der Robe sein durfte. In einer damaligen Kleiderordnung heißt es: »Hast Du einen Platz im ersten Rang, so erscheine in eleganter Gesellschaftstoilette, auch dekolletiert, wenn Du willst; aber im Parkett immer nur mit hoher Taille. Für das Schauspiel genügt eine einfache Gesellschaftstoilette, nie dekolletiert.«

Dennoch, nicht überall sah man es gerne, wenn sich Frauen allzu freizügig zeigten. Im strengen Spanien waren dekolletierte Kleider lange verpönt. Auch hierzulande war entblößte Haut nicht überall angesagt, etwa im steifen Bremen. Die Bremerinnen galten seit alters als sittsam und schicklich. Sie trugen bevorzugt hochgeschlossen. Kam eine Fremde daher, die sich allzu modische Freiheiten erlaubte, mokierten sich die tugendhaften Bremer darüber. Ein Augenzeuge jener Zeit, ein Arzt namens Heineken, bemerkte 1835 zur Bekleidung der Damen in der Hansestadt: Es gäbe wohl nur wenige Städte, wo Busen, Nacken und Arme so wenig entblößt würden wie in Bremen.

Zeigelust

Wie viel nackte Haut die Damenwelt auch zur Schau stellte, niemals zeigte sie ihre Brustwarzen. Sie unterliegen noch heute einem absoluten Tabu, was zum Beispiel der sogenannte Nipplegate-Skandal, der Fall Timberlake und Jackson, deutlich machte. Was war geschehen? Ende Januar 2004 kam es im texanischen Houston während des Halbzeitprogramms eines Footballspiels zu einer einseitigen Brustentblößung. Der Sänger Justin Timberlake hatte bei einem Gesangsduett die rechte Brust seiner Kollegin Janet Jackson freigelegt. Angeblich geschah es versehentlich. Zum Vorschein kam eine ordentliche Handvoll weiblicher Fülle. Die Brustwarze war *zufällig* mit einem prächtigen silbernen Metallstern beklebt.

Nach diesem Vorfall lief das amerikanische Volksempfinden Amok, wie es hieß. Immerhin hatten rund 130 Millionen Amerikaner das Geschehen am Bildschirm verfolgt. Nach der Busenshow sollen die Telefonleitungen des Fernsehsenders heiß gelaufen und zusammengebrochen sein. Es folgte ein Nachspiel der Medienaufsichtsbehörde. Sie verhängte gegenüber dem Sender eine Geldstrafe in Höhe von 550 000 Dollar. Das Land der unbegrenzten Möglichkeiten zeigte Zähne und wo in punkto nackte Frauenbrüste seine Grenzen lagen. Amerikanische Kinostreifen sprechen eine andere Sprache. Sie geizen weder mit nackter Haut noch mit sexuellen Nacktszenarien. Der Fall Timberlake und Jackson zeigt allerdings noch mehr, nämlich die Lust der Frauen, ihre Brüste zu zeigen. Eine nicht ganz unbekannte Zeigelust, die weit zurückreicht.

Die spartanischen Mädchen im alten Griechenland bedeckten etwa bei Wettkämpfen nur eine Brust. Der Peplos, ein ärmelloses Frauenkleid, wurde mit Nadeln auf der linken Schulter geschlossen. Die rechte Brust blieb frei. Ebenso freizügig standen Griechinnen den Bildhauern Modell, wovon zahlreiche Skulpturen Zeugnis ablegen. Dabei trugen die schönen antiken Damen ein Baumwoll- oder Leinendreieckstuch, das Chiton. Es wurde beim Modellstehen einseitig heruntergekrempelt und legte so die eine Hälfte des Busengespanns frei. Normalerweise verbarg der Chiton die Brüste vollständig, weil er mit einer Spange an der Schulter und mit einem Gürtel in der Taille figurbetont drapiert wurde.

Die entblößte weibliche Brust störte augenscheinlich das sittliche Empfinden der Griechen keineswegs. Jedenfalls sofern sie wegen einer künstlerischen Darstellung freigelegt wurde. Im Alltagsleben verhielt man sich freilich anders. Keines der Modelle wäre barbusig auf den Straßen des antiken Griechenlands herumflaniert. Busenfrei war absolut nicht angesagt. Das gleiche Verhalten bezüglich der Brüste können wir in der Kunst bei den alten Meistern (sechzehntes bis achtzehntes Jahrhundert) beobachten. Die Maler jener Epoche frönten mit großem Enthusiasmus der Nacktmalerei, in einem Ausmaß, dass wohl die gesamten Wände des Louvre damit behängt werden könnten. An Nacktmodellen haperte es nicht. Die »Prachtweiber« spazierten jedoch außerhalb des Ateliers nicht nackt umher. Denkbar wäre höchstens, dass das eine oder andere Modell sich hauptberuflich als Hure verdingte und des Nachts in einem stillen Häuserwinkel einen Freier mit nacktem Busen anlockte.

Das hatten die sittsameren französischen Damen im siebzehnten Jahrhundert, über die sich in Paris der Geistliche Pierre Juvernay aufregte, freilich nicht nötig. In seinem Pamphlet mit dem Titel *Discours contre les femmes debraillées de ce temps* wetterte er gewaltig gegen die Unsitte, den Busen per Dekolléte zu entblößen. Manches weibliche Wesen hinderte das nicht, ihre Brüste gelegentlich sogar gänzlich freizulegen. Dieses schamlose Verhalten kam wiederum bei Ludwig XIII. (1601–1643) gar nicht gut an. Erbost spuckte er einer Dame des Hofes einen Schwall Wein in den allzu tiefen Ausschnitt. Die anwesenden Mesdames schrieben sich diese Zurechtweisung hinter die Ohren und ersannen eine neue Raffinesse. Sie stopften spitzenverzierte Tücher ins Dekolleté und erreichten so, was sie erreichen wollten: Sie beruhigten Seine Majestät, und ihre Busen blieben weiterhin betont verheißungsvoll.

Tiefe Ausschnitte sind heutzutage kaum noch ein Thema, zumindest nicht hierzulande. Getrost können Frauen auf Spitze und Tücher verzichten, wenn sie tiefausgeschnittene Tops tragen. Zu zeigen, was man hat, ist up to date. An sämtlichen Kiosken des Landes baumeln weibliche Brüste auf Magazinen und Zeitschriften wie beim Fleischer die Schinken. Mit einer frechen aufreizenden Kampagne läutete in den Neunzigerjahren ein BH-Produzent die neue Ära der Busenschau ein, die in den Siebzigern ein jähes Ende gefunden hatte. Sein Slogan: »Hoch sollen sie leben, hoch sollen sie leben, zwei Mal hoch.« Ein neuer und dennoch altbekannter Büstenhalter eroberte den Markt: der Push-up-BH. Der mit Metallbügeln ausgestattete Büstenhalter quetscht die Brüste in der Mitte des Brustbeines zusammen und formt eine alternative Pospalte. Eine »moderne Hebebühne der zwei weiblichen Kugeln«, kommentiert bissig die *Berliner Zeitung* etwa zehn Jahre nach dem Auftauchen des ersten Push-up-BHs.

Reichten die fleischlichen Gegebenheiten für den Po-Effekt nicht aus, gab es einen Trick. Zwei kleine vom Hersteller mitgelieferte Schaumstoffkissen konnten in die dafür vorgesehenen Taschen der BH-Cups eingeführt werden. Sodann lugten die Halbkugeln perfekt aus dem sexy Spitzenmeer. Mittlerweile ist dieses Busengebilde, das in der Natur nicht vorkommt, für viele Frauen zum Vorbild geworden. Sie orientieren sich daran und machen selbst gestandene Schönheitschirurgen damit sprachlos. Vor nicht langer Zeit ließ sich etwa eine Frau, Anfang dreißig, bei einem plastischen Chirurgen zwei Silikonkissen implantieren. Der Busen sollte um eine Nummer vergrößert werden, von Körbchengröße B auf C. Das Ergebnis war perfekt, versicherte mir der Facharzt, »doch die Patientin beklagte sich bitterlich und verlangte eine Korrektur. Zur Demonstration, wie ihr neuer Busen auszusehen hat, ergriff sie ihre Brüste mit den Händen von außen und drückte sie zusammen, bis sie sich berührten. Dann äußerte sie im Brustton der Überzeugung: ›So muss es aussehen.‹«

Verschönte das weibliche Geschlecht in der Vergangenheit seinen Busen mit Kleidungsstücken, Einlagen oder künstlichen Prothesen, geben viele Frauen sich heutzutage damit längst nicht mehr zufrieden. Natürliche Künstlichkeit ist angesagt. Fachmännisch wird diesem Wunsch mit Skalpell, Nadel und Faden sowie Implantaten verschiedener Größe nachgekommen. Der Wunsch nach einem Kunstbusen wächst und ist so »natürlich« geworden, dass sich selbst Teenager eine Busenkorrektur zum Geburtstag wünschen. Erlaubt ist der Eingriff in so jungen Jahren nicht, weshalb manche junge Dame der Vollendung ihres achtzehnten Lebensjahrs entgegenfiebert. Hierzulande lassen sich durchschnittlich bis zu 27 000 Frauen im Jahr Implantate einsetzen, schätzt die Deutsche Gesellschaft für ästhetische und plastische Chirurgie. Meist sind die Frauen zwischen achtzehn und fünfundvierzig Jahre alt.

In Deutschland soll inzwischen jeder fünfzigste Busen unecht sein. Es sind keineswegs nur die Reichen, die sich unters Messer legen. Brustimplantate kennen keine sozialen Schranken. Längst hat sich herumgesprochen, dass Schönheitsoperationen in Thailand billiger zu haben sind. Unter diesen Voraussetzungen sind Frauen schnell bereit, das Unangenehme mit dem Angenehmen zu verbinden. Brust-OP und Urlaub werden miteinander kombiniert. Die fremde Sprache ist kein Problem, die sogenannten Breast-Kliniken bieten Übersetzer an.

Eine der Frauen, die sich zu einer Brustoperation in Thailand entschieden hat, wurde in einer *Stern-TV-Reportage* am 27. Januar 2004 im Fernsehen vorgestellt. Das Vorher und Nachher werden dokumentiert. Ihr Busen sieht eigentlich ganz normal aus. Die hübsche Frau, etwa Anfang dreißig, leidet nach eigenen Angaben seit ihrer Pubertät unter ihren zu kleinen Brüsten. Ihr Lebensgefährte, der sie nach Bangkok begleitet, hat keine Probleme mit ihrem Busen. Er mag ihn, so wie er ist, steht aber auch zur Entscheidung seiner Freundin. Ein klassischer Fall. In den wenigsten Fällen sind es Männer, die Frauen zur Vergrößerung drängen. Nach dem Eingriff trägt die Operierte 250 Gramm schwere Silikonimplantate pro Brust unter ihrem Brustgewebe. Sie ist überglücklich. Endlich fallen ihre Brüste ins Gewicht. Zurück in Deutschland zeigt sie stolz ihren Freundlinnen den neuen, festen und jugendlichen Busen. Dafür lässt sie alle Hüllen fallen.

In Amerika ist der Busenboom noch drastischer ausgeprägt als in Europa. Nicht nur die Fernsehserie *Baywatch* mit Pamela Anderson setzte neue Busenmaßstäbe. Das blonde, kurvenreiche Zugpferd hatte allerdings mit ihrem Körper unübersehbare chirurgische Fakten vorzuweisen, die nicht wegzudiskutieren waren. Brustimplantate verhalfen ihr, sexy auszusehen, brachten Geld, Job, Ansehen *und* bewundernde Blicke.

Die Nachfrage nach Brustoperationen wuchs, und die American Society of Plastic Surgeons verzeichnete für 2002 ein Rekordjahr. Mehr als 235 000 Frauen hatten eine Brustaugmentation, sprich Brustvergrößerung, vornehmen lassen. Innerhalb von nur zehn Jahren war das ein enormer Anstieg, und zwar um 530 Prozent. Vermutlich tragen mehr als zwei Millionen Amerikanerinnen Brustimplantate. Implantiert werden Silikonhüllen mit Kochsalzfüllung. Reine Silikonimplantate sind nur unter bestimmten Bedingungen erlaubt. Ursache hierfür sind die seit 1992 bekannt gewordenen folgenschweren Nebenwirkungen. Flüssiges Silikon war ins Körpergewebe gelangt und führten zu schwersten Erkrankungen.

Anders in Deutschland, hier sind Brustimplantate aus reinem Silikon das Brustimplantat schlechthin. Doch auch hierzulande kam es zu Komplikationen: Aus flüssigem Silikon wurde Gel, wodurch die Implantate »schnittfest wie Gummibärchen« (*Frankfurter Allgemeine Zeitung*) sind. Zweite Wahl sind Kochsalzimplantate. Diese Wasserkissen sollen sich allerdings nicht so gut anfühlen, was in Amerika offenbar anders beurteilt wird. Hierzulande gibt es sogar stolze Besitzerinnen von Biobusen. Die Implantate haben eine Füllung aus Sojaöl, das allerdings einen ranzigen Geruch verströmen kann, weshalb sich einige ihrer Trägerinnen beklagten. Vom Markt wurden sie vorsorglich aus anderem Grunde genommen. Man fürchtete eine chemische Reaktion zwischen Hülle und Inhalt, die dazu führen würde, dass Substanzen in die Blutbahn gelangen und damit eine unkalkulierbare Gefahr für das Ungeborene darstellen könnten.

Die operierten Frauen gehen so oder so ein Risiko ein, weil zum jetzigen Zeitpunkt niemand sagen kann, wie sich die Implantate in zehn oder zwanzig Jahren verhalten. Dennoch, die Begeisterung für die falschen Brüste hält an. Jedes zweite Model soll bereits Implantate über den Laufsteg tragen. In Hollywood wird gemunkelt, die Chancen, mit Körbchengröße A eine Filmrolle zu bekommen, wären aussichtslos. Warum, ist leicht zu beantworten. Amerika ist das Land der big tits, der großen Busen.

Nach dem Zweiten Weltkrieg kamen vor allem in Nordamerika große Busen in Mode. Weshalb dort nicht zuletzt jährlich eine Million Paare Gummibrüste verkauft wurden. Kunststoffbrüste zum Aufblasen und BHs mit Einlagen gingen ebenfalls reichlich über den Ladentisch. In England waren es immerhin 200 000 pro Jahr, während sich in Deutschland das Ideal des großen Busens nur schleppend, das heißt in abgeschwächter Form, verbreitete. 1954 hieß es in der Frauenzeitschrift *Constanze*: »Die überbetonten Wölbungen und Kurven der Monroe und ihrer italienischen und französischen Kolleginnen entsprechen nicht dem Schönheitssinn des modernen mitteleuropäischen Menschen. Unser Ideal ist viel eher die grazile, graziöse, schlanke oder gar jünglingshafte Frau.«

Faible für die weibliche Brust

Amerikanische Männer mögen große Busen. Der Sexualforscher Alfred C. Kinsey weist in seinen Reporten von 1948/53 darauf ausdrücklich hin. Seine Landsmänner geraten aus dem Häuschen, wenn sie weibliche Brüste anblicken und berühren. Mehr noch, viele Männer würden durch den Anblick oder die Berührung der weiblichen Brüste stärker erotisch erregt als durch den Anblick oder die manuelle Berührung der weiblichen Genitalien. Das Paradoxe: Viele Frauen können diese Leidenschaft nicht nachvollziehen. Sie werden nicht besonders erregt, wenn Männer an ihrem Busen schmusen. Manche lässt sexuelle Bruststimulation sogar völlig kalt. Nur elf Prozent der Frauen gaben bei Kinseys Untersuchung an, des öfteren die Brüste beim Onanieren zu berühren.

In Pornofilmen, die nahezu ausschließlich die männliche Phantasie bedienen, sieht das freilich anders aus. Frauen, die sich in diesen Filmen sexuell stimulieren, kneten und reiben voller Verzückung ihre Brüste und Brustwarzen. Gelangen sie mit ihrer Zunge an die Nippel, wird dies lustvoll demonstriert. Keine Frage, männliche Phantasie und Wirklichkeit klaffen hier weit auseinander. Dennoch, einige wenige Frauen erreichen durch Bruststimulation einen Orgasmus, und ungefähr die Hälfte der Frauen empfindet bei Liebkosungen der Brüste eine gewisse Befriedigung. Das Entscheidende: Beides trifft ebenso für das männliche Geschlecht zu. Im Klartext: Gleich viele Männer wie Frauen reagieren bei sexueller Berührung der Brüste ausgesprochen sensitiv oder nur mäßig oder gar nicht.

Das ändert nichts daran, dass das männliche Geschlecht durch weibliche Brüste erregt wird. Der Busen sei das Vorgebirge des Glücks, meinte der Historiker Eduard Fuchs in seiner *Illustrierten Sittengeschichte.* Für amerikanische Männer gilt fast ausnahmslos: Ein Liebesspiel ohne Brustberührung ist unvorstellbar. Besonders in den gebildeten Schichten läuft nichts, ohne den Busen liebkost zu haben. Der Mund-Brust-Kontakt ist für viele Männer ein ausgesprochen erotisches Erlebnis. Es ist übrigens die einzige Technik im menschlichen Liebesspiel, die keine Entsprechung im Tierreich hat. In der Tierwelt, genauer gesagt unter den Säugetieren, gibt es keine Brustbesessenheit des männlichen Parts.

Bei keinem Säugetier wurde jemals Gesäugemanipulation beobachtet. Kein männliches Tier hat sich je an den Zitzen des Weibchens erregt. Auch dann nicht, wenn ähnliche Gegebenheiten vorherrschen, etwa wenn sich die tierischen Brüste des Gorillaweibchens während der Stillzeit mit einem menschlichen Busen vergleichen lassen. Der Gorillachef sieht das Gesäuge dann ebenso gelangweilt an wie zuvor. Geschwollene Brüste sind für ihn ein sicheres Zeichen dafür, dass eine Kopulation sinnlos ist. Die Gorilladame ist nicht empfängnisfähig.

Wir Menschen haben die Leidenschaft für weibliche Brüste offensichtlich erst im Laufe der Evolution entwickelt. Sexualforscher vermuten hinter dieser Leidenschaft psychologische Prägung und kulturelle Traditionen. In der westlichen Welt zeichnet sich dieser Busentrend schon seit Jahrhunderten ab, und seit mehreren Jahrzehnten steht Amerika dabei an vorderster Front.

Es sind Männer, die auf weibliche Brüste sexuell reagieren. Und das weibliche Geschlecht kennt vielerlei Tricks, sie effektvoll zu demonstrieren und mit ihnen eine wirkungsvolle Balz zu treiben. Es sucht, den Busen zu vergrößern und seine straffe Lebensdauer zu verlängern. Mit derartigen Brustmanipulationen verschaffen sich Frauen gegenüber der Konkurrenz einen Vorteil, zugleich aber schaffen sie immer größere und idealisiertere Dimensionen auf den Busenmarkt. Das inzwischen verstorbene und weltbekannte Busenwunder Lolo Ferrari ist nur eine von ihnen. *Ein* Extremfall, so wird behauptet. Doch die Französin, die mehrere Kilo Silikon mit sich herumtrug, hatte von Anfang an Mitstreiterinnen. Sie alle buhlen um die Aufmerksamkeit der Medien und lassen ihre »Riesenbälle« bestaunen, ablichten und betasten.

Es gibt Segelschiffe, die nur zu einem einzigen Zweck von bestimmten Unternehmen gechartert werden: Sie geben Männern Gelegenheit, der Welt größte Busen auf hoher See zu fotografieren und anzufassen. Für ein paar Tage haben die zahlenden Kunden dieses Vergnügen, und auch die Besitzerinnen der XXL-Brüste haben viel Spaß an der Veranstaltung. Sie genießen die Aufmerksamkeit und die Zurschaustellung ihrer Megabusen.

Ähnlich befriedigend registrieren Frauen auch mit weit weniger Implantat die staunende und schauende Männerwelt. »Reichlich Holz vor der Hütte« zu haben garantiert stets Blicke anderer. Eines ist unübersehbar: Ein großer Busen fällt einfach auf. In diesem Sinn ist das Schauen auf einen dicken Busen ebenso natürlich wie das auf übergroße Füße. Ein Megabusen, insbesondere wenn der Körper ansonsten normale Proportionen aufweist, ist stets etwas Außergewöhnliches. Es wundert deshalb nicht, wenn Männer sogar öffentlich bitten: »Darf ich da einmal anfassen?« So geschehen in einer Nachmittagstalkshow eines privaten Fernsehsenders. Das angesprochene »Busenwunder« hatte nichts dagegen.

Nach der Brust-OP wollen Frauen üblicherweise jedoch nur mit einer »ordentlichen Handvoll« aufwachen. Zurzeit ist die Tendenz allerdings steigend, das heißt, größere Implantate sind gefragt. Mehr als neunzig Prozent aller Frauen hoffen, sich durch mehr Oberweite besser und selbstsicherer zu fühlen. Tatsächlich wird in den meisten Fällen der neue Busen sogleich den Freundinnen und Bekannten gezeigt. *Endlich* können Büstenhalter, Bikinis oder Kleider gekauft werden, mit denen der neu erworbene Umfang »stilgerecht« präsentiert werden kann.

Der Psychologe David Sarwer von der Universität Pennsylvania bezweifelt, dass Frauen mit einer Brustoperation mehr Selbstbewusstsein erlangen können. Amerikanerinnen, die sich einer Schönheitsoperation unterzogen, greifen seiner Erfahrung nach deutlich häufiger zu Schlaf- und Beruhigungsmitteln als Frauen, die sich mit schlaffen Brüsten und dicken Oberschenkeln abfanden. Selbst wenn das Selbstwertgefühl nicht wie erwartet ansteigt, erreichen Frauen mit Brusteinlagen ohne Frage eines: Sie ziehen mit ihren Geschlechtsgenossinnen gleich, die von Natur aus schon reichlich vorzuweisen haben, und sie sind den Frauen gegenüber im Vorteil, die vermeintlich schlechter »ausgestattet« sind. Was viele Frauen dabei aus dem Auge verlieren: Der europäische Mann »steht« noch immer auf einen eher kleinen Busen. Für ihn ist das rechte Maß eine »gute Handvoll«, die aber sollte möglichst fest und rund sein.

Knackige Hintern, runde Hüften

Gute Hinterbacken machen Männer sprachlos. Es gibt kaum einen Mann, der einem Frauenhintern widerstehen kann. Kein Mann, der eine Frau, die sich bückt, von hinten betrachtet, wird allen Ernstes behaupten, dieser Anblick ließe ihn kalt. Ein Weiberpo, der – ob mit oder ohne Absicht – in der Bückstellung nach hinten gestreckt wird, verfehlt niemals seine Wirkung auf das männliche Geschlecht. Eine Frau, die sich auf diese Art bückt, »verwandelt sich in eine erotische Erscheinung«, so der ungarische Autor Sándor Márai.

Bei unseren tierischen Verwandten zeigt sich warum. Beugt sich ein Schimpansenweibchen nach vorne und streckt dabei das Hinterteil ihrem Liebsten entgegen, ist dies eine Aufforderung zur Kopulation. Das Männchen begreift die Geste sofort und nutzt umgehend seine Chance. Aus demselben Grund sind weibliche Hinterbacken auch für den Menschenmann von Bedeutung. Sie sind ein enormer sexueller Stimulus. Besonders dann, wenn sie rund und fest sind. Hier wirken biologische Reizmechanismen einer längst vergangenen Zeit. Frauen machen sich diese zunutze, indem sie ihr Hinterteil dem männlichen Geschlecht auf immer neue Weise geschickt präsentieren.

Zur Zeit liegen kleine, knackige, runde, feste und braungebrannte Hinterbacken im Trend, wie sie an Brasiliens Stränden zu sehen sind. Sie stecken in Bikinihöschen, die hintenherum nur noch aus einem Faden bestehen, der durch die Poritze verläuft. An Europas Stränden sieht man die Bikinistrings seltener. Dort stolzieren Frauen mit etwas mehr Bekleidung auf dem Po über den Sand. Doch der wenige Stoff hat kaum Halt. Nach dem Schwimmen oder Aufstehen müssen die Höschen stets zurechtgezupft werden. Fast kann man den Eindruck gewinnen, das Zurechtzupfen sei eine Aufforderung zum hinschauen, ein Extrahingucker.

Durchaus mit Kalkül gehen auch junge Frauen vor, die heutzutage bauchfreie Mode tragen. Tattoos auf dem Steißbein zwingen zum Hinschauen. Bei extrem knappen Hüfthosen wird hin und wieder ein Teil der Gesäßfalte sichtbar. Nicht selten zeigt sich vorwitzig ein String, dessen winzige Stoffmenge verkündet, dass das Unterhöschen wirklich nur aus einem Hauch von Stoff gemacht wurde.

Solcherart Akzentuierungen der Hinterbacken sind weder neu noch auf die westliche Welt begrenzt. 1927 lichtete ein Forscher die Rückansicht einer Dahomey-Frau (Westafrika) ab. Zu sehen sind Schmucknarben knapp über den Gesäßbacken in der Kreuzbeingegend. Außerdem laufen waagerecht über der Gesäßmitte mehrere Bänder, die die Pobacken kräftig eindrücken. Sie geben dem Allerwertesten einen besonders aufreizenden Charakter. Zulumädchen (Südafrika) ließen ihren Po auf andere Weise hervortreten. Sie trugen Perlenschnüre um die Taille und sehr kurze Perlenschürzchen. Diese verliefen über den unteren Teil des Hinterns. Man sah den Anfang der Gesäßspalte und einen Teil der Pobacken, wodurch der Hintern wie ein dekolletierter Busen hervorschaute.

Derartige Poverkündigungen sind eindeutig. Sie versprechen fleischliche Gelüste, pure Weiblichkeit. Denn ein Frauenpopo ist etwas ganz Besonderes, nicht zu verwechseln mit einem Männergesäß. Ein Frauenpo ist rund und fettreich, deshalb von weicherer Konsistenz als der Po von Männern. Er bildet zusammen mit den Schenkeln den unbedingten Masseschwerpunkt des weiblichen Körpers und trägt zu seiner unverkennbaren Silhouette bei. Anders beim Mann. Die breiten Schultern in Verbindung mit dem Rücken sind von hinten gesehen sein hervorstechendstes Körpermerkmal. Der Po ist kleiner, muskulöser und fettarmer, von daher fester als ein Frauenhintern. Er fällt am männlichen Körper weniger ins Gewicht, weil ein Mann anders proportioniert ist. Maßgeblich hierfür ist unter anderem die Taille.

Von generellem Wert sind auch bestimmte Eigenschaften des weiblichen Hinterns. Ist er rund, von fester Beschaffenheit und wohlproportionierter Fülle, gilt er als erotisch. Das muss nicht bedeuten, dass ein schlaffer, hängender Hintern für jedermann unerotisch ist. Nur hat er sexuell gesehen ein anderes Potential, wie auch schlaffe Brüste die Sinne anders stimulieren als ein straffer Busen. In dem einen wie in dem anderen Fall gibt die Konstitution allerdings Aufschluss über den sexuellen Status. Schlaffes, unelastisches Bindegewebe oder eine bestimmte Knochigkeit deuten auf eine schon in die Jahre gekommene Frau. Ihre Fruchtbarkeit ist nur mäßig oder gar nicht mehr vorhanden, und auch ihre erotische Ausstrahlung ist begrenzt. Von daher tun Frauen viel, um ihrem Hinterteil den richtigen Schwung zu geben und es verlockend auszustatten.

Betonung des Allerwertesten

Um den Podex ins rechte Licht zu rücken, beherrscht die Damenwelt vielerlei Tricks. Eine der wirkungsvollsten ist die Taillenbetonung durch Verengung. Festanliegende Kleidung mit Taillennähten, enggezurrte Gürtel oder enggeschnürte Mieder verringern den Taillenumfang optisch oder tatsächlich. Das hat auf die Gesamterscheinung einer Frau enormen Einfluss. Das Verhältnis von Taille zu Hüfte, Taille zu Brustkorb und auch Brustkorb zu Hinterteil verändert sich. Gleichzeitig treten der Po und die Brüste eindringlicher hervor, und die Taille selbst wird zum markantesten Indiz von Weiblichkeit. Alles in allem werden die weiblichen Merkmale so überzeichnet, dass eine Frau mit enger Taille weiblicher erscheint. Sie wird zur superfemininen Erscheinung.

In der Tat ist die weibliche Taille für das männliche Geschlecht eines der wichtigsten geschlechtsspezifischen Signale und hochattraktiv. Anders als beim Mann ist die Tailleneinbuchtung der Frau drastischer, wodurch der Po in jedem Fall mehr hervortritt. Das als optimal geltende Verhältnis zwischen Taille und Hüfte beträgt beim weiblichen Geschlecht sieben zu zehn, beim männlichen Geschlecht neun zu zehn. Diese Relationen gelten weltweit und

21 Körperverhältnisse

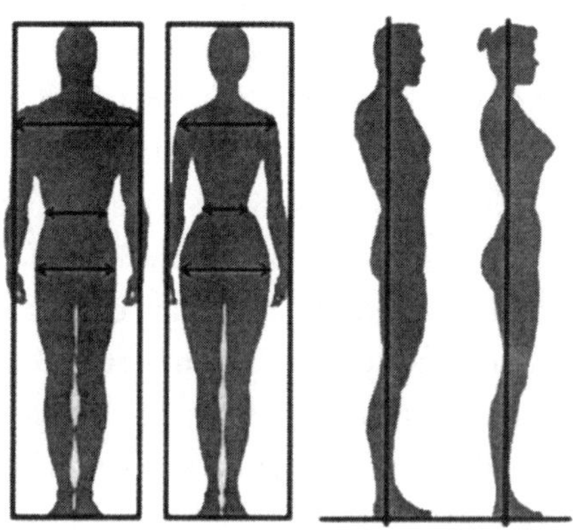

haben nichts mit kulturellen Vorlieben zu tun. Findet eine Gesellschaft eher üppige Figuren anziehend und eine andere ungewöhnlich schlanke, hat das Verhältnis zwischen Taille und Hüfte weiterhin Bestand.

Durchschnittlich haben Frauen einen Taillenumfang von circa einundsiebzig Zentimetern, junge Frauen weniger, ältere mehr. Eine junge Frau, die ihr erstes Kind zur Welt gebracht hat, erreicht normalerweise nie wieder ihre einstige Taillenweite. Stets bleibt sie fülliger, selbst bei strenger Diät und wenn der übrige Körper längst seine grazile Figur wieder erreicht hat. Die Taille vergrößert sich nach der Geburt mehrerer Kinder schätzungsweise um durchschnittliche fünfzehn bis zwanzig Zentimeter. Eine schlanke weibliche Taille ist daher von jeher Symbol und Zeichen einer jungen, noch gebärfähigen Frau.

Extrem enge Taillen sind in aller Regel ein Merkmal von Jungfräulichkeit und Geschlechtsreife. Sie lassen aber auch eine Assoziation an einen vorgebeugten Oberkörper zu. Denn diese Haltung führt ebenfalls zur Verschlankung der Taille bei gleichzeitiger Vollpräsenz des Hinterns. Frauen mit schmaler Taille üben demzufolge auf den Mann eine enorme Anziehungskraft aus. Aus diesem Grund haben Pin-up-Girls eine ungewöhnlich enge Taille, deren Umfang etwa einundsechzig Zentimeter beträgt. Traditionelle Schönheitsköniginnen verfügen in aller Regel über das gleiche Taillenmaß, wobei Hüften und Brüste den gleichen Umfang haben. Die typischen Maße sind 91–61–91 Zentimeter. Heutige Models schlendern allerdings mit den bevorzugten Maßen von 76–61–84 über die Laufstege.

Europäische Durchschnittsfrauen können bei diesen Traummaßen nicht mithalten. Ihre Körperumfänge sind durchweg größer. Die typische Engländerin verfügt im Durchschnitt über die Maße 94–71–99. Der Umfang ihrer Hüfte beträgt also fünf Zentimeter mehr als der ihrer Brüste. In Deutschland und der Schweiz sind es sechs Zentimeter, in Schweden und Frankreich sogar acht Zentimeter. Dieses Maßgefälle wird durch die Idealmaße eines Pin-up-Models genau umgekehrt. Bei ihr ist der Brustumfang größer als der ihrer Hüfte. Idealerweise betragen ihre Maße 94–61–89. Eine Durchschnittseuropäerin hat oben herum demnach nicht weniger vorzuweisen als ihre abgelichteten bewunderten Schwestern, die sich in Männerspinden oder Männermagazinen tummeln. Ihr Busen wirkt allerdings kleiner, weil sie mehr Taille und breitere Hüften hat. Der Hintern einer Pin-up-Dame erscheint wiederum runder, weil die Taille extrem dünn ist.

Besonders im achtzehnten und neunzehnten Jahrhundert überzeichneten Frauen mit Hilfe von Schnürmiedern ihre Taille – und damit das Hinterteil. Wespentaillen von vierzig bis fünfzig Zentimeter wurden angestrebt. Diese Idealmaße erreichten freilich nur wenige und wenn, nur junge Frauen. Von frühester Jugend mussten sich Fräulein aus gutem Hause dafür schnüren. Ihre Oberkörper wirkten dann fast zerbrechlich, ihre Unterkörper wurden zum gelobten Land. Extremtaillen, die um vierzig Zentimeter und darunter lagen (angegeben sind acht- und neununddreißig Zentimeter), waren auch zu jenen Zeiten die absolute Ausnahme. Sie konnten nur erreicht werden, wenn eine junge Frau schon in den Morgenstunden mit der Schnürung begann. Jede Viertelstunde mussten die Bänder des Mieders enger gezogen werden, bis schließlich am Abend das gewünschte Maß erreicht war. Madame Virginie, eine vielbewunderte Dame ihrer Zeit, erschien 1859 mit atemberaubender Taille auf einem Ball. Die anwesende Damenwelt soll vor Neid erblasst sein. Zwei Tage später verschied sie. Der Autopsiebericht spricht von

22 Taillenschnürung auf 39 cm, Aufnahme um 1900

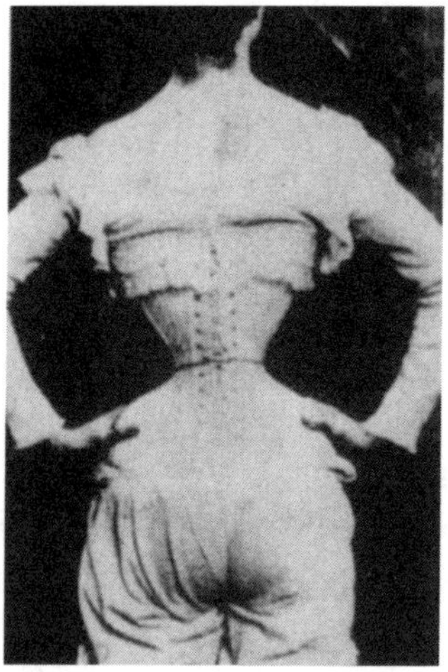

drei Rippen, die die Leber durchbohrt hatten. Die Folgen »normaler« Schnürung waren indes: Verformung des Brustkorbs, Quetschung von Lunge, Leber, Magen und Darm sowie extreme Brust- statt Bauchatmung. An der

Tagesordnung waren Ohnmachten, besonders in Stresssituationen. Das alles konnte die Damenwelt nicht abschrecken. Sie hielt an der Schnürung fest.

Die Betonung der Taille ging zeitweise mit einer gleichzeitigen Überzeichnung der Hüften einher. Mit übermäßig aufgeplusterten Hüftpartien konnte die Taille nochmals optisch verkleinert, ein ausladendes Gesäß angedeutet und ein überaus gebärfähiges Becken signalisiert werden. Frauen mit breitem Becken werden allerdings nicht einfacher und schneller schwanger. Das ist ein Ammenmärchen. Auch haben die äußeren Beckenmaße nur wenig mit einem leichten Geburtsvorgang zu tun, wie oftmals angenommen wird. Entscheidender sind die inneren Beckenverhältnisse, die sehr wohl zu einer leichteren Geburt beitragen können.

Durch eine dramatische Hüftbetonung wird jedoch die weibliche Erscheinung auffallend gekennzeichnet. Denn die Hüften sind ebenfalls ein typisches geschlechtsspezifisches Merkmal. Der weibliche Beckengürtel ist von Natur aus breiter als der männliche. Im Durchschnitt ist das Becken der Frau neununddreißig Zentimeter breit, während das des Mannes durchschnittlich sechsunddreißig Zentimeter misst. Diese weibliche Besonderheit wurde den Männern in den vergangenen Jahrhunderten durch Übertreibung besonders ins Auge gerückt. Zumal die Hinterbacken unter Falten, schweren Stoffen oder Schleppen ein verborgenes Dasein führten.

In der Renaissance bediente sich die Damenwelt zur Hüftverbreiterung wurstförmiger *Steißrollen*, die man gleich unterhalb der Taille auf die Hüfte auflegte. An den Enden waren Bänder angebracht, mit deren Hilfe sie vor dem Bauch geschlossen wurden. Diese Polsterung nannten Männer respektlos »Weiberspeck«. Mit Hilfe der *Steißrollen* konnten die üppigen Röcke hervorragend zur Geltung gebracht werden. Zugleich aber simulierten sie ein breites Becken und ein ausladendes Gesäß. Was unter der bauschigen Kleidung wirklich los war, konnte kaum noch jemand erahnen. Die männliche Phantasie wurde so in besonderer Weise herausgefordert.

Echte weibliche Körperformen erblickte das männliche Geschlecht nur in Schlafzimmern, oder es ließ sich diesbezüglich durch Skulpturen und Gemälde inspirieren. Im siebzehnten und achtzehnten Jahrhundert wurde schließlich der weibliche Unterkörper gänzlich zum Mysterium. Eine einzigartige »Unterbaugestaltung« war hierfür verantwortlich, in die sich die Damenwelt bei Hofe verguckt hatte: der Reifrock. Mit ihm konnte sie prachtvolle Kleiderstoffe vorführen und damit den gesellschaftlichen Status demonstrieren. Je größer der Umfang des Reifrocks, desto mehr edler Stoff wurde benötigt und umso reicher war dessen Trägerin .

Die schönen Hinterbacken blieben bei so viel Pomp auf der Strecke. Die großzügig dekolletierten Damen fanden sich damit keineswegs ab. Sie nahmen das eine für das andere und polsterten und dekorierten stattdessen die Hüften mit viel Brimborium, mithin die »Aufhängung« des Pos. Zunächst fielen die Aufpolsterungen und Hüftattrappen links und rechts der Taille noch gemäßigt aus. Mit der Zeit wurden sie so ausladend und grotesk, dass sie sich zum bequemen Auflegen der Ellenbogen eigneten. Türen in Schlössern mussten erweitert werden, vornehme Damen konnten Räume mit engen Einlässen nur noch mit seitlich verdrehten Körpern betreten.

23 Röcke bei Hof, 18. Jahrhundert

Die oval verzogenen Rockkuppeln erreichten mitunter einen Durchmesser von eineinhalb bis zwei Metern. Sie verlangten von den weiblichen Geschöpfen geschickte Bewegungen, ausreichend Platz, forderten Distanz und auch eine gewisse Opferbereitschaft. In einer Kutsche beanspruchte eine Dame zwei bis drei Plätze, und der begleitende Herr musste Abstand wahren. Ein bis zwei Schritte vor oder hinter dem Reifrock waren nötig, damit er mit dem Reifrock nicht in Kollision kam. Schließlich war das Sitzen wegen des Rockuntergestells, das aus fünf bis acht Reifen bestand, unbequem. Da half auch kein Wachstuch, in das die Ringe eingenäht waren, die zunächst aus Holz oder Weidenruten, dann aus Eisen und schließlich aus Fischbein bestanden.

Ein durchaus willkommener Nebeneffekt der voluminösen Röcke war jedoch die Verheimlichung von Schwangerschaften. Es wird sogar behauptet, nur aus diesem Grund habe man sie erfunden. Überliefert wird, eine Mätresse am spanischen Hof hätte aus »innerer Not« die ausschweifende Rockmode ausgeheckt. Ähnliches wird der Marquise de Montespan nachgesagt, der Geliebten Ludwigs XIV. Empört äußert sich die Herzogin von Orléans über sie: »Die weitte rock, so man überall tragt, seind mein abersion, stehet insolent, alss man auss dem Bett kommt. Die Mode von den wüsten röcken kompt von Madame von Montespan so es trug, wenn sie schwanger war.«

Ob Tatsache oder Ammenmärchen, »absichtliche« Erfindung oder Zufall, zweifellos boten die bizarren Röcke den Mätressen und Ehefrauen diesen Vorteil. War es zum fatalen Unglücksfall durch einen Seitensprung gekommen, konnten sie den anschwellenden Leib lange verbergen. Je später die Schwangerschaft erkannt wurde, desto schwieriger war es, dem wahren »Verursacher« auf die Spur zu kommen.

Damit war es im neunzehnten Jahrhundert weitgehend vorbei. Die Damenwelt hatte sich von den ausladenden Hüften verabschiedet und bevorzugte eine schmale Silhouette. Hintenherum konnte es jedoch nicht toll genug zugehen. Von Saison zu Saison wurden die Hintern immer mächtiger. Mit unter den Röcken getragenem Rosshaar, später stoffbezogenen Stahldrahtgestellen und künstlichen Höckern machten die Damen nachdrücklich auf ihr Gesäß aufmerksam.

Es kam in jenen Tagen sogar zu einer besonderen Marotte. Frauen imitierten den »Hottentottenhintern«, einen Po mit ausgeprägtem Fettsteiß. Die Damen bei Hofe hatten ihn durch Zeichnungen kennengelernt, die Afrikaforscher angefertigt hatten. In typischer Ausprägung ist er noch heute bei Frauen der Hottentottenstämme (Khoi-Khoi) anzutreffen, einer Völkerfamilie in Südwestafrika. Die Nachahmung gelang mit einem falschen Steiß, der auf den klangvollen Namen *Cul de Paris* (Pariser Hintern) getauft wurde. In den Siebzigerjahren des neunzehnten Jahrhunderts war das teilweise sehr aufwendig gearbeitete Gesäßpolster der letzte Schrei. Ende der Neunzigerjahre des letzten Jahrhunderts griff die Modeschöpferin Vivien Westwood diese Mode wieder auf. Sie schuf ein kostbares Popolster mit Bändern, das um die Taille festgebunden wurde. Nach Bedarf konnte es von extrem modebewussten Frauen über oder unter dem Rock getragen werden. Durchgesetzt hat sich das hübsche Samtpolster allerdings nicht.

Dagegen greifen zahlreiche Japanerinnen zu volumengebenden Materialien, um genügend Hinterbackenmasse zu bekommen. Sie haben hintenherum weniger als Europäerinnen vorzuweisen. Entsprechend werden im Land der aufgehenden Sonne zur Profilierung des Pos »Wonder-Slips« oder »Hip-Bras« angeboten. Ersteres sind miederähnliche Unterhosen, die dem flachen Hintern Form geben und an entsprechenden Stellen abgepolstert sind. Letzteres sind breite Stoffstreifen, die unterhalb der Pobacken verlaufen. Sie werden hochgeschnürt und um die Taille geschlossen. So geschnürt haben die Hinterbacken mehr Form. Der Sinn des Täuschungsmanövers ist offenkundig. Der runde Po soll anmachen, ganz so wie jede andere Art der Gesäßinszenierung auch.

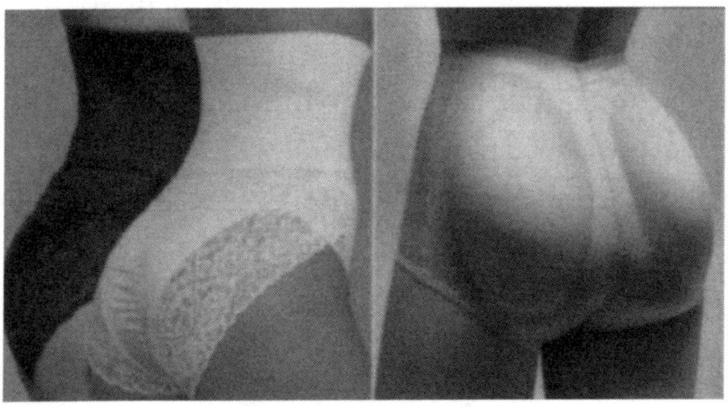

24 Formgebende Unterhosen, Anfang der Neunzigerjahre

Anmache mit dem Po

Seit dem 20. Jahrhundert kommt es zu einer weiteren Inszenierung des weiblichen Pos und damit des Unterkörpers. Die Sitz des Gürtels wird von der Taille auf die Hüftknochen verlagert. Die Taille tritt damit zugunsten der Hüften mehr oder weniger in den Hintergrund. So geschehen in der Charlestonzeit um 1925, Anfang der Siebzigerjahre oder auch gegenwärtig wieder. Der simple Vorgang birgt den Reiz des Neuen in sich, indem der Körper scheinbar andere Proportionen erhält. Der Oberkörper wirkt länger, die Taille verliert ihre Dominanz, und das Gesäß erscheint gedrungener. Entscheidender ist jedoch, die Gesäßbewegungen treten deutlicher hervor. Die waagerechte Linie des Bündchens von Rock oder Hose auf dem oberen Teil der Gesäßbacken wird zum schwankenden Horizont und unterstreicht den optischen Reiz der Gesäßbewegung außerordentlich.

Wird zudem noch bauchfrei getragen, kommt ein weiterer erotischer Reiz hinzu: entblößte Haut. Im einzelnen ist der freie Hautstreifen der Hüftpartie gekennzeichnet durch den Bauchnabel, die kurvigen Seitenpartien der Hüften sowie die bei den meisten Frauen vorhandenen zwei Grübchen knapp über dem Gesäß. Manche Frauen besitzen sogar vier Vertiefungen am Kreuzbein, die dann eine Raute (Michaelis-Raute) bilden. Die zwei zusätzlichen Einbuchtungen finden sich mittig ober- und unterhalb der Grübchenzwillinge. Bei Männern sind allerhöchstens zwei Vertiefungen vorhanden. Die Grübchen sind wegen des Fettmangels dürftiger ausgeprägt und nur bei achtzehn bis fünfundzwanzig Prozent von ihnen zu sehen. Das ist mit ein Grund, weshalb sie als etwas typisch Weibliches begriffen werden.

Die weiblichen Reize, die durch Entblößung des Hüftbereichs hervorgehoben werden, machen nicht nur die heutigen Hüfthosen so attraktiv, sondern bestimmen auch die Attraktion des berühmten Hulatanzes auf Hawaii. Bei ihm wird ein auf dem Becken aufliegender Grasrock getragen. Er betont den weiblichen Hüftabstand ganz entschieden und unterstreicht beim Tanz durch sein Schwingen die verschiedenen weichen und zugleich energisch-rhythmischen Bewegungen des Beckens. Gleiches ist beim orientalischen Bauchtanz der Fall, weshalb beide Tänze fraglos zu den erotischsten und zugleich ästhetischsten Becken- beziehungsweise Gesäßinszenierungen der Frau gehören.

Zum mäßigen Schwingen des Beckens kommt es aus anatomischen Gründen bei der Frau auch beim Gehen. Wird das Becken über das natürliche Maß hinaus geschwungen oder mit dem Hintern in bestimmter Weise gewackelt, wirkt dies erotisch und ungemein animierend. Der Schriftsteller Honoré de Balzac (1799–1850) sinnierte hingerissen: »Wenn die kokette Dame geht, so entsteht eine gewisse harmonische, konzentrische Bewegung, dass unter dem Stoffe ihre sanften (oder gefährlichen) Formen zittern wie in der Mittagssonne die Schlange auf dem grünen Rasen. Keiner weiß, ob sie von einem Engel oder einem Teufel dieses graziöse Schwanken gelernt hat …«

Weltweit machen Frauen sich diese Anmache zunutze. Bei den Maoris in Neuseeland brachten Mütter ihren Töchtern das aufreizende Wackeln bei, was in ihrer Sprache *onioni* genannt wird. Es bedeutet nichts anderes als »bumsen«. Dieselbe Bezeichnung tragen auch die kreisenden Beckenbewegungen bei ihren erotischen Tänzen. Afrikanische Frauen ließen und lassen die Hinterbacken ebenfalls auf verführerische Weise »tanzen oder rollen«, wie etwa bei den Mende (Westafrika). Spürten Mendefrauen einen Mann hinter sich, verstärkten sie die Bewegungen noch. Dieses aufreizende Gehen bezeichnen die Jamaikaner als *African walk*.

Das Schwingen des Gesäßes weckt nun unzweifelhaft Assoziationen an den Beischlaf. Auf Mangaia, Tahiti und anderen polynesischen Inseln glaubte man sogar, am weiblichen Gang einiges erkennen zu können. Das kräftige Wackeln mit den möglichst breiten Hüften bei Mädchen und Frauen wird als sicheres Zeichen für einen guten Beischlaf verstanden. Die Polynesier waren sich einig, wer kräftigt beim Gehen wackelte, der war auch beim Akt nicht faul und bewegte sich ordentlich. Spätestens durch den Gang im »Humpelrock«, der um 1913 en vogue war, ist der mutwillig hin- und herschwankende Po auch der westlichen Welt aufs Beste vertraut. Der knöchellange Rock war teuflisch. Er gab erst ab dem Knie Bewegungsfreiheit. Ein unglücklicher Schritt, und die Trägerinnen des Rockes drohten hinzufallen oder, schlimmer noch, sich die Beine zu brechen. Hatten Frauen den Dreh allerdings heraus, wurde ihr Gang zur einladenden Wellenbewegung. Der Hintern rollte dahin.

Kaum anders verhält es sich mit all jenen engen Röcken und Kleidern, die späterhin folgten. Änderten sich auch Schnitt, Aussehen und Stoff dieser engen Kleidung, eines änderte sich nicht: Allesamt machten ein besonderes Gehen erforderlich, und der Po erregte dadurch stets die Aufmerksamkeit der Männer. Besonders sehr enge Kleider und Röcke waren der Hingucker, denn: Je enger, desto beeindruckender das Hinterteil und der Gang. Kommen bei einem hautengen Rock noch hochhackige Schuhe hinzu, wird alles zu einer imposanten Gesäßinszenierung, zu einem erotischen Auftritt.

Bei einem engen Rock müssen beim Gehen die Oberschenkel eng aneinander geführt, die Schritte kurz gehalten und die Füße dicht vorbeigesetzt werden. Das Becken ist gezwungen, mehr zur Seite auszuschwingen. Durch diese Art der Koordination des Unterkörpers kommt es zur Übertreibung der weiblichen Bewegungsabläufe. Die kurze Schrittlänge wird noch kürzer, der natürliche vorhandene Hüftschwung wird intensiviert, und die sachte tanzende Wellenbewegung des Hinterns wird eindringlicher. Schuhe mit hohen Absätzen, besonders Pfennigabsätze, verstärken diese Effekte nochmals. Enge Kleidung und hohe Pumps verhindern ein natürliches Gehen, und rennen kann man mit ihnen schon gar nicht, sie eignen sich jedoch hervorragend zur Schaustellung des Allerwertesten. Fraglos können auch andere Kleidungsstücke den gewünschten Zweck erfüllen, etwa enganliegende Hosen oder hautenge Jeans. Ist einer Frau der richtige Hüftschwung erst einmal in Fleisch und Blut übergegangen, wird es sogar gleichgültig, was sie trägt. Dem Po wird in jedem Fall Aufmerksamkeit geschenkt.

Am deutlichsten wird die Auswirkung schwingender weiblicher Hinterbacken, wenn es um professionelles sexuelles Anmachen von Männern geht. Keine Stripperin oder Tabletänzerin verzichtet bei ihren Darbietungen auf ein ausgiebig rotierendes Hinterteil. Unermüdlich wird das Becken bewegt und der Po den Zuschauern entgegengestreckt. In entsprechenden Etablissements winden sich nicht zuletzt halbnackte oder nackte Frauen an Metallstangen auf und nieder. Ihre Hinterbacken wälzen sich nach allen Seiten, während das Geschlecht scheinbar am eisernen Phallus gerieben wird.

Unbestreitbar wird hier nicht nur der Koitus simuliert, sondern auch von der anregenden Wirkung der Hinterbacken Gebrauch gemacht. Einer Wirkung, der sich die meisten Männer nicht entziehen können. 1912 stellte der Volkskundler Jean Wegeli fest, was diverse Sexualforscher und Sexualtherapeuten bestätigen: dass es »männliche Individuen« gibt, auf die die Hinterbacken eines Weibes sinnlich stärker einwirkten als die schönste weibliche Brust. Diese Männer würden den Koitus bevorzugt von hinten vollziehen.

Archaische Gelüste

Für manche Männer ist der Beischlaf ausschließlich nur dann möglich, wenn sie sich der Frau von hinten nähern. Ein »wohlverbürgter Fall« legt davon Zeugnis ab. Er wurde von wissenschaftlicher Hand Anfang des zwanzigsten Jahrhunderts protokolliert. Danach soll eine »... fromme Katholikin, die Ehefrau eines Geschäft[s]reisenden, diese Art des ehelichen Beischlafes wegen der Sündhaftigkeit nicht gestattet [haben]. Der Mann wurde daraufhin seiner Frau untreu, und ›entschädigte sich‹ auf den Geschäft[s]reisen. Die Frau litt unter der Vernachlässigung so, dass sie bei einem Recht[s]anwalt die Ehescheidung beantragte. Der befreundete Recht[s]anwalt gab der Dame den wohlgemeinten Rat, erst einmal den Versuch zu machen, die Zuneigung ihres ungetreuen Mannes wiederzugewinnen durch Eingehen auf seine Wünsche. Da die Dame auf die Sündhaftigkeit dieser Koitusart schüchtern zu verweisen wagte, erklärte der Recht[s]anwalt kategorisch, sie habe den Ehemann zu noch größeren Sünden getrieben, indem sie das Naturell ihres Mannes und die Konsequenzen kannte bzw. hätte voraussehen können. Der Fall lag etwas verzwickt. Umso größer war die Freude aber für den Anwalt, als die Dame nach langen Monaten erklärte, nichts mehr von der Ehescheidung wissen zu wollen, denn der Rat des Anwalts habe geholfen.«

Der größte Anreiz, den Koitus »von hinten« auszuführen, liegt für den Mann untrüglich in der archaischen Besitzergreifung der Frau. Es ist eine Begattungsart, die bei allen Tierarten praktiziert wird, bei denen das Männchen auf das Weibchen aufreiten kann. Auch unsere nächsten Verwandten kopulieren in aller Regel auf diese Art. Wobei Primaten uns eine Vorstellung vom Geschlechtsleben unserer Hominidenvorfahren vor zwanzig Millionen Jahren geben. Ist ein Pavianweibchen empfängnisbereit, schwillt sein Gesäß- und Geschlechtsteil beträchtlich an. Will es Sex, beginnt es sein Hinterteil in Richtung Männchen zu recken. Der restliche Körper ist in geduckter Haltung. Es pliert dabei über die Schulter, um sicherzugehen, dass die Aufforderung Früchte träg. Ein Pavianmann lässt sich allerdings nicht lange bitten. Dem hochgestreckten Hintern einer Paviandame kann er nicht widerstehen.

Ein Gorillaweibchen ist diesbezüglich auch nicht zimperlich. Hat es seinen Eisprung, sucht es ohne Umschweife die Nähe des ranghöchsten Männchens, wie der Biologe Peter G. Veit berichtet. Sogleich streckt es ihm ihr Hinterteil entgegen und geht im Rückwärtsgang auf ihn zu. Die Gorilladame schaut ihrem Auserwählten dabei unentwegt in die braunen Augen. Das tut sie auch, wenn sie mit ihrem Liebsten frontal kopuliert.

Last but not least gehört die Hinterbackenanmache zum Sexrepertoire einer jeden Bonobofrau. Sie bietet sich jedoch bei »jeder« Gelegenheit zur Kopulation an, also nicht bloß, wenn sie ausgesprochen »heiß« ist. Ist die Zwergschimpansin etwa auf Futter scharf, das ein Männchen gerade verspeist, geht sie zum »Angriff« über. Zuerst setzt sie sich unübersehbar in Position. Dann bettelt sie wie ein Mensch mit geöffneter Hand, wobei sie sehnsüchtig auf den Leckerbissen schaut. Gibt das Männchen ihr etwas ab, reckt sie ihm ihr Hinterteil hin, lässt sich bespringen und trollt sich anschließend mit ihrer Beute davon.

Bonobos sind den Menschen zumindest in Sachen Sex ähnlich. Sie lieben die Abwechslung. Sie machen es von Angesicht zu Angesicht, im Stehen oder im Liegen. Wenn immer möglich, schauen sie sich beim Liebemachen in die Augen. Das Weibchen setzt sich auch schon einmal auf den Schoß ihres Liebhabers oder hockt sich rittlings auf ihn drauf. Am häufigsten kauert sie sich jedoch vor das Männchen und lässt sich von hinten nehmen. Sind beide in akrobatischer Stimmung, treiben sie es sogar hängend im Baum. Die Baumnummer ist freilich nichts für uns Menschen, wenngleich wir natürlich bei den »sexbesessenen« Zwergschimpansen vieles entdecken können, was uns ungemein menschlich vorkommt. Aufrichtigerweise müssten wir eingestehen, dass dies umgekehrt ebenso zutreffend ist. Das heißt, bei uns geht es natürlicherweise ziemlich tierisch zu, auch und gerade wenn wir es »a tergo machen«, »von hinten nehmen« oder uns von »hinten nehmen lassen«.

Warum das so ist, zeigen Säugetiere. Das Männchen hat das Weibchen beim Aufreiten besser unter Kontrolle und im Griff. Zudem ist seine Verletzungsgefahr geringer, falls das Weibchen es sich noch einmal überlegt und abwehren will. In grauer Vorzeit mag diese Koitushaltung vielleicht sogar ein Überleben während des Aktes bedeutet haben, weil potentielle Feinde oder Kontrahenten im Auge behalten werden konnten. Diese Stellung hat also durchaus »tierische« Vorteile für den Mann. Und es ist unbestritten, dass diese Beischlafvariante Mann und Frau schon seit Menschengedenken Lust bereitet.

Der Kirche allerdings war die »Hundestellung« weniger genehm. Geistliche wetterten gegen den Akt von hinten. Sie fürchteten, das Tierische im Menschen würde dadurch angefacht. Nicht »rohe Geilheit« sollte Ehepaare zum Beischlaf treiben, sondern allein der Fortpflanzungswunsch. Der Akt von hinten hatte eben nichts mit gottgefälliger Kinderzeugung zu tun, sondern war eine Sache brünstiger Viecher.

Missionare verbreiteten diese Vorstellung über die christlichen Landesgrenzen hinaus. Sie zeigten den sogenannten Wilden, wo es schicklicherweise langging, und gewöhnten ihnen das »Aufreiten« ab. Ihre diesbezügliche Pflicht erfüllten die Sendboten der Kirche mit allergrößtem Enthusiasmus und erstaunlichem Pflichtgefühl. Noch heute ist von Missionarsstellung die Rede, wenn die »normale« Begattung gemeint ist, also von Angesicht zu Angesicht, der Mann oben, die Frau unten. Eine Stellung, die übrigens keineswegs eine Erfindung der Kirche ist. Rund um den Globus gibt es Darstellungen, die den Koitus von Angesicht zu Angesicht zeigen. Allen Kulturen ist er bekannt, ebenso wie der Koitus a tergo. Ob letzterer ausgeübt wird oder die Regel ist, ist Geschmackssache, Tradition oder hängt möglicherweise sogar von der Praktikabilität ab. Bei den Kuikuru Amazoniens wird er geschätzt, weil er unter den gegebenen Umständen am bequemsten ist. Zum Liebemachen gehen die in Hängematten schlafenden Kuikuru in den Wald. Dort ist der Boden nicht gerade zur Missionarsstellung geeignet. Grund genug für Kuikuru-Frauen, sich dem Liebesakt in der Hocke hinzugeben. Beine und Arme werden eingebeugt und Hinterteil und Rücken hochgehalten.

Nicht allein die Kirche machte aus der »tierischen Begattung« eine krankhafte Veranlagung. Auch genügend Psychologen und Ärzte stempelten Männer als »notorische Pofetischisten« ab, wenn diese an Frauenhintern erotischen Gefallen fanden. Besonders auffällig waren jene Männer, die sich »an den weiblichen Hinterbacken geradezu einen Kinnbackenkrampf zusammenküssten« oder die vor Wonne in selbige hineinbissen. Um 1900 spricht die Fachliteratur von einer »großen Zahl« Podexfetischisten. Dutzende Fälle werden beschrieben, darunter etwa der eines französischen höheren Offiziers. Es heißt, er habe sich eine Schar von Frauen auf Privatlogis bestellt. Die Damen mussten sich hinter einen schwarzen Vorhang stellen und ihren nackten Hintern durch kreisrunde Löcher stecken. Sodann küsste der »Vernarrte« einen nach dem anderen ab. 1918 wird eine andere Popo-Leidenschaft eines »männlichen Kranken« in der *Internationalen Zeitschrift für ärztliche Psychoanalyse* angeführt. Das »Krankhafte«: »In Kunstausstellungen verweile er nur bei jenen Bildern, die Frauen mit mächtigen Formen zeigten, weil diese ihm einzig Interesse einflößten.«

Nicht zuletzt soll es laut fachlichem Bericht in England einige »Mädchen« gegeben haben, die ihren sozialen Aufstieg dem Hinterteil verdankten. Die gutbetuchten englischen jungen Männer sollen derart auf kräftige Waden und Pobacken fixiert gewesen sein, dass ihnen »alles andere egal« war. Für diese und ähnliche Anziehungskräfte der weiblichen Hinterbacken machte die Psychoanalyse nicht selten erbliche und erzieherische Faktoren verantwortlich. Besonders Müttern warf man vor, für eine Ausprägung der Gesäßerotik zu sorgen. Sie würden häufig über ein üppig ausgestattetes Hinterteil verfügen und zudem die Aufmerksamkeit des Sprösslings »nur allzu oft auf den Allerwertesten lenken«, wie der Neurologe und Psychoanalytiker Isidor Sadger betont.

Unter Verdacht gerieten Mütter, die den Po des Säuglings herzten, küssten, tätschelten und hineinbissen. Auch Klapse auf den Po größerer Sprösslinge und ähnliche Züchtigungen standen in Verdacht, Gesäßfetischismus zu fördern und eine besondere Perversion zu fördern, den Flagellantismus[2]. Käme zu diesen Bedingungen noch die angeborene Schau- und Zeigelust hinzu, die schon im Kindesalter zu beobachten sei, nämlich in Doktor- und Hebammenspielen, dann sei die Gesäßfixierung perfekt. Im Erwachsenenalter sehne sich der Mann dann danach, das Hinterteil beim Geschlechtsakt vor sich zu haben, und das Weib entblöße nach Herzenslust ihre Hinterbacken. Nicht selten, so der psychologisch beschlagene Isidor Sadger, käme ein Betasten, Tätscheln und Schlagen, ja selbst das Beißen der Pobacken hinzu.

[2] Sexueller Lustgewinn durch aktive oder passive Züchtigung und Geißelung mittels einer Peitsche oder Rute

Für alles gibt es Leidenschaften, auch für den weiblichen Hintern. Entsprechend mag es früher wie heute nicht wenige Männer gegeben haben beziehungsweise geben, die auf der Straße Frauen weit mehr auf den Po als ins Gesicht schau(t)en. Mit anderen Worten: Es gab und gibt genügend männliche Wesen, die einem pompösen Hintern nicht widerstehen können. Das kann im Einzelfall mit Erfahrungen in der Kindheit zusammenhängen, muss es aber nicht. Viel wahrscheinlicher ist, dass der Mann dem weiblichen Hintern erliegt, weil dieser ihn unterschwellig zur Begattung auffordert. In diesem Sinne ist er ein mächtiger sexueller Stimulus. Seine erotische Wirkung ist um so größer, je eindeutiger seine Signale sind.

Erotik der Hinterbacken

Süffisant und vielversprechend lächelt eine Schöne auf einem alten französischen Kupferstich, der um 1800 entstand. Ihr Lächeln nimmt den Betrachter nur für Bruchteile gefangen. Sein Blick wird umgehend auf die Bildmitte gelenkt. Dort erwartet ihn ein prachtvolles, rundes, gutgeformtes Hinterteil. Der Titel des Bildes: *Das galante Anerbieten.*

Die Beischlafaufforderung ist nicht zu übersehen. Auch ohne Bildtitel hätte sie sich selbst dem naivsten Betrachter mühelos erschlossen. Das besondere an dieser sexuellen Anmache: Der Dame wird ihr Anerbieten nicht übelgenommen. Es kommt unverfänglich daher, wenngleich das Kleid bis zur Taille hochgerafft ist. Läge sie auf dem Rücken anstatt auf dem Bauch, sähe die Sache anders aus. Die Aufforderung wäre unverschämt direkt.

Die Rückansicht des entblößten weiblichen Körpers scheint harmloser und züchtiger als die Vorderansicht, als habe das Gesäß weniger erotische Ausstrahlung als der Busen oder die Scham. Zu dieser Auffassung können Museumsbesucher gelangen, die besonders den Gemälden der alten Meister ihr Interesse schenken. Heikle Körperpartien wurden von diesen nicht selten mit Pflanzenteilen und Blumenranken verdeckt. Zarte Schleier oder hauchfeine Schals huschen über Brüste und Lenden. Transparente Gebilde, die aus dem Nichts kommen und ins Nichts verschwinden. Brav hält Eva zumeist ein Feigenblatt vor die Scham. Trotz zweier Hände nimmt sie kein weiteres zur Hand, um ihr Hinterteil damit zu verdecken. Auf unzähligen Kunstwerken verhält sich Adams Gefährtin ähnlich. Die Devise lautete: die Scham diskret versteckt, den Po unbedeckt.

Bei anderen Frauengestalten werden die Busen nur dezent angedeutet, während das Gesäß einem förmlich ins Auge springt. Ob im Louvre, im Vatikan, in den Uffizien oder im Prado, überall kann man prächtige Weiberhintern bestaunen. Auf Leinwänden, von Decken und Wänden schimmern sie in den zartesten Fleischfarben, gerade so, wie sie erschaffen wurden: nackt. Doch wie harmlos der weibliche Hintern daherkommt, unzweifelhaft signalisiert er ein erotisches Anerbieten. Dessen waren sich Künstler sowie Auftraggeber zu allen Zeiten bewusst. Ob Privatperson, König oder kirchlicher Würdenträger – allen lag an dieser Art der Darstellung des weiblichen Körpers. Doch weshalb?

Ein schottischer Maler, der ausschließlich nackte Frauen – von hinten weit häufiger als von vorne – zeichnet, gab mir eine Antwort. »Das erotische Geheimnis und Versprechen ist größer«, gestand er spontan, »und die Bilder verkaufen sich einfach besser.« Mit einem nackten Po verspricht eine Frau alles, zeigt aber fast nichts. Das Wesentliche bleibt verborgen. Das sexuelle Versprechen eines Hinterteils bewegt sich auf einer erregenden Vorstufe. Sein tatsächliches Versprechen ist: Es kommt noch etwas viel Verlockenderes.

Zu Werbezwecken wird das weibliche Hinterteil deshalb vielfach genutzt. Nicht zuletzt rückten in den Siebzigern die »Macher« vom *Stern* einen halbnackten Frauenhintern auf einem Fahrradsattel ins Zentrum ihres Titelbildes. Und weil ein Frauenpo keineswegs harmlos ist, löste das Bild prompt eine Welle der Empörung aus. Insbesondere Feministinnen, angeführt von Alice Schwarzer, sahen die Frau als sexuelles Objekt missbraucht und in ihrer Würde verletzt. Das Gros der Männer empfand freilich anders. Ihnen gefiel der hinreißende Hintern der Fahrraddame. Das verführerische Gesäß wirkte hocherotisch. Die Momentaufnahme ließ den Schluss zu, bei der kleinsten Bewegung könne das Höschen verrutschen. Keiner konnte voraussagen, was dann geschehen beziehungsweise zu sehen gewesen wäre, doch genau darin lag die verführerische Wirkung der Aufnahme.

Durch sein Wackeln, seine halbe Nacktheit oder gänzliche Entblößung verspricht der Po alles. Er ist dabei in seiner erotischen Anmache wesentlich diskreter als das Schamdreieck, das sehr viel direkter auf das Geschlechtsorgan weist. Beim Darbieten des Pos steht die sexuelle Ampel auf gelb, während sie bei der Scham grün anzeigt. Hierin begründet sich auch, weshalb bei heutigen Stripteasedarbietungen die Scham bis kurz vor dem Finale verdeckt bleibt oder gar nicht entblößt wird; weshalb sie verhüllt wird, sobald es um Scham, Moral und Anstand geht, und weswegen man Bikiniunterteile hinten auf einen Faden reduzieren konnte, während vorne zumindest noch ein Minidreieck vorhanden sein muss.

Der Podex hat keine besonderen optischen Extras. Nur die Gesäßspalte bildet einen Reiz. Ihr Verlauf deutet auf das Geschlechtsorgan. Viel auffälliger tun sich diesbezüglich die Brüste durch die Brustwarzen hervor und das Geschlechtsorgan durch die Behaarung. Gemessen an diesen Attraktionen sind die Hinterbacken eher neutral. Diese Schlichtheit begründet nicht sein unschuldigeres Auftreten beim Kokettieren und Flirten mit dem Körper. Vielmehr sind es die Augen der Pobesitzerin und die Blicke des Pobetrachters, die ihm ein freizügigeres Gebaren erlauben.

Während nämlich der Blick auf die Scham von der Betrachteten wahrgenommen wird und zugelassen werden muss, kann der Blick auf den Po einfach erfolgen. Kurz gesagt: Die Betrachtung des Hinterteils wird nicht kontrolliert, und die Frau kann den Blick passiv geschehen lassen. Der Blick eines Mannes auf das Gesäß einer Frau ist unverfänglich, risikolos und schließlich weniger lasterhaft. Eine Frau wiederum kann ihre Hände in Unschuld waschen, egal wie provokant sie mit dem Allerwertesten wackelt, ihn durch Kleidung betont, ihn nackt darbietet oder ihn in die Höhe hält. Sie kann vorgeben, über die Blicke, die ihren Hintern treffen, keine Kontrolle zu haben.

Die Frauenwelt von Samoa und Tonga (Südsee) sieht das anders. Sie verbirgt den entblößten Hintern vor den Blicken der Männerwelt, wann immer das möglich ist. In der Vergangenheit soll eine nackt angetroffene Polynesierin den Hintern sogar mit ihren Händen bedeckt haben. Ihre Brüste oder Scham ließ sie außer Acht. Mehr als alles andere fürchtete sie die erotisierende Wirkung ihrer Hinterbacken. Europäische Frauen haben diese Furcht keineswegs. Viele wackeln mehr als nötig mit ihrem Allerwertesten, strecken ihn wie zufällig heraus oder betonen ihre runden Sitzhöcker durch enganliegende Kleidung.

»Wenn du mich fragst, kann er ruhig etwas größer sein. So ein richtiger Schleswig-Holsteiner-Arsch«, antwortete ein achtunddreißigjähriger Büroangestellter auf die Frage, wie ein attraktiver Frauenpodex aussehen sollte. Ein Akademiker im zweiundfünfzigsten Lebensjahr tendierte dagegen eher zu kleinen »Apfelbacken«, und einer seiner jüngeren Kollegen fand Birnenpopos recht anziehend. Jedem das seine, oder gibt es Vorlieben, die zugeordnet werden können?

Nach dem Volksglauben schätzt der »sanges- und sinnenfreudige, gutkatholische Rheinländer« Frauen als »Betthasen«, die fleischige Gesäßbacken, die sogenannten Hundert-Taler-Hintern vorweisen können. Sind Männer hingegen »schönheitsbegeistert«, wünschen sie sich ein »Schätzchen mit einem Schickselärschel«. Es bedeutet, dass der Hintern »beweglich, doch wohlgerundet wie die Posteriora jüngerer Jüdinnen sein soll«. Diese Poideale fasste 1912 der Volkskundler Jean Wegeli in seinem Beitrag *Das Gesäß im Völkergedanken* zusammen. Er erörterte außerdem, welche Hinterbackenproportionen seinerzeit Männer aus fernen Ländern wünschten. Danach liebte der Inder wohlgebildete Schenkel und Hinterbacken, die nicht übersehen werden konnten. Das ganze Gegenteil wünschte der Japaner, sofern er den oberen Kreisen seiner Gesellschaft angehörte. Ihm war ein stark entwickeltes weibliches Gesäß ein Greuel. Er empfand es sogar als »unanständig und unzüchtig«. Weshalb breitgebaute Japanerinnen ihren Makel verbargen oder kaschierten und schmalgebaute mit ihren nur schwach entwickelten Gesäßbacken kokettierten. »Perser, asiatische Türken und tunesische Juden« hatten andere Vorlieben. Sie neigten zu dicken Frauen mit mächtigen Hintern, die möglichst wie »der aufgehende Vollmond« sein sollten. Der Beduine legte dagegen geringen Wert auf einen »Großhintern«. Er, so heißt es, »liebt ein gazellengleiches Weib«, doch verlangte es ihm sehr wohl nach wohlgerundeten Hüften und Pobacken.

In der Vergangenheit waren die unterschiedlichen Vorlieben, was die weiblichen Hinterbacken anbelangt, im starken Maße durch natürliche Vorgaben geprägt. Zuweilen setzten die Schönheitsvorstellungen einen gewissen Wohlstand voraus. Im arabischen Raum waren füllige Frauen sehr beliebt. Ihr Hinterteil symbolisierte Reichtum. Wer arm war, konnte kein Fett ansetzen. In Südafrika wurden dicke Frauen förmlich angebetet. Den Verlockungen eines sogenannten Hottentottenhinterns konnte kein Südafrikaner widerstehen. Noch vor nicht allzu langer Zeit galt: je ausgeprägter die Hinterbacken, desto besser. Für manche Männer aus Afrika gilt dieses Schönheitsideal noch immer.

Unlängst antwortete in einem Radiointerview ein dreißigjähriger Mann aus Johannesburg auf die Frage, was an einer afrikanischen Frau schön sei: »Schönheit in Afrika war immer füllig. Rundungen stehen für Gesundheit und Geld. Nur was rund ist, kann eine afrikanische Schönheit sein. Auch für mich muss die Frau rund sein, um als schön zu gelten.« Ein noch jüngerer Landsmann war der gleichen Meinung. Er fasste seine Vorstellungen einer schönen Frau mit den knappen Worten zusammen: »Der Po, der Busen die Hüften: Sie müssen massiv und rund sein.«

Dünne Frauen sind für diese beiden Schwarzafrikaner schlicht unafrikanisch. Sie werden offenbar noch immer von der afrikanischen Schönheitstradition inspiriert, die besagt, dass Frauen dick, rund und wenn möglich recht fett zu sein haben. Ein altes südafrikanisches Hochzeitslied erzählt von eben diesen massigen und zugleich anbetungswürdigen Proportionen einer Frau. Wer in den Genuss kommt, es zu hören, wird im Rhythmus der Trommeln die sehnsuchtsvollen Worte vernehmen: »Du bist so schön fett, man kann deinen Nabel kaum sehen. Er ist tief in deinem Bauch versteckt. Du schaffst es fast nicht aufzustehen, aber deine Schönheit, die nimmt mir fast den Atem. Du strahlst aus deinen Massen, machst alle an, die dich zu Gesicht bekommen …«

Dem Europäer verschlägt es die Sprache. Wie auch schon vielen Reisenden und Forschern des neunzehnten Jahrhunderts, die voller Tatendrang den schwarzen Kontinent erkundeten. Ein gewisser Sir Andrew Smith berichtete fassungslos von einer Frau, die von den Einheimischen für eine absolute Schönheit gehalten wurde. Ihr Hinterteil war so »entsetzlich entwickelt«, dass es sie am Aufstehen hinderte. Saß die Schöne auf dem Boden und wollte sich aufrichten, musste sie sich zunächst zu einem Abhang weiterschleppen. Zur gleichen Zeit wurde von den Somalis mitgeteilt, sie hätten ihre Frauen nach dem Po ausgesucht. Das Auswahlverfahren war simpel. Die Anwärterinnen stellten sich nebeneinander in eine Reihe und streckten ihren Allerwertesten vor. Zur Ehefrau wurde diejenige erkoren, deren Prachtpopo am meisten hervorschaute.

Auch der westliche Mann kann einer ordentlichen Portion Hinterbacken durchaus etwas abgewinnen. Eine Tatsache, die durch Jennifer Lopez offensichtlich wird. »The Butt« (der Hintern), wie die amerikanische Popsängerin auch genannt wird, verdreht den Männern die Köpfe. Kaum steht sie auf der Bühne, lauern sie nur auf das Eine: Der göttliche Hintern möge sich ihnen zuwenden. Tatsächlich schwingt Frau Lopez ein außergewöhnlich rundes und durchaus üppiges Gesäß zu den Rhythmen ihrer Songs. Das bringt Männer zum Schwärmen und lässt Frauen mit flachen Hinterbacken von mehr Hintern träumen. Ohne ihr bewusstes Zutun setzte die Sängerin einen neuen Trend in die Welt, den »Lopezpopo«. Abzulesen ist er am Anstieg von Gesäßimplantaten, die in den USA, Europa und Japan ihre Abnehmerinnen finden.

Beim weiblichen Geschlecht kann es hintenherum gern *etwas* größer sein. Das verraten Männerblicke und Gesten weitab von aller Prominenz und allem Showgetue. Die Rede ist nicht von gigantischen Dimensionen, sondern von Ausmaßen, die ein Barbiepopöchen um einiges übertreffen. Frauen mit solchen Hintern können stundenlang von ihren Erfahrungen erzählen. Davon, dass Männer ihnen in ihrer Jugend beim Vorbeigehen gerne einen Klaps auf den Po gaben, ihnen in den Hintern kniffen, die Pracht kommentierten oder »wie versteinert draufstarrten«.

Eine Siebenundsechzigjährige erinnert sich etwa an ihren ehemaligen Vorgesetzten, der sie mit fadenscheinigen Begründungen Arbeiten verrichten ließ, bei denen sie ihm den Allerwertesten zukehren musste. »Auf diese Weise konnte er mein Gesäß seelenruhig betrachten. Ich fühlte seinen Blick. Das war mir recht unangenehm, aber was sollte ich machen.« Trotz begehrlicher Blicke sind viele Frauen über ein üppiges Hinterteil unglücklich. Manche Frauen haben regelrechte Komplexe. Sie wünschen sich einen kleineren Popo, ganz gleichgültig was Männer von ihren Hinterbacken halten. Eine Akademikerin, die sich nach meiner Studie zur Gesäßerotik erkundigte, antwortete auf meine diesbezügliche Nachfrage: »Es ist ganz privater Natur. Ich bin chronisch unzufrieden mit meinem Hinterteil und kann es irgendwie gar nicht verstehen, dass mir viele Männer sagen, dass sie meinen Hintern attraktiv finden. Mich interessiert einfach, wie Männer ticken …«

Nun, Männer »ticken« immer nach dem gleichen Schema. Sie fliegen auf alles, was unbeschreiblich weiblich ist. Ein rundes, kräftiges Hinterteil ist etwas *sehr* Weibliches, sogar typisch weiblich wie der Busen. Früher wie heute tragen Schönheitsideale dazu bei, ob ein Po als gut geformt, attraktiv, sinnlich oder hässlich und unerotisch empfunden wird. Ohne Frage muss jedoch das weibliche Gesäß in seiner »Grundausstattung« rund, fest und fettreich sein, um als erotisch zu gelten. Entsprechend mag selbst in Zeiten der universellen Körperideale ein großes Gesäß für viele Männer weit anziehender sein als ein kleiner Trendyhintern. Das ändert nichts daran, dass nur wenige Frauen sich hintenherum mögen, wenn es etwas dicker ist, was meist die Regel ist. Im ganzen Land werden deshalb Gymnastik- oder Fitnesskurse für Bauch, Beine und Po angeboten. Regelmäßig greifen Frauenzeitschriften dieses Thema auf und versprechen mit immer neuen Körperübungsprogrammen schönere Hinterbacken. Daran glauben Frauen und rackern sich ab.

Lange Beine, zierliche Füße

Das erotische Interesse von Männern wird ad hoc geweckt, sobald der Rocksaum übers weibliche Knie rutscht. Die Phantasie nimmt ihre Arbeit auf. Ohne Scheu schlüpft das innere Auge unter den Rocksaum nach oben. Gleichzeitig setzt eine unwillkürliche Berührungslust ein. Der magischen Anziehungskraft von Frauenbeinen können sich Männer nur schwer entziehen. Es ist, als würden die Beine leise zu ihnen flüstern. Schon der Fuß wirkt auf viele wie ein Einbahnstraßenschild: Nur eine Blickrichtung ist möglich. Am Ende der Sackgasse wartet der Eingang zum Paradies. Und tatsächlich, die Konstitution der Beine gibt dem männlichen Geschlecht wertvolle biologische Hinweise.

Vor allem wenn Frauenbeine nackt oder kaum verhüllt im Alltag erscheinen, vermögen sie hochgradig Aufmerksamkeit zu erregen, denn dadurch werden sie unübersehbar. Da spielt es keine Rolle, ob sie zur Hälfte oder zu drei Viertel aus einem Rock, einer kurzen Hose oder aus einem Kleiderschlitz hervorschauen. Entblößte weibliche Beine sind eine nackte Tatsache, der sich kein Mann entziehen kann. Ihre Glätte und Haarlosigkeit unterscheidet sie erheblich von Männerbeinen. Das macht sie zu einem starken und spezifisch weiblichen Körpersignal.

Frauen interessieren sich höchst selten für Männerbeine, wenngleich sie wohlgeformte, etwa die gemeißelten von Michelangelos *David*, gern betrachten. Allerdings wirken Männerbeine auf Frauen nicht sexuell stimulierend, ebenso wenig wie hochrutschende Hosenbeine, die männliche Waden freilegen. Im Gegenteil, die ins Sichtfeld gerückte behaarte Hautregion zwischen Socke und Hosensaum kann auf das weibliche Geschlecht recht »abtörnend« wirken, besonders wenn Sockenhalter zu sehen sind.

Selbst rasierte Beine wie die des Radrennfahrers Jan Ullrich oder anderer Sportler vermögen beim weiblichen Geschlecht kein besonderes erotisches Interesse auszulösen. Ob es sich um die schönen Beine von Boris Becker, Arnold Schwarzenegger oder diverser 007-Darsteller handelt, für Frauen sind es Beine von beeindruckenden Männern, sonst nichts. Zum Schwärmen und erotischen Tagträumen animieren sie Frauen nicht.

Anders verhält es sich mit makellosen Beinen einer Frau, etwa denen von Steffi Graf. Als diese Prachtexemplare auf dem Rasen in Wimbledon oder auf anderen Tennisplätzen der Welt in Aktion waren, gab es immer irgendjemanden, der raunte: »Mein Gott, was für Beine!« Und erst die Beine einer Nadja Auermann. Das Topmodel hat Beine, die »bis zum Himmel« reichen. An diesen »Wundern der Natur« können sich Männer gar nicht sattsehen. Besonders wenn Frauen viel Bein zeigen, geraten Männer außer Rand und Band. Je mehr sie sehen und je länger die Beine sind, desto besser. Warum?

Lange Frauenbeine vermitteln dem männlichen Geschlecht: Das sind sehr junge Beine! Denn während der Pubertät wachsen Mädchenbeine im Verhältnis zum Rumpf stärker. Langen Beinen haftet somit eine jugendliche Erotik an, die besonders bei Pin-up-Girls, auf dem Laufsteg sowie in der Werbung eingesetzt wird.

Die erotische Wirkung langer Beine lässt sich noch steigern, wenn sie in raffinierter Wäsche stecken, in einem knappen Unterhöschen aus Seide und Spitze oder in hauchzarten Strümpfen aus durchsichtigem schwarzem oder hautfarbenem Nylon. Letztere Beinbekleidung ist für viele Männer häufig das Nonplusultra eines erotischen Frauenkörpers, oder wie es der *Playboy* ausdrückt: »Ein Damenstrumpf ist Verhüllung und Enthüllung zugleich. Nichts ist verheißungsvoller als das transparente Nylon auf der Haut des uns so schwach machenden Geschlechts.«

Die äußerst empfindlichen Nylonstrümpfe, kurz Nylons und im Englischen Stockings genannt, sind in einem Männerschrank nicht zu finden. Sie sind das Zarteste, was Frauen am Körper tragen, die Inkarnation der Weiblichkeit. Wer Nylons trägt, unterstreicht seine Weiblichkeit mehrfach und verleiht den Beinen außergewöhnlich viel Sexappeal.

Der seidige Glanz von Nylonstrümpfen macht Frauenbeine noch glänzender, noch weiblicher. Ein Effekt, der auch mit einer Strumpfhose aus Nylon erreicht wird. Doch entspricht der erotische Reiz einer Strumpfhose dem einer Nylonsocke oder eines Wollkniestrumpfes. Er ist gleich null. Frauen, die ihre Beine für einen Mann aufreizend bekleiden oder enthüllen möchten, wählen von daher stets Strapsstrümpfe oder halterlose Strümpfe, keinesfalls Strumpfhosen.

Strumpfhosen tragen Frauen aus praktischen Erwägungen. Sie wärmen das gesamte Bein, sind bequemer zu handhaben, tragen nicht auf und erlauben ein unkompliziertes Tragen kurzer Röcke und kurzer Hosen. Doch gerade weil sie das gesamte Bein bedecken, fehlt ihnen jene sinnliche Ausstrahlung, die Nylonstrümpfe von Haus aus mitbringen. Nylons reichen nämlich nur bis zum Oberschenkel, lassen Haut frei und werden häufig an einem mystisch-sinnlichen Kleidungsstück befestigt. Früher nannte man es Strumpfhalter, heute sprich man von Straps, Strapsgürtel oder Strapsen. Wie auch immer man dieses Bekleidungsstück nennt, es ist wie die Nylonstrümpfe in jeder Hinsicht ausgesprochen weiblich.

Die enorme erotische Ausstrahlungskraft von Frauenbeinen in Nylons machten sich verstärkt Filmregisseure der Fünfzigerjahre zunutze. Sie ließen ihre Protagonistinnen die hauchzarten Strümpfe bei jeder Gelegenheit an- und ausziehen. Gutgeformte Beine wurden auf Hocker oder Bettkanten gestellt, die Strümpfe gekonnt von Strumpfhaltern gelöst, und schließlich wurde das feine Nichts mit geschickten Handbewegungen vom Oberschenkel nach unten zur Fußspitze abgestreift. Das Kinopublikum sah der Entkleidung gebannt zu. Waren derartige Filmszenen aus Gründen der Zensur nicht möglich, wurde eine versteckte Erotik geschaffen, indem Nylons auf Schlaf- oder Badezimmermöbeln drapiert wurden oder ein paar Dutzend Strümpfe von der Wäscheleine baumelten.

Bein zu zeigen, das war im letzten Jahrhundert eine prickelnde Angelegenheit. Speziell in Revuefilmen gehörte ein massenhaftes Auftreten von glänzenden Frauenbeinen zum Standardprogramm. In Reih und Glied tanzten oder steppten junge Tänzerinnen unermüdlich Treppen hinauf und hinunter. Den begeisterten Zuschauern verschlugen die rhythmischen Verheißungen der Beine die Sprache. Besonders wenn sie so hoch geschwungen wurden, dass man den Damen bis ins »Herz« sehen konnte.

In der deutschen Filmkomödie *Die Beine von Dolores* aus dem Jahr 1957 behauptet der Titelsong kühn: »Das machen nur die Beine von Dolores.« Und was machen die Beine von Dolores? Das Lied gibt Antwort:

»… dass die Seniores nicht schlafen geh'n,
denn die Toreros und die Matadores,
die wollen Dolores heut' tanzen seh'n.«

Also schwingt die schöne Tänzerin Dolores ihre Beine im Takt, so hoch sie kann. Ein ganzes Dutzend Damen macht es ihr gleich. Zum Vergnügen des Betrachters fliegen die Schenkel in alle Richtungen. Stramme Frauenschenkel, die heutzutage keine Chance mehr auf ein Engagement für irgendeinen Kinostreifen hätten.

Das Ideal schöner Frauenbeine hat sich in nur wenigen Jahrzehnten geändert. Waren noch bis weit in die Sechzigerjahre hinein stramme Frauenbeine gefragt, haben sie seit den Siebzigern möglichst schlank und rank zu sein. Gegenwärtig müssen Frauenbeine sogar überlang sein, um als schön zu gelten. Doch zu allen Zeiten bezeichnete man Frauenbeine nur dann als erotisch, wenn sie glatt, unbehaart, wohlproportioniert und weniger muskulös waren als Männerbeine. Also wenn sie auf keinen Fall männlich wirkten.

Das Standardmaß für Beinlängen heutiger Fotomodelle und Models liegt etwa zehn Prozent über dem Normalwert durchschnittlicher Frauenbeine. Als superlang gelten Beine, die fünfzehn Prozent länger sind. Nadja Auermann hat hundertfünfzehn Zentimeter lange Beine bei einer Körpergröße von hundertachtzig Zentimetern. Das ist weit über dem Durchschnitt.

Gemessen wird die Beinlänge bei Models außen am Oberschenkel, da, wo der Oberschenkelknochen fühlbar hervortritt. Bei anthropologischen Erfassungen gilt allerdings das Innenmaß des Beines. Bei Frauen beträgt das Verhältnis von Beininnenlänge zu Körperlänge durchschnittlich 45,7 Prozent, bei Männern 46,3 Prozent. Eine Durchschnittsfrau mit einer Körpergröße von hundertsechzig Zentimetern hat folglich eine Innenbeinlänge von dreiundsiebzig Zentimetern. Die Beine eines gleichgroßen Mannes wären um einen Zentimeter länger.

Da überlange Beine äußerst selten sind, werden Frauenbeine für Werbefotos oder andere Zwecke trickreich verlängert. Professionelle Fotografen wählen Perspektiven, die sie besonders lang aussehen lassen. Eine berühmte Aufnahme, die mit dieser Aufnahmetechnik gemacht wurde, stammt von dem Künstler und Top-Fotografen Helmut Newton. Das Bild gehört zu einer Fotoserie, die 1981 Furore machte. Die Schwarzweißaufnahme zeigt eine stehende nackte Frau von vorne. Ihre Beine sind etwas gespreizt, ihre Füße stecken in sehr hohen Pumps. Ihre gestreckten Arme hält sie verschränkt auf dem Rücken. Die Abgelichtete hat einen traumhaften Körper mit phantastisch langen und schönen Beinen.

Ebenso traumhaft war der Körper von Grace Jones. Die jamaikanische Popsängerin hatte sich 1985 für ihr LP-Cover *Island Life* nahezu nackt ablichten lassen. Einzig eine rote Brustbinde verhüllte das Nötigste. Die Seitenaufnahme verhinderte den Blick auf die Scham. Dafür präsentierte sich ihr glänzend knackiger Hintern in beispielloser Vollendung. Und Grace Jones stand auf gigantischen, überlangen Beinen.

Die Coverabbildung, die damals auch in diversen Magazinen veröffentlicht worden war, zeigte die »schwarze Gazelle« jedoch hochgradig manipuliert. Ihre Gliedmaßen hatte man mit fototechnischen Mitteln Stück für Stück verlängert. Eine enorme Fummelarbeit, die viel Geduld erforderte. Die heutigen Pixelvirtuosen am Computer haben es dagegen wesentlich leichter. Verlängerungen des gesamten Körpers oder einzelner Gliedmaßen sind für sie keine Herausforderung mehr. Beine zu strecken, gehört zu ihren einfachsten Aufgaben.

Frauenbeine, die für ein Produkt werben, müssen schlank, lang und fehlerlos sein. Erst dann verfügen sie über die gewünschte Erotik. Zweitrangig ist dabei, ob die Werbebeine echt sind. Doch auch normale Frauenbeine, die in aller Regel dicker und kürzer sind, verfügen über reichlich erotisches Kapital. Ihre Erotik hängt direkt mit dem Geschlechtsteil zusammen, denn Beine führen unmittelbar in den Körperwinkel, zum Schoß der Frau. Sie weisen den Weg zum Genital. »Es ist fast so, als glichen die Beine in den tieferen Schichten des männlichen Bewusstseins zwei Pfeilen, die auf das ›Land der Verheißung‹ am weiblichen Schritt deuten«, sinniert der Verhaltensforscher Desmond Morris. »In diesem Zusammenhang wurde das Öffnen der Beine stets als eine mit sexueller Bedeutung geladene Geste betrachtet, selbst dann wenn eine Frau dadurch nur eine bequeme Ruheposition einnimmt.«

Der Pfeilcharakter der Beine wird besonders deutlich, wenn der Blick an den Füßen beginnt und dem Ausgangspunkt der Gliedmaßen zustrebt. Strümpfe, besonders Nahtstrümpfe, können diesen Effekt noch unterstützen. Der exakte Strich an der Beinrückseite ist ein zusätzlicher Reiz für das Auge. Er streckt das Bein und lenkt den Blick des Betrachters unmittelbar beinaufwärts »zum gelobten Land«. Ein Umstand, der die Strumpfnaht so aufregend macht.

Die Naht beginnt an der Ferse, läuft weiter zur Fessel, dann über die Wade zur Kniekehle bis hinauf zum Oberschenkel. Den Oberschenkeln wiederum kommt eine sexuelle Schlüsselposition zu. Sie sind »die stolzen Säulen, die

25 Nahtstrümpfe

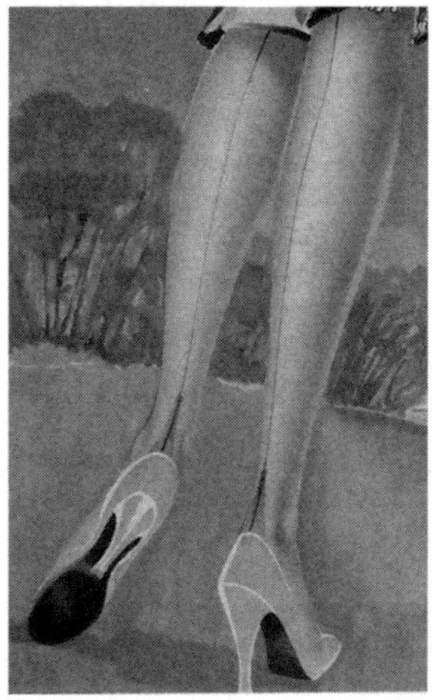

den Tempel der Liebe tragen«, die »Fesseln der Wollust« und »die wonnigen Klammern der Glückseligkeit« (Eduard Fuchs). Zwischen ihnen befindet sich das »zinnoberrote Tor«, wie es im Chinesischen heißt. Es ist ein Tor, das visuell gesehen hochgradig tabuisiert ist.

Frauen wird deshalb bereits von Kindesbeinen an beigebracht, ihr Geschlecht zu verbergen. Breitbeiniges Stehen und Sitzen sind verpönt. Eine Frau, die ihre Beine für einen Mann spreizt, tut dies normalerweise nur beim sexuellen Akt oder um ihn sexuell anzumachen. Beine sind folglich nicht nur körperlich mit dem Geschlechtsteil verknüpft, sondern sie haben ihre eigene sexuelle Sprache. Wie die Beine einer Frau sich bewegen, was sie tun oder nicht tun, wie sie dargeboten werden, verrät einiges von dem, was die Besitzerin der Beine möchte oder nicht möchte.

Berührt ein Mann die Beine einer Frau, besonders die Oberschenkel, ist das ein eindeutiges sexuelles Zeichen. Dieser Berührung muss ein Einverständnis vorausgehen, sonst ist sie ein Tabubruch. Oftmals ist es sogar unzüchtiger, einer Frau die Hand aufs Knie oder aufs Bein zu legen, als ihr einen Kuss zu geben. Ja schon die Kontaktaufnahme mit den Füßen unter dem Tisch kann weit über einen Händedruck oder andere Körperberührungen hinausgehen.

Kommt es beim Sitzen gelegentlich vor, dass der Rocksaum weit übers Knie rutscht, wird eine Frau diesen unwillkürlich herunterziehen. Besonders wenn Männeraugen auf Schenkel oder Knie gerichtet sind. Gleichermaßen verfährt eine Frau, deren Rock hochweht oder deren Rockschlitz mehr zeigt, als sie möchte. Das Aufblitzen der Beine mit dem darauffolgenden schamhaften Verbergen ist jedoch zweifellos für Männer etwas Besonderes. Die meisten Frauen setzen diesen Reiz zwar nicht absichtlich ein, dennoch wird er mit Kalkül in Kauf genommen. Eine Frau, die kürzere oder kurze Röcke trägt und die Röcke mit Beinschlitzen wählt, weiß genau, es kann beständig zu einem Zuviel an Beinentblößung kommen. Es muss sogar zwangsläufig dazu kommen, etwa beim Hinsetzen oder beim Treppensteigen. Und natürlich wissen Frauen, dass ein Zupfen am Rocksaum die Aufmerksamkeit der Männer schürt.

Manche Frauen kokettieren mit diesen Reizen oder lassen den Rock absichtlich bis zum halben Oberschenkel hinaufschlüpfen. Nach einem Buch für *Praktische Psychologie* von 1948 würden diese Frauen eine »Reizklasse« für sich bilden. Vorübergehend sei eben auch »das Abnorme und Groteske einer Schamlosigkeit« für die männliche Phantasie reizvoll, heißt es, »vor allem bei einer Frau, bei der eine solche nicht zu erwarten wäre«.

Verborgene Beine

Vor dem zwanzigsten Jahrhundert wäre eine Zurschaustellung der weiblichen Schenkel oder Knie nicht möglich gewesen. Frauenbeine waren tabu. Es galt als schamlos, wenn das weibliche Geschlecht in der Öffentlichkeit mehr als seinen Schuh zeigte. Lange Kleidung verbarg weitgehend, was eine Frau von Taille abwärts von der Natur geschenkt bekommen hatte.

Bei Männern sah die Sache freilich anders aus. Ihre Beine waren allenthalben zu sehen und keine Sache der Moral. Angefangen von der Antike bis weit in das zweite Jahrtausend hinein schrieb allein die Mode oder der

Stand vor, wie viel Bein Männer zeigten. Eine erotische Ausstrahlung hatten männliche Beine nie. Kräftige Waden waren höchstens ein Zeichen tatkräftiger Männlichkeit. Beispielsweise verbargen im fünfzehnten und sechzehnten Jahrhundert vornehme Frauen ihre Beine unter einem ausladenden langen Rock. Die gemeine Städterin oder Bäuerin trug ebenfalls bodenlang. Hingegen bestand Männerkleidung für den vornehmen Herrn untenherum aus kurzen bauschigen Hosen und enganliegenden Strümpfen. Nahezu der gesamte Oberschenkel war zu sehen. Selbst beim Kampf mit dem Feind zeigte das starke Geschlecht Bein.

Ausnahmen in punkto sichtbare Frauenbeine bildeten im späten Mittelalter lediglich »fahrende Fräuleins«. Mit ihren mehr oder weniger kniefreien Kleidern buhlten sie um Männer und versprachen sexuelle Freuden. Marketenderinnen, Händlerinnen, die die Truppen im Feld versorgten, machten ebenfalls kein Geheimnis aus ihren Beinen. Wahrscheinlich weil sie eine ähnliche Lebensführung hatten wie ihre dirnenhaften Schwestern. Auf nackte Unterschenkel oder bloße Knie konnte bei ihnen trotzdem niemand schielen. Stets gingen die freizügigen Damen bestrumpft.

Schickliche Frauen taten es diesen Frauenzimmern niemals gleich. Lediglich bei bäuerlichen Trachten reichten Kleider- oder Rocksäume nicht unbedingt bis zum Boden. Was nach Meinung der Forschung weniger den weiblichen Reizen geschuldet war, als vielmehr praktische Gründe gehabt haben soll, nämlich bei der Arbeit nicht hinderlich zu sein. Zweckmäßigkeit bestimmte in jenen Tagen auch die Wahl der Bekleidung eines jungen französischen Bauernmädchens, das man Jeanne d'Arc nannte. Sie trug Harnisch oder Wams sowie Helm, dazu Männerstrümpfe. Ihre Waffe war das Schwert. Kurze Haare und Aufmachung ließen eher an einen Mann als an eine Frau denken. Gleichwohl waren die Soldaten, die Jeanne d'Arc zur Schlacht gegen die verhassten Engländer anführte, nicht nur von ihrem Mut und ihren Visionen fasziniert. Ihre jugendliche Weiblichkeit in Heereskleidung muss ebenso beeindruckend gewesen sein.

Im Jahre 1429 konnte König Karl VII. jedenfalls seine Irritation nicht vollständig verbergen, als er die »nackten« Beine der etwa Achtzehnjährigen auf sich zustiefeln sah. Dabei waren Seine Majestät und sein Hofstaat bereits über Jeanne d'Arcs Bekleidung vorgewarnt worden. Schon im Vorfeld gab es »heiße Diskussionen«, weil das junge Fräulein beim Empfang partout auf Kampfkleidung bestanden hatte. Verbrannt wurde die Jungfrau von Orléans allerdings in einem schnöden wadenlangen Leinenhemd.

Wenngleich jahrhundertelang eigentlich keine Frauenbeine zu sehen waren, sah man doch einiges. Abhängig von der Mode zeichneten sich beim Stehen, Gehen oder Sitzen die Beine oft deutlich durch den Stoff ab – je nachdem wie zart die Stoffe waren, ob Unterkleider oder Unterröcke getragen wurden. Transparente feine Kleiderstoffe erlaubten den Herren in jedem Fall eine ziemlich präzise Vorstellung von Schenkeln oder den gesamten Beinen, etwa in der Antike oder Anfang des neunzehnten Jahrhunderts. Waren hingegen festere Stoffe oder mehrere Röcke übereinander en vogue wie beispielsweise im sechzehnten Jahrhundert und im Rokoko, war das starke Geschlecht zumeist auf seine grenzenlose Einbildungskraft angewiesen. Es ahnte ein Knie hier, einen Oberschenkel dort. Raschelnde Stoffe beflügelten die Phantasie, erst recht sichtbare Indizien, wenn zum Beispiel beim Treppensteigen der Kleiderstoff konturenstark angehoben wurde.

Von konkreten Anzeichen der Beine konnte im siebzehnten Jahrhundert freilich keine Rede sein. Frauenbeine lebten im Verborgenen – von Drahtgestellen abgeschirmt unter bodenlangen Reifröcken. An sie wurde man allerhöchstens durch Schuhwerk erinnert, das beim Gehen unter Umständen sichtbar wurde und beim Aufblitzen am Rocksaum zum erotischen Zündstoff werden konnte. Das weibliche Wesen war im großen und ganzen ab Taille abwärts ein Mysterium, eine Frau ohne Unterleib. Wollte ein Herr wenigstens einen Blick auf die Fesseln oder gar auf den unteren Wadenteil erhaschen, musste er sich auf die Lauer begeben. Beim Einsteigen einer Dame in die Kutsche oder beim Aussteigen ergab sich eine solche Gelegenheit. Sie konnte für manchen vornehmen Herrn zum erotischen Höhepunkt, zur Peepshow der Beine werden.

Ansonsten konnten Frauenbeine ohne Scham nur im Schlafzimmer betrachtet werden, oder man musste das Ballett besuchen. Auf der Tanzbühne war seit 1681 »ziemlich viel« Frauenbein zu sehen. Das war zuvor nicht möglich gewesen, da bis dato Frauenrollen von Männern, die Masken trugen, getanzt wurden.

Damit die Tänzerinnen nicht über ihre eigenen Füße stolperten und auch kleinere Sprünge wagen konnten, wurden im späten Barock spezielle Röcke gefertigt. Der Stoff war leichter als der übliche, und der Rocksaum ließ genügend Fußfreiheit. Man nannte dieses spezifische Ballettröckchen Tutu (gesprochen Tütü), ein Name, den es fortan beibehielt. Das Tutu wurde nicht nur zum Inbegriff einer jeden Balletttänzerin, sondern es ermöglichte männlichen Besuchern einer Ballettvorstellung eingehende anatomische Studien an trainierten Frauenbeinen. Ungeniert und ohne moralische Auflagen, mit oder ohne Opernglas konnten Herren weibliche Beine von allen Seiten betrachten.

Immer mehr Waden, Knie und Oberschenkel wurden sichtbar. Von Jahrhundert zu Jahrhundert verkürzte sich das Tutu stetig, denn die Tanzeinlagen der Tänzerinnen verlangten immer mehr Beinfreiheit. Auch wollte man die Beinmuskulatur und -bewegungen genau studieren, um die Tanzkunst sachlich beurteilen zu können. Gegen Ende des neunzehnten Jahrhunderts bedeckte das Tutu gerade noch den Po, und selbst dieser blieb dem Publikum bei kleinen Hüpfern, Sprüngen und Hebefiguren nicht verborgen.

Zu einer weiteren Beinrevolution kam es seit 1820 durch den aufkommenden Spitzentanz. Er verlängerte das Bein beim Tanz auf graziöse und anmutige Weise. Als wenige Jahre später der Ballettschuh mit fester Kappe zum ausdauernden Spitzentanz erfunden wurde, war die Inszenierung des zarten grazilen Frauenbeines perfekt.

Doch zurück zu dem Verschwinden der Beine unter ausladenden Röcken. Mit diesem Verschwinden wurde ihre Erotik keineswegs gänzlich getilgt. Sie hatte sich vielmehr heimlich ans Ende des Beines verlagert, auf den Fuß, noch genauer auf das Schuhwerk, das unter den Rocksäumen hervorschaute. Frauenschuhe durften in Europa freilich nicht überall und zu allen Zeiten aufdringlich, das heißt vollständig für jedermann sichtbar werden.

Im ausgehenden spätmittelalterlichen Spanien erlaubte sich eine angesehene Dame niemals, den gesamten Schuh unter dem Rocksaum hervorschnellen zu lassen. Füße mit und ohne Bekleidung gehörten zur Tabuzone des weiblichen Körpers. Schon das Sprechen über weibliche Füße war am spanischen Hofe verpönt. Als beispielsweise Königin Elisabeth I. von England (1533–1603), Tochter Heinrichs VIII., einmal von ihren Füßen sprach, soll ihr ein spanischer Attaché nahegelegt haben, »eine spanische Königin hat keine Füße«. Dennoch besaß eine spanische Monarchin natürlich feinstes Schuhwerk sowie aus kostbarem Material gefertigte Strümpfe. Außerdem mussten die Schuhe ihre Füße klein erscheinen lassen.

Im siebzehnten Jahrhundert erzählt die Comtesse D'Aulnoy über die feinen Damen Spaniens: »Ihre Röcke sind vorn und an den Seiten so lang, dass sie stark schleppen, hinten aber schleppen sie niemals. Sie tragen sie bis auf die Erde reichend, aber sie wollen darauf treten, damit man ihre Füße nicht sehen könne, die derjenige Teil ihres Körpers sind, den sie am sorgfältigsten verbergen. Ich habe gehört, dass, nachdem eine Dame alle möglichen Gefälligkeiten für einen Herrn gehabt hat, sie ihm den endgültigen Beweis ihrer Zärtlichkeit gäbe, indem sie ihm ihren Fuß zeigt; und dies nennt man hier ›die letzte Liebesgunst‹ (la dernière faveur). Man muss auch gestehen, dass es nichts Niedlicheres in seiner Art gibt; sie haben so kleine Füße, dass ihre Schuhe wie die unserer Puppen sind: Sie tragen Schuhe aus schwarzem Marroquin, das aus farbigem Taffet ausgeschnitten ist, ohne Absatz und eben genau passend, wie ein Handschuh. Wenn sie gehen, scheint es, als ob sie schweben; in hundert Jahren würden wir Französinnen diese Art zu gehen nicht lernen; sie schließen die Ellenbogen an den Körper an und gehen, ohne die Füße zu heben, wie wenn man gleitet.«

In ganz Europa schwärmte man von zierlichen Frauenfüßen. Das Idealmaß weiblicher Füßchen wurde von Jahrhundert zu Jahrhundert immer kleiner. Bis es schließlich im achtzehnten Jahrhundert zu einer Hochblüte des zierlichen Frauenschuhs kam. Der kleine zierliche Frauenfuß wurde zum wichtigen Indiz weiblicher Schönheit. Schuhmacher kamen diesem Ideal nach, indem sie den Schuhen ein möglichst kleines Erscheinungsbild gaben. Hohe geschwungene Absätze verkleinerten etwa die Auflagefläche und ließen den Schuh, mithin den Fuß kürzer aussehen. Selbst in der Kunst unterwarf man sich der neuen Schönheitsvorstellung und ignorierte den goldenen Schnitt. Maler und Zeichner verewigten die Schönen am Hofe mit possierlichen Schühchen. Winzig klein schauten sie unter den Rocksäumen hervor. Puppenschuhe, die keiner erwachsenen Frau je gepasst, auf denen sie niemals hätte stehen oder gehen können.

Weniger Rock, mehr Bein

Als es den vornehmen Damen nicht mehr reichte, nur ihre wippenden Schuhspitzen sprechen zu lassen, ließen sie von ihren Schneidern die Röcke ein wenig kürzen. Prachtvoll gefertigtes Schuhwerk, das mit Brokat, Seide, Stickerei, Perlen und häufig auch mit Edelsteinen verziert war, kam zum Vorschein. Selbst der Absatz war außerordentlich reich verziert oder aus kostbaren Materialien gearbeitet. Manche Absätze hatten an der Rücknaht sogar Juwelen. Man nannte sie dann Venez-y-voir-Schuhe, also: »Kommt näher und schaut!« Wie nebenbei bekam man beim Blick auf die Schuhe einen Eindruck von den fein gearbeiteten Damenstrümpfen, die dazumal bis kurz unter die Knie reichten.

Der Rocksaum war zwar nur Millimeter nach oben gewandert, doch das reichte aus, dass der Blick auf den Fuß freigegeben wurde. Um noch mehr zeigen zu können, eignete sich das weibliche Geschlecht eine spezielle Art des Gehens an, die einiges Geschick erforderte. Die Unterschenkel wurden wie beim Stechschritt etwas vorgeworfen. Bei diesem Ausschreiten kamen die Schuhe vollständig zur Geltung, zugleich blitzten Fußknöchel, Fesseln und die Spitzen des Unterrockes auf.

1860 kam es zu einer abermaligen Verkürzung des Rocksaumes. Zum ersten Mal in der Geschichte der Neuzeit zeigten Frauen ein wenig Wade, freilich keine nackte. Vielmehr wurden gold- und silberbestickte Seidenstrümpfe sichtbar. Der Wadenzauber währte nur zehn Jahre. Dann kehrte man zur ursprünglichen Rocklänge zurück.

Auffällig war in all den Jahrhunderten der streng verhüllten Beine, dass europäische Frauen gleichzeitig den Busen halb entblößten. Ein Widerspruch, den besonders Ausländer bemerkten. Als etwa der junge ägyptische Scheich Rifã 'a al-Tahtãw Paris im Jahre 1826 besuchte, wurde ihm ganz schwindelig von den vielen nackten Armen und tiefen Dekolletés der Pariser Damenwelt. Nicht ohne Spott teilt er seinen Landsleuten mit: »Allerdings dürfen sie niemals etwas von den Beinen enthüllen, vielmehr tragen sie stets Strümpfe, welche die Beine bedecken, vor allem in der Öffentlichkeit. Freilich, um die Wahrheit zu sagen, mit ihren Beinen ist es nicht weit her.«

Ende desselben Jahrhunderts entdeckten besonders die bürgerlichen

Damen etwas, was das langsame, aber stetige Entblößen des weiblichen Körpers weiter befördern sollte: Es gefiel ihnen, schwimmen zu gehen. Die neu entstandene Badekultur am Meer und an den Seen machte »gewagte« Kleidung erforderlich, pludrige Badeanzüge, die bis über die Knie reichten. Noch genierte sich das weibliche Geschlecht. Ihre nackten Füße und halbnackten Beine sollten von Männern auf keinen Fall gesehen werden. Die Damen fuhren folglich in sogenannten Badewagen oder Badekarren ein Stück ins Meer hinaus, wo sie unbehelligt ins feuchte Nass steigen konnten.

26 Bademode, 1882–1899–1929

In Freibädern gelangten die Schwimmnixen von den Umkleidekabinen über Treppen direkt ins Wasser. Teilweise waren die Einstiege verhängt, so dass die badefreudigen Damen nicht eher gesehen wurden, bis sie eine gewisse Wassertiefe erreicht hatten. Ein Blick auf Frauenbeine war für Mannsbilder kaum möglich. Für Männer hatten diese Szenen dennoch etwas Prickelndes. Allein die Vorstellung, mehr sehen zu können, als im Alltag üblich war, beflügelte. Damen verschwanden mit rüschigen langen Sommerkleidern und bauschigen Hüten in den Umkleidekabinen und tauchten mit Schwimmkleidung und Badehaube wieder auf. Kleidung, die an Intimeres denken ließ, an Unterwäsche oder gar Nachtwäsche, wenn auch bunte. Nach dem Schwimmen klebte die nasse Badekleidung an den Körpern. Eindeutige Konturen wurden sichtbar. Kurzum, in jenen Tagen konnte ein Badeausflug an die See oder ins Freibad manchem Mann erotische Tagträume bescheren.

Diese Form der Erotik und Körperscham gehörte schon bald der Vergangenheit an. Das weibliche Geschlecht erfand sich quasi neu, es eroberte den Sport und kürzte die Röcke abermals. Nach dem Ersten Weltkrieg rückte der Rocksaum nach oben, zunächst bis zur Wade. In den »goldenen Zwanzigern« endete erstmals ein Kleid am Knie. Beim Charleston zappelten Damen vergnüglich mit ihren Beinen und zeigten dabei ihre beweglichen Unterschenkel und manchmal ein wenig mehr.

Es war eine Revolution in der Beinerotik. Noch nie zuvor war ein Frauenbein so weit hinauf sichtbar gewesen. Der Strumpf, bisher Bestandteil der Unterkleidung, erlangte eine immense Bedeutung. Zumal das Bein nahezu nackt gezeigt wurde. Das machten zarte transparente Seidenstrümpfe möglich, die nichts mehr verbargen und das Bein nur andeutungsweise verhüllten. Von den seidigen Beinen ging ein bislang ungeahnter erotischer Reiz aus, ein Sexappeal, der seitdem ausgiebig kultiviert wird und auf den Frauen nicht mehr verzichten wollen.

Die neue Beinmode wurde nicht ohne Widerstand und moralische Einwände hingenommen. Entsetzt reagierte etwa der Bischof von Neapel auf die entblößten Frauenbeine. 1925 machte er die kniekurzen Damenröcke sogar für ein Erdbeben verantwortlich. Solcherlei Einwände focht die Frauen nicht an. Auf den Bühnen der Revuetheater Europas gab es kein Halten mehr. Beine waren das mindeste, was vorgezeigt wurde. Der übrige Körper folgte rasch. Josephine Baker war eine jener Vorreiterinnen, die weitaus mehr zeigte als verbarg. In den Zwanzigern eroberte die exotische Schönheit aus Missouri Europa im Sturm. Die »schwarze Venus« tanzte in Paris in nichts als einem Federröckchen, ein andermal war es ein Röckchen aus sechzehn Bananen. Von den Männern wurde die »schwarze Perle« beziehungsweise »kreolische Göttin« umringt, beschenkt und bedrängt. Ganz offensichtlich sprachen ihre freizügigen und hautbetonten Tanzdarbietungen »das Tier im Manne« an.

Hildegard Quandt, die erste richtige Miss Germany (1927), präsentierte sich bei ihrer Wahl ebenfalls recht körperbewusst. Sie trug einen »flotten«, für damalige Verhältnisse knappen Badeanzug. Einen Einteiler mit geradem

27 Margarete Grow, Miss Germany 1928

28 Josephine Baker

Bein- und Dekolletéschnitt. Die Juroren waren von Fräulein Quandts Figur und ihren Beinen begeistert. Zu ihnen zählten Boxweltmeister Max Schmeling, der Startenor Richard Tauber, der Schriftsteller Heinrich Mann und die Filmdiva Marlene Dietrich. Ein Jahr später wurde die Revuetänzerin Margarete Grow zur schönsten Frau der Nation gekürt. Die neue Miss Germany genierte sich nicht, mehr als ihre Vorgängerin zu zeigen. Sie entblößte ihre Brüste für exklusive Fotoaufnahmen.

In jenen Jahren und bis weit in die Sechziger hinein hätte »die Frau von nebenan« oder irgendeine »Frau von der Straße« freilich nicht ungeniert ihre vollständigen Beine gezeigt. Knieumspielende Kleidung war das Äußerste. Höchstens an der See war man freizügiger. Eine gewisse Zurückhaltung in Sachen Bein kann selbst den weiteren Miss-Germany-Wahlen bestätigt werden. 1955 präsentierten sich die Damen etwa noch in »züchtigen Shorts«, hohen Pumps und schulterfreien engen Pullovern, die allerdings die spitzen Brüste nicht verbargen. Und auch als Hans-Joachim Kulenkampff sich 1967 der Schönen annahm und die Wahlen moderierte, bekam er nicht viel mehr zu sehen. Die Damenbeine steckten noch immer in Shorts oder einteiligen

Badeanzügen mit gerade angeschnittenen Beinausschnitten. Zehn Jahre später war es damit vorbei. Der Blick auf Beine und Busen wurde immer freizügiger. Die schönsten deutschen Mädels flanierten mit den knappsten Bikinis über den Laufsteg. Kleine Stoffdreiecke auf Brüsten und Scham sowie eine doppelte Portion Stoffmenge auf den Pobacken verhüllten das Nötigste.

29 Im Bikini zur Miss-Germany-Wahl 1977

Zwiespältige Frauenschenkel

Zu einem endgültigen Quantensprung in Sachen Frauenbeine kam es durch die Modeschöpferin Mary Quant. Es waren die Sechzigerjahre. Die Britin hatte ohne großes Federlesen zur Schere gegriffen, die Röcke radikal gekürzt und das Knie vollständig freigelegt. Mehr noch, der Saum befand sich handbreit darüber. Der Minirock war erfunden. Die Welt schrie auf. Sogar der Vatikan schaltete sich ein und verdammte das gerade erfundene »unzüchtige« Kleidungsstück. Mary Quant ließ sich nicht beirren und schnippelte weiter. Der Rocksaum endete schließlich wenige Zentimeter unterhalb der Gesäßbacken.

Wagemutige trugen »echte« oder »richtige« Minis. Sie maßen von der Bündchenoberkante bis zum Saumende gerade einmal vierunddreißig Zentimeter. An ein Vorbeugen des Oberkörpers beim Stehen oder Bücken war mit einem echten Mini nicht zu denken, dabei wäre sogleich der Slip zum Vorschein gekommen. Miniträgerinnen gingen also aufrecht durchs Leben.

Blicke unter den Mini waren verpönt, aber nicht wirklich auszuschließen. Denn weder Minirockträgerinnen noch Männer konnten sie gänzlich verhindern. Spätestens wenn die Trägerin des Röckchens irgendwo hinaufspazierte, wurde es heikel. Beim Einsteigen in Busse, Bahnen und Autos konnte so mancher den Minidamen problemlos in den Schritt sehen. Einige Frauen trugen deshalb von vornherein ein farblich auf den Rock abgestimmtes Höschen. Ganz Kecke zogen sogar einen schwarzen Sloggi-long-long an, ein Miederhöschen, dessen spitzenbesetzte Beinausschnitte ein wenig unter dem Rock hervorlugten.

Wer tiefe Einblicke unter den Rock vermeiden wollte, griff 1971 zu Hotpants, einer Alternative zum Mini, die ebenfalls Mary Quants Erfindungsgabe zugeschrieben wird. Es waren kurze Hosen, die nicht nur die Beine, sondern auch das Gesäß inszenierten. Zu den superkurzen Bekleidungsstücken trug man sehr hohe Plateauschuhe oder Plateaustiefel. Die dicken Sohlen waren bereits in den Dreißigern und den Vierzigern en vogue gewesen, doch

30 Hotpants, die Alternative zum Mini

niemals zuvor hatten Frauen im täglichen Leben so viel und so lange Beine gezeigt.
Anfänglich trugen nur sehr modebewusste und vor allem junge Frauen Minis und Hotpants. Aber bald rutschten auch bei älteren, biederen und konservativen Frauen die Rocksäume mehr als eine Handbreit über das Knie. Miniröcke waren schließlich auch bei kleinen und dicken Frauen angesagt. »Stampfer«, »Sektbuddelbeine«, kräftige Waden und dicke Oberschenkel gehörten zum normalen Straßenbild. Eine Debatte über die Ästhetik dieser Mode setzte ein, in deren Folge das Motto der Londoner Trendsetterin Quant »Mehr Freiheit und weniger Regeln für die Mode!« bröckelte. Minis und kurze Röcke sollten nunmehr nur bei geeigneten Frauenbeinen »erlaubt« sein.

Gleichgültig ob schöne oder weniger schöne Beine den kürzesten aller Röcke spazieren trugen, der Blick war auf Beine und Po gelenkt, was Männerherzen höherschlagen ließ. Manchem Mann gingen bei so viel Freizügigkeit die Augen über, speziell jenen Männern, die so viel Haut nicht gewohnt waren. Beispielsweise Türken anatolischer Herkunft, die verstärkt Anfang der Siebziger als Arbeitskräfte für Westdeutschland angeheuert wurden. Von ihnen wurde die eine oder andere minitragende Frau als Prostituierte angesehen. Es kam auch vor, dass »Mini-Beine« verfolgt wurden.

Quasi über Nacht war das Tragen kurzer Röcke in westlichen Ländern modern geworden. Doch was in den europäischen Metropolen wie London, Paris und Westberlin keinen Anstoß erregte, konnte in manchen katholischen Dörfern durchaus eine schamlose Verfehlung sein. Man pochte auf eine strenge traditionelle Lebensweise, mithin auf herkömmliche Bekleidung. Gleiches galt für viele Landstriche außerhalb Europas, weshalb moderne Europäerinnen nur allzu häufig gegen die Sitten ferner Länder verstießen. Sie ließen dort zu viel Haut sehen, etwa in Addis Abeba.

In der Hauptstadt Äthiopiens herrschte noch bis weit in die Achtzigerjahre hinein eine moderat bodenlange Rocklänge vor. Ausländerinnen, die Ansätze von Bein zeigten, galten als frivol und wurden schief angesehen. Wobei die Einstellungen bezüglich der Beine in dem ostafrikanischen Staat in den Siebzigern durchaus variierten. In traditionellen Teilen des Landes wie im äußersten Südwesten waren nackte Frauenbeine kein Tabu. Hier liefen die Menschen nahezu nackt herum. Nur im »zivilisierten« Äthiopien waren Frauenbeine gänzlich tabuisiert.

Auch die Gurung, Newar, Thakali und Magar in Tibet und Nepal waren empört, wenn junge Touristinnen viel Haut zeigten und in kurzen Shorts durch die Straßen spazierten. Nackte Schultern und den oberen Teil der Brüste zu zeigen war dort nicht üblich. Beine wurden gänzlich verhüllt. Magarfrauen lernten dies von frühester Jugend an. Ihre Schenkel zu sehen ist noch heute praktisch unmöglich. Ebenso würden Thakalifrauen ihre Beine nicht freiwillig in der Öffentlichkeit entblößen. Für die Frauen der Newar gilt das ebenso. Bei ihnen gehören Waden und Oberschenkel zu den streng tabuisierten Körperzonen.

Westliche Frauen entwickelten im letzten Jahrhundert ein gänzlich anderes Verhältnis zu ihren Beinen. Unbekümmert entkleideten sie ihre Unter- und Oberschenkel, und unbekümmert stolzierten besonders ganz junge Frauen und Mädchen mit kurzen Röcken und Hosen herum. Heutzutage sind Minis und Hotpants aus dem allgemeinen Straßenbild verschwunden, doch gänzlich out sind sie nicht. Weder winterliche Kälte noch moralische Appelle konnten die »rattenscharfen Teile« auf den Dachboden der Kleidergeschichte verstauen.

Für Männer wurde Mary Quant »zu einer der wichtigsten Frauen des letzten Jahrhunderts«, wie ein Radiosprecher zu ihrem siebzigsten Geburtstag erklärte. Unbestreitbar, denn die Britin legte die fraulichen Schenkel für den männlichen Blick frei. Wie es scheint sogar unwiderruflich. Dass eines Tages noch mehr Bein zu sehen sein würde, konnte sie nicht ahnen. Doch nicht nur Damenunterhosen und Bikiniunterteile wurden zu Kleinsthöschen, die Fünfjährige bequem in ihren Händchen verstecken können. Auch die Hotpants der Siebzigerjahre verkleinerten sich. In den Neunzigern bekamen sie einen schrägen Beinschnitt, der nicht nur mehr Bein freigibt, sondern auch Sichtfreiheit auf den unteren Teil der Gesäßbacken erlaubt. In »ausgeflippten« Urlaubsorten – etwa auf Ibiza, beim »Ballermann« oder an der Promenade Magaluf auf Mallorca – kann man diese heißen Hosenverschnitte sehen, die heutzutage freilich hüftbetont sind.

Wo immer möglich, ist das Bein maximal zu sehen. Das führt zu einem grundsätzlichen Problem. Einerseits wollen Frauen ihre Reize bis zum äußersten ausspielen, andererseits haben die wenigsten eine Topfigur. Jedenfalls keine, wie sie in der Werbung Trumpf ist. Von Cellulite (Orangenhaut) keine Spur. Cellulite aber ist bei Frauen an den Schenkeln und am unteren Teil des Gesäßes die Regel. Selbst dünnere Frauen und auch Models neigen zu den kleinen Dellen auf den Oberschenkeln. Sie sind Zeichen für die Fähigkeit des Fettgewebes, Wasser zu stauen. Das ist besonders während der Schwangerschaft wichtig. In jüngeren Jahren fällt Orangenhaut jedoch weniger auf, ebenso bei gebräunter oder dunkler Haut.

Fakt ist: Nur sehr, sehr wenige Frauen haben keine Cellulite, weil Frauenschenkel von Natur aus Fett anlagern *müssen*. Ohne Fett geht es bei Frauen in dieser Körperregion nicht. Wären Po und Oberschenkel bei einer normalgewichtigen Frau fettlos, müsste der Körper an anderer Stelle mehr Fett speichern. Andernfalls hätte sie arge Probleme mit ihrem Östrogenhaushalt oder mit ihrer Fertilität.

Dass Cellulite das Normalste von der Welt ist und für die allermeisten Männer kleine Dellen an Frauenschenkeln nicht *das* Problem sind, tröstet die Mehrheit der Frauen wenig. Sie probt lieber den sinnlosen Aufstand gegen die weibliche Anatomie und Anlage. Mit Hilfe von Diäten und diversen Anticelluliteprodukten hat sie der delligen Realität den Krieg erklärt, wohlwissend, dass es im Alter naturgemäß noch schlimmer wird.

31 Schlanke Oberschenkel ohne Fettabsaugung, Werbung für Hüftgürtel 1956

Spezielle Cremes, Öle, Aromen und Massagebürsten versprechen bei regelmäßiger Anwendung »nach nur wenigen Wochen sichtbaren Erfolg«. In Wirklichkeit bleibt die wunderbare Glättung aus, die Frustration wächst. Besonders junge Frauen wagen deshalb immer öfter eine Fettabsaugung der Schenkel. Sie gehört bei Schönheitskliniken längst zum Standardangebot und zum dritthäufigsten Eingriff.

Eine schlanke sechsundzwanzigjährige Germanistikstudentin mit durchtrainiertem Körper antwortet auf meine Frage, was sie von Schönheitsoperationen hält: »Wenn ich Geld hätte, würde ich das sofort machen lassen. Meine Schenkel sind einfach zu fett, da müsste doch eigentlich ein Zwischenraum zwischen den Beinen sein, oder?« Energisch zerrt und drückt die angehende Pädagogin von hinten an ihren Oberschenkeln, um zu demonstrieren, wie es auszusehen hat. Sie wünscht einen Drei-Zentimeter-Spalt zwischen dem oberen Teil ihrer Oberschenkel, da wo normalerweise weibliche Schenkel immer Kontakt haben.

Um ihre angeblich hässlichen Beine würde sie so manche andere Frau beneiden, etwa eine achtunddreißigjährige Anästhesieärztin. Sie ist von kleiner, schlanker, wohlproportionierter Statur. »Die Waden sind einfach zu dick, und die Knie sind zu knubbelig, die Oberschenkel, na ja, könnte alles besser aussehen. Deshalb trage ich nur Hosen«, knirscht sie und schaut kritisch an sich hinunter.

Wenn es nicht die Form ist, dann sind es Krampfadern oder Besenreiser, die Frauen zur Verzweiflung treiben. Eine zweiundfünfzigjährige Lehrerin gesteht: »Meine Beine lasse ich gerade das zweite Mal lasern. Vor zwei Jahren habe ich es das erste Mal machen lassen. Ich mochte meine Beine wegen der Besenreiser nicht mehr herzeigen, am Strand und wenn ich Röcke trug. Jetzt sind ein paar wiedergekommen, und ich dachte mir, lieber gleich wegmachen lassen, bevor sie größer werden. Ja, ich fühle mich viel wohler, die Beine sehen jetzt viel schöner aus.«

Selbstgemachte Probleme sollte man meinen, denn Frauenbeine könnten ein durchaus gemütliches Leben unter weiten Röcken führen. Und was die Anästhesieärztin betrifft, so wäre sie anderswo auf der Welt und zu einer anderen Zeit vielleicht sogar stolz auf ihre Beine gewesen. Der Naturforscher Alexander von Humboldt (1769–1859) berichtete zum Beispiel, dass in Südamerika die Waden der Frauen auffällig dick geformt gewesen seien. Womit sie den Schönheitsidealen des Landes entsprachen. Besorgte Mütter begünstigten deshalb das richtige Wachstum bereits im Kindesalter mit »künstlichen Mitteln«.

In Kenia oder Äthiopien wäre diese Manipulation vergebliche Liebesmüh gewesen. Dort gibt es einige Stämme, denen von Natur aus wenig Wade geschenkt wurde. Was beispielsweise die Massai keineswegs davon abhält, ihre Beine an den Fußgelenken und den mageren Waden mit diversem Schmuck zu verzieren. Bei den Kaiapó-Indianern gelten wiederum Frauenbeine nur als schön, wenn sie bis etwa zur Hälfte der Wade tätowiert sind. Zusätzlich wird unterhalb des Knies noch ein dünnes farbiges Band mehrmals fest ums Bein gebunden. Wer mag, drapiert daran ein paar Troddeln oder Fransen. Die in Zentralbrasilien lebenden Indianer schwärmen generell für Tätowierungen. Sie tätowieren neben den Beinen auch ihre Wangen und nahezu ihren gesamten Rumpf.

Schnürungen der Wade, Ringe an den Fesseln oder anderes Schmuckwerk an den Beinen finden wir vielerorts auf der Welt. Häufig werden nur die Füße geschmückt, vor allem wenn lange Kleidung getragen wird. Indische Frauen legen Zehenringe an und ein Glöckchenband aus Silber um das Fußgelenk, zudem bemalen sie ihre Füße mit Henna. Bei manchen Frauen ist Fußschmuck ein unbedingtes Muss. In der westlichen Welt werden bevorzugt Zehennägel lackiert. Weltweit sind jedoch Schuhe das bevorzugte Mittel, um den Fuß und damit das Bein zu betonen, zu verschönern und ihm eine erotische Zusatznote zu geben.

Mit hohen Pumps auf den Gipfel der Beinerotik

Der Fuß, das Bein, die ganze Frau ist ein erotischer Aufschrei. Vollkommen nackt steht sie auf roten hohen Stöckelschuhen. Auf anderen Seiten des Männermagazins tragen ihre Mitstreiterinnen fragile Sandaletten, Riemchenschuhe oder schwarze Lackpumps. Allesamt haben die Schuhe überhohe Pfennigabsätze. Mit diesen Schuhen kann man nicht wegrennen. Sie signalisieren: Ich will nicht weglaufen, stütze mich, wenn ich falle, trag mich auf

Händen! Es sind Signale, die den Beschützerinstinkt von Männern wecken und ihnen eine leichte Beute versprechen.

Pfennigabsätze zwingen zu kleinen trippelnden Schritten. Das Tragen solcher Schuhe gibt Frauen stets ein zerbrechliches Fluidum, macht sie edel und feminin. Solcherart Erscheinung weckt beim männlichen Geschlecht Begehrlichkeit, die eine Frau in breiten flachen Schuhen niemals auslösen könnte. Sie strahlt vielmehr Eigenständigkeit aus, weil sie im wahrsten Sinne des Wortes standhaft erscheint. Festes Schuhwerk mit Blockabsatz weckt bei Männern keine erotischen Träume, danach aber scheint sich das männliche Geschlecht zu sehnen.

Tatsächlich werden Frauenschuhe fast ausschließlich von Männern entworfen und produziert. Man könnte also meinen, sie allein wären es, die Frauen gern auf fragilen Stelzen herumstolzieren sehen wollen. Das ist jedoch nur die halbe Wahrheit. Der andere Teil der Wahrheit ist: Das weibliche Geschlecht hat schon sehr früh entdeckt, dass Männer auf spezielle Fußreize »fliegen« und Schuhe ein hervorragendes Hilfsmittel zur Steigerung der erotischen Ausstrahlung sowie der körperlichen Täuschung sind.

32 Werbung für einen Stöckelschuh in den Fünfzigerjahren

Schuhe mit hohen Absätzen verlängern das Bein. Sie lassen es jünger und agiler erscheinen. Die Trägerin muss eine gewisse Robustheit aufweisen. Schwangere, alte, schwere und gebrechliche Frauen laufen nicht auf

Pfennigabsätzen oder hohen Absätzen. Von daher sind Frauenbeine, die auf hohen Schuhen stolzieren, ein wirkungsvoller sexueller Stimulus.
Ein weiterer Effekt von Stöckelschuhen ist die Beeinflussung der Körperhaltung. Durch sie verlagert sich die Auftrittfläche des Fußes auf die Spitze, wodurch es zu einem besonderen Stand kommt. Die Fersen sind erhöht, die Knie müssen durchgedrückt werden, das Becken wird gekippt und der Po mehr herausgestreckt. Im Kreuz wird die geschwungene Kurve intensiver. Es entsteht ein kleines Hohlkreuz. Gleichzeitig drängen sich die Brüste vor und stehen höher. Die gesamte Haltung wirkt jugendlicher, wobei insbesondere der höher stehende Busen Jugendlichkeit anzeigt.

Für Männer ist der Abknickungsgrad des Kreuzbeines, der sogenannte *pelvic tilt* (Beckenneigung) entscheidend. Sie »stehen« auf ein wenig Hohlkreuz und schätzen, wie der Biologe Karl Grammer feststellt, ein wenig mehr an Abknickung »als eher attraktiv« ein. Bei einer größeren Beckenneigung wirkt der Po sogleich runder und anziehender.

Die Beckenverlagerung durch Stöckelschuhe beeinflusst den Gang entscheidend. Die Schrittlänge wird kürzer, Bewegungen des Beckens schwingender. Alles in allem wird ein solcher Gang von Männern als anmutig und erotisch empfunden. Darüber hinaus lassen Stöckelschuhe Füße kleiner erscheinen, zwingen zu kürzeren Schrittlängen und wirken sich auf die Linie der Schenkel aus. Diese machen einen strafferen und plastischeren Eindruck.

33 Venezianische Kurtisane auf Zoccoli, Kupferstich von 1593

Das Muskelspiel des gesamten Beines zeichnet sich klar ab, besonders beim Gehen. Wie überhaupt alle Reize, die durch hochhackige Schuhe betont werden, sich im Gehen noch verstärken.

Schließlich erscheint eine Frau durch hohes Schuhwerk größer. Ihre Aussichten, mehr aufzufallen, wachsen. Bereits vor Jahrhunderten bedienten sich Frauen dieses Tricks. Vorreiterinnen waren nicht selten Professionelle, also Damen des leichten Gewerbes. Bei venezianischen Kurtisanen gehörten sogenannte Zoccoli zur »Berufsbekleidung«. Stelzenartige Schuhe mit Plateausohle, die späterhin einen französischen Namen erhielten: Chopinen. Sie ließen die leichten Damen um einen Kopf größer werden, wodurch sie mit leichter Hand von den Freiern erkannt wurden. Die anständigen Venezianerinnen des fünfzehnten Jahrhunderts waren schon bald von den Stelzenschuhen begeistert und besonders ihre Geschlechtsgenossinnen des frühen sechzehnten und Anfang des siebzehnten Jahrhunderts. William Shakespeare verewigte die Chopinen in seinem *Hamlet*, so dass sie bisweilen noch auf der Bühne getragen werden.

Immer dort, wo Männer professionell zum Beischlaf animiert werden, wird eine Frau hohe, fragile Absätze tragen. Wenn möglich, trägt sie grotesk

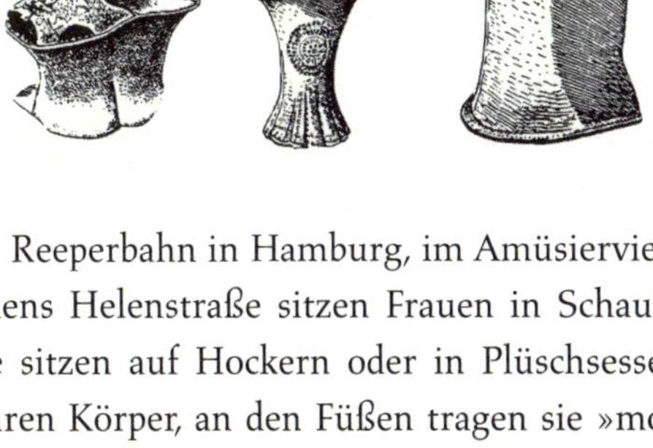

34 Venezianische Zoccoli

hohe. Auf der Reeperbahn in Hamburg, im Amüsierviertel von Amsterdam oder in Bremens Helenstraße sitzen Frauen in Schaufenstern und locken Freier an. Sie sitzen auf Hockern oder in Plüschsesseln, knappe Dessous schmücken ihren Körper, an den Füßen tragen sie »mordshohe Teile«. Mit ihnen kann man nicht lange stehen und nur ein paar Meter weit vorsichtig »eiern«.

Derartige Schuhe schaffen eine lüstern-geile Atmosphäre. Sie vermitteln den Eindruck, die Trägerin will nur das eine: Sex. Von ihr kann man alles erwarten und verlangen. Eine Frau, die solche Schuhe anzieht, trägt sie ausschließlich, um »willenlos« zu sein. Diese Schuhsprache wird nicht nur von Freiern eindeutig verstanden, mit ihr arbeiten seit einigen Jahrzehnten auch bestimmte Künstler, etwa der Fotograf Eric Kroll sowie der Pop-Art-Maler und -Graphiker Allen Jones. Ihre Bilder zeigen spärlich bekleidete Frauen. Durchsichtige Stoffe, Spitzen, Leder oder Gummi sind die bevorzugten

35 Der erste Schritt, Allen Jones 1966

Bekleidungsmaterialien. Extravagantes Schuhwerk sorgt für den obszönen Kick. In vielen Fällen vermitteln erst zwanzig Zentimeter hohe Schuhe mit Bleistiftabsätzen oder Plateausohlen die gewünschte hocherotische – bisweilen sadomasochistische – Atmosphäre. Für Künstler wie Eric Kroll und Allen Jones scheint es völlig ausgeschlossen, dem Betrachter ihre Lustgeschöpfe barfuß »anzubieten«.

Pornomagazine strotzen ebenfalls von Frauen, deren Füße in sehr hohen Stöckelschuhen stecken. Die ansonsten splitterfasernackten Damen geben sich mit ihnen wollüstig diversen Sexualpraktiken hin – gleichgültig ob sie dabei mit sich allein beschäftigt sind oder ob ihnen ein schuhloser Partner zur Seite steht.

Der Reiz bestünde darin, dass sie nicht ganz ausgezogen seien, erklärt mir ein Zweiundfünfzigjähriger, der regelmäßig Pornohefte und hin und wieder Männermagazine »liest«. Er fügt hinzu, »hohe Hackenschuhe, rote zum Beispiel oder diese hohen Dinger mit Riemchen, geben dem Ganzen eine geile Ausstrahlung. Irgendwie wirken solche Schuhe verrucht. Sie regen die Phantasie an.«

Was dieser Mann schnörkellos auf den Punkt bringt, war auch schon Malern der beginnenden Moderne bewusst. So verlieh etwa Edouard Manet seiner *Olympia* einen außerordentlichen erotischen und anzüglichen Reiz, indem er sie vollkommen nackt malte, ihre Füße jedoch in zierliche Schühchen steckte. Das Gemälde entstand 1863. Die verheißungsvolle Nackte liegt auf dem Bett. Ihr Haar schmückt eine üppige Blüte, den Hals ein Anhänger, der an einem zur Schleife gebundenen feinen Band hängt. Am Arm befindet sich ein Reif, der die Blöße der Brust unterstreicht. Olympia schaut den neugierigen Betrachter unverwandt an. Doch dessen Augen sind gezwungen, hinab zur Hand zu gleiten, die wie zufällig auf der Scham liegt. Hier verharren sie kurz. Schon wird der Blick weiter abwärts gezogen. Wie ein Versprechen scheinen die übereinandergeschlagenen Beine den Weg zum Fuß zu weisen. *Endlich* ist man angelangt. Das Objekt der Begierde steckt spielerisch in einer reizenden Pantolette. Was an diesem Gemälde provoziert ist eben nicht die Nacktheit der schönen Olympia, sondern der halb bedeckte Fuß. Er ist es, der den Betrachter auf magische und eindeutige Weise anlockt.

Normalsterbliche Frauen wissen ihre Füße gleichfalls in Szene zu setzen. Für eine westliche Frau gilt allemal: Trägt sie sexy Schuhe, weiß sie, was sie tut. Sie lockt zwar *nur* mit dem Fuß, der spricht jedoch für ihren gesamten Körper. Das Signal für den Mann ist eindeutig. So berichtete etwa das *Wall Street Journal* in der Ausgabe vom 15. Oktober 1984, dass Frauen, die Schuhe mit Zehenausschnitt tragen, eher als Sexualpartnerin denn als potentielle Vorstandsvorsitzende gesehen werden.

Unzählige Frauen haben einen Schuhtick. Dutzende Schuhe stapeln sich in Schränken, ob sie bequem oder unbequem sind. Selbst zu enge Schuhe, schmerzende Riemchen und drückende Schuhspitzen werden von vielen Frauen schon beim Kauf in Kauf genommen. Manches Paar wird allein für einen bestimmten Abend erstanden, fürs Theater, für eine Party oder zu einem speziellen Kleid.

Eine siebenundzwanzigjährige Sozialhilfeempfängerin, die laut eigener Aussage »jeden Euro dreimal umdrehen muss«: »Größtenteils sind sie nicht bequem, aber sie sehen toll aus!« Jeden Monat macht sich die junge Frau auf die Suche nach einem neuen Paar, die dann wie bereits ihre anderen Schuhe unter dem Bett gestapelt werden. In der kleinen Wohnung mangelt es an Platz. Die Diktatorengattin Imelda Marcos hatte es bequemer. Sie reihte ihre 1500 Paar Schuhe fein säuberlich in einem begehbaren Schuhschrank auf. Das war, bevor man sie im Jahre 1986 aus dem Präsidentenpalast in Manila vertrieb.

»Schuhe finde ich hinreißend«, erklärt eine fünfunddreißigjährige Bibliothekarin. »Als ich meine Freundin in Hongkong besuchte, war klar, dass wir gleich in einen Schuhladen gehen. New York, Paris, in welcher Stadt ich bin, ich kaufe mir immer neue Schuhe. Dabei muss ich sagen, dass ich kein besonderes Verhältnis zu meinen Füßen habe. Ich finde sogar, dass sie nicht schön aussehen. Also nicht nur meine, alle Füße, egal ob von Frauen oder von Männern. Nur müssen sie in schönem Schuhwerk stecken.«

Frauen wollen schön in Schuhen aussehen. Sie wissen, hochhackige Pumps, Stöckelschuhe und Stiefel mit eleganten Pfennigabsätzen verleihen ihnen eine gewisse Erotik und sind Eyecatcher. Wenn eine Frau sich entscheidet, welche Schuhe sie tragen will, weiß sie genau, was in den nächsten Stunden auf sie zukommt. Im Moment des Anziehens setzt ein entsprechendes Körpergefühl ein. Frauen fühlen sich auf hohen Absätzen weiblicher, ja sinnlicher. Genau das kommt beim Empfänger an, weshalb etwa der Marquis de Sade (1740–1814) Stöckelschuh und Erotik in einem Atemzug nennt. Sein Landsmann und Zeitgenosse, der Franzose Nicolas Edmonde Rétif de la Bretonne (1734–1806), dachte ähnlich. Seiner Überzeugung nach machen hohe Absätze einen Teil des wahren Charmes einer Frau aus. Der Literat hatte die Sinnlichkeit der Füße in seinen Roman *Le Pied de Fanchette* inbrünstig beschrieben. Und nicht zuletzt riet der Dramatiker George Bernard Shaw (1856–1950) den Frauen unumwunden: »Wenn ihr gegen hochhackige Schuhe rebelliert, so tut es nur mit einem sehr schicken Hut auf dem Kopf.«

Eine Femme fatale oder ein Sexidol, wer immer bei Männern erotische Wünsche wecken will, verzichtet niemals auf den Effekt von Stöckelschuhen. Kann man sich Mae West oder Marlene Dietrich in vernünftigem, flachem Schuhwerk vorstellen? Sharon Stone, Kim Basinger, Nicole Kidman, sie alle tragen Stöckelschuhe, wenn sie in ihren Filmen hocherotisch wirken wollen. Greta Garbo trug flache Schuhe, ebenso Audrey Hepburn. Sie hatten Sexappeal, keine Frage, aber ihre Sinnlichkeit machte längst nicht so sprachlos wie die einer Marilyn Monroe oder Jayne Mansfield. Hohe Schuhe gehören zur Waffenkammer der Erotik, ihre Botschaft ist klar und prägnant, weshalb sie unter anderem von Transvestiten oder Homosexuellen in Frauenkleidern getragen werden.

Reiz, Schmerz und sexueller Stimulus

Schuhe mit hohem Absatz gab es in Europa bereits seit 1580. Vormals kam der Absatz aus dem Orient, doch erst am Hofe entwickelte er sich zum Stöckelabsatz, weil es die vornehmen Damen nach klein aussehenden Füßen verlangte. Rasch wurde der hohe Stöckelabsatz ein Attribut des Weiblichen, denn: je höher, desto femininer.

Am Hofe Ludwigs XIV. (1638–1715) marterten sich Frauen mit acht bis fünfzehn Zentimeter hohen Stöckelschuhen. Manche Kokotte und Mätresse ertrippelten sich auf diese Weise ein angenehmes Leben. Im folgenden Jahrhundert, im Rokoko, erreichten Damenschuhe immerhin noch eine Höhe von acht bis zehn Zentimetern. Im achtzehnten Jahrhundert kam es schließlich zur Hochblüte des zierlichen Frauenschuhs. Es waren grazile Schuhe, die vorne spitz zuliefen und einen hohen geschwungenen Absatz besaßen. Ihre Trägerinnen mussten die Füße förmlich in sie hineinzwängen. Winzig tänzelnde Füßchen mit erotischem Flair waren die Belohnung. Sie brachten Männer zum Schwärmen. Der Preis dieser Füßchen allerdings war hoch: Schmerzen und Fußdeformationen.

Heutiges Schuhwerk mit Sexappeal ist meistens ebenso unbequem. Schuhe mit Stöckelabsatz oder Riemchen entpuppen sich nach einigen hundert Metern als Folterwerkzeuge. Es gibt Frauen, die das bestreiten. Manche behaupten gar, sie könnten auf Stöckelschuhen den ganzen Tag herumlaufen. Die Wahrheit offenbart sich am Abend, wenn die Schuhe mit erleichtertem Gesichtsausdruck ausgezogen und die Zehen massiert werden. In Kliniken werden täglich Frauenfüße operiert, insbesondere von älteren Frauen. Für sie sind die Schmerzen beim Gehen nicht mehr zu ertragen. Schuld sind Fehlstellungen der Fußknochen durch jahrelanges Tragen von zu engen und zu hohen Schuhen.

Eine Sechsundsechzigjährige erinnert sich: »In den Fünfziger- und Sechzigerjahren trugen Frauen ganz nadeldünne Absätze, ganz spitze Schuhe. Es war Mode, und wenn man heute mit fast siebzig Jahren an diese Zeit denkt, denk ich mir: Wie hat man so was Verrücktes jemals anziehen können? Überall – im Theater, beim Ausgehen, bei Festen, selbst auf der Straße – hat man solche Schuhe getragen. … Du konntest oft Frauen in der Innenstadt sehen, die ihre Schuhe in der Hand trugen, weil sie nicht mehr damit gehen konnten. Ich weiß es ja selber. Ich hab mich ja auch damit abgequält …« (Zitiert nach Durst/Gravenhorst 1991)

Mehrmals am Tag gehen Blasenpflaster oder Silikonpads über nahezu jeden Apothekentresen. Sie sollen das schmerzlose Tragen von schickem Schuhwerk möglich machen. Wer im neunzehnten Jahrhundert diesbezügliche Probleme hatte, dem wurde ebenfalls »rasche Linderung« versprochen. In diversen Zeitschriften warben Hersteller für spezielle Produkte. Heilmittel gegen Hühneraugen, Pasten aus »gemeinem Hauswurz« oder Salben von »gewöhnlichem Soda« waren das eine, Heftpflaster aus Ochsenleder das andere.

Tatsächlich liegt die Körperlast beim Tragen eines hochhackigen Schuhs auf Zehen und Ballen. Sie verteilt sich nicht mehr auf die eigentliche Auflagefläche des Fußes. Ein natürliches Abrollen wird verhindert. Bei spitz zulaufendem Schuhwerk werden die Füße zudem zusammengedrückt. Der Zehenstand wird deformiert. Weitere Folgen sind Druckstellen, Hühneraugen, Blasen- und Ballenbildung. Männer, die sich jemals im Tragen von Stöckelschuhen versucht haben, etwa anlässlich eines Kostümfestes, finden es durchweg unbegreiflich, wie es Frauen auf solchen Schuhen überhaupt aushalten. Die US-amerikanische Schauspielerin und Sängerin Ann Magnuson beschreibt genau dies 1994 in einer Ausgabe des Magazins *Allure*:

»Meine Knöchel knackten …, und meine Achillessehnen zogen nach hinten. … Als ich so die Straße hinunterhumpelte, wurde ich mir meines Körpers deutlich bewusst. Mein Busen ragte nach vorn, während mein Rücken stark überdehnt wurde. Mein Hintern fühlte sich an wie ein Straßenkreuzer, und meine Hüften, besser gesagt, meine *Flanken* schwangen vor und zurück wie zwei Rinderkeulen. … Machen uns solche Schuhe ohnmächtig? Versklaven sie uns? Sind wir hilflos, wenn wir sie tragen? Die Antwort ist ja! Ja! Natürlich! Was gäbe es sonst für einen Grund, sie zu tragen?«

Seit Jahrhunderten werden Höllenqualen in Kauf genommen, die extravagantes Schuhwerk mit sich bringt. Verstauchungen, Bänderrisse, selbst Fußbrüche zogen sich Frauen verstärkt in den Siebzigern durch Plateauschuhe zu. Die Höhen der »Brikettschuhe« lagen zwischen zwölf bis zweiundzwanzig Zentimetern. Das war nichts gegen die Stelzschuhe der Venezianerinnen vornehmer Herkunft. Mit Ihnen konnte man sich leicht die Beine brechen. Die zunächst moderat ausgefallenen Chopinen hatten Anfang des siebzehnten Jahrhunderts halsbrecherische Höhen erreicht. Mancher Reisende traute seinen Augen kaum, wenn er der staksenden Damen in den engen verwinkelten Gassen oder auf Plätzen Venedigs ansichtig wurde. Er meinte gar, alsbald die »Gelenke krachen« zu hören. Der englische Schriftsteller Thomas Coryat schrieb darüber in seinen *Crudities* von 1611: Diese Mode »ist in Venedig so verbreitet, dass keine Dame mehr ohne sie geht, ganz gleich ob zu Hause oder auf der Straße … und ist in meinen Augen so unschön, dass man sie durchweg verbieten sollte. … Viele dieser Chopinen sind von unglaublicher Höhe, bis zu einer halben Elle hoch …, und je nobler eine Frau ist, desto höher sind ihre Chopinen. … Wenn sie ausgehen, werden sie von Männern oder Frauen gestützt, auf dass sie nicht fallen.«

Obgleich äußerst unbequem, ließ sich das sittsame und vornehme Frauenvolk von dem exzentrischen Schuhwerk nicht abbringen. Noch nicht einmal kirchlicher Tadel konnte etwas ausrichten. So hatte bereits 1438 der Erzpriester von Talavera in Spanien gegen die »lasterhaften und verleumderischen Frauen« gewettert, weil sie mit bemalten Chopinen umherspazierten. Es gab aber auch kirchliche Fürsprecher. Sie begrüßten die verruchten Schuhe aufs höchste. Denn die Stelzen dämmten die allgemeine Tanzwut ein. Ein Priester soll gar einer Dame einen besonders hohen Ablass gewährt haben, da sie sich auf extrem hohen Chopinen abgemüht hatte. Ebenso hinterhältig sollen Ehemänner gedacht haben, die keine Einwände gegen die sperrigen und unbequemen Schuhe hatten. Der Grund: Sie hielten die Gemahlinnen von galanten Abenteuern ab. Die bizarren Chopinen machten ihre Ehefrauen zu Riesinnen, und gestützt von Dienerinnen hatten sie kaum Chancen, ungesehen zu einem Stelldichein zu gelangen.

Um sich zum ersehnten Liebesobjekt, zur vergötterten Frau oder gefragten Gattin zu machen, gingen Frauen in der Vergangenheit noch einen Schritt weiter. Sie verkrüppelten ihre Füße. Abermillionen Chinesinnen aller Schichten banden sich Zehen und die mittleren Fußknochen mit Hilfe von Bandagen drastisch unter den Fuß. Der so entstandene unnatürlich kleine Krüppelfuß wurde als Lilienfuß bezeichnet. Er bereitete den Frauen unsägliche Schmerzen und Männern unbeschreibliche Lust.

Für den Ursprung des Lilienfußes gibt es verschiedene Erklärungen. Eine noch heute in China sehr verbreitete geht auf Kaiser Tschen-hou-dschu

36 Lilienfuß einer Chinesin

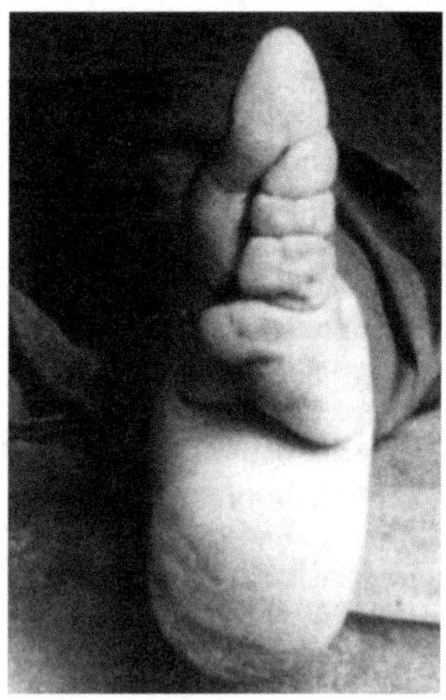

zurück, der um das Jahr 580 lebte und für Sinnenfreuden äußerst empfänglich war. Er soll ganz verrückt nach einer seiner Frauen gewesen sein, die ausnehmend kleine Füße hatte. Hingerissen verglich Seine Kaiserliche Hoheit ihre Füßchen mit Lilien. Fortan sollen kleine Füße als außergewöhnlich schön gegolten haben.

Diverse Sagen und historische Angaben datieren das Aufkommen der Lilienfüße zwischen 1000 vor unserer Zeitrechnung und Kaiser Yang-li (695 n. u. Z.). Doch weder waren sie zu Lebzeiten von Konfuzius (551–479 v. u. Z.) bekannt, noch hat sie der bedeutendste Reisende des Mittelalters, Marco Polo, erwähnt. Er hatte sich im dreizehnten Jahrhundert am prächtigen Hof des damaligen Kaisers aufgehalten, von geschnürten Füßchen findet sich jedoch nichts in seinen Reiseberichten. Wann immer das Binden der Füße auch in Mode kam, niemals zuvor und niemals danach haben so viele Frauen der Welt ihren Körper auf so rabiate und nachhaltige Weise verkrüppelt. Noch heute erinnert sich so mancher Chinese an seine Großmutter, die sich wegen ihrer deformierten Füße nur mühsam und mit Hilfe eines Stocks fortbewegen konnte. Die letzten Lilienfüße sah man vor wenigen Jahren auf Chinas Straßen.

Eher nüchterne Gemüter behaupten, der Grund der Lilienfüße sei in der Eifersucht der Männer zu suchen. Die eingeschränkte Beweglichkeit sollte

37 Alte Chinesin mit gebundenen Füßen, Aufnahme circa 1990

die Frauen zur Treue zwingen. Eine andere Erklärung der Fußverkrüppelung geht auf deren Symbolik zurück. Lilienfüße zeigten den besonderen Status an. Töchtern wohlhabender Familien wurden die kleinsten Füße gebunden. Als erwachsene Frauen konnten sie damit zwar nicht mehr laufen, wohl aber waren sie reich genug, um sich von Dienern tragen zu lassen. Diese Symbolik ist durchaus vergleichbar mit den erwähnten Stelzschuhen oder der Taillenschnürung. Auch hier galt: je höher oder je enger, desto reicher. Weder mit ellenhohen Chopinen noch mit Neununddreißig-Zentimeter-Taillen konnte man sich schnell fortbewegen, geschweige denn körperlich arbeiten.

Was immer das Motiv der Lilienfüße gewesen sein mag, die Frage bleibt: Weshalb waren Abermillionen von Frauen im »Reich der Mitte« derart leidensbereit? Denn eines ist gewiss: Trotz enormer Qualen waren Millionen von Frauen jahrhundertelang vom Wert kleiner Füße regelrecht besessen. Sie nahmen ihre Behinderung mit Kalkül in Kauf, auch die damit wachsende Abhängigkeit von Männern. Mehr noch, sie quälten ihre kleinen Töchter. Eigenhändig wickelte das Gros der Mütter ihren Sechsjährigen feuchte Bandagen um die Füße. Nach vier, fünf Tagen knackten hörbar die Knochen. Trotz unsäglicher Schmerzen zwangen sie sie zum Laufen. Ein gewisser Herr Haberer übermittelte der Forschung im Jahre 1884 die Worte einer Mutter, die ihr weinendes Kind tröstete: »Du bist dumm, wenn du dir die Füße nicht binden und sie groß werden lässt! Du wirst später auch nicht schön werden und keinen Mann bekommen!«

Manche kleine Chinesin starb an den Folgen der Misshandlung. Blutvergiftung war zumeist die Ursache. Manch andere brachte es als erwachsene Frau auf nur siebeneinhalb Zentimeter Fußlänge. Damit war das Ideal erreicht, der »goldene Lotus«, Beleg für die Leidensbereitschaft und absolute Gehbehinderung. Wer ein solches Opfer brachte und auch zukünftig derart leidensbereit war, musste ein erstrebenswertes Ziel vor Augen haben. Dieses Ziel hieß unzweifelhaft: schön zu sein und begehrt zu werden.

Im Jahre 1911 erklärte ein »gebildeter Chinese aus Shantung mit einem leisen Lächeln«, die meisten Männer in China fänden kleine Füße schön. Ein gewisser Paul Rohrbach, Dozent der Berliner Handelsschule, wurde hellhörig und hakte nach. Er wollte wissen, weshalb Frauen ihre Füße banden. Die Antwort lautete: »Die Frauen tun es, weil sie den Männern gefallen wollen. Das ist ihre Pflicht.« Es mag sein, dass Männer diese Schönheitsideale vorgaben, aber es waren Frauen, die sich mit *aller Gewalt* für eben diese Männer begehrenswert zurechtbandagierten. Auch waren es Frauen, Mütter, die diese Sitte mit Gewalt an die nächste Frauengeneration weitergaben. Und es waren Männer, und nicht etwa Frauen, die den verkrüppelten Füßen in China ein Ende setzten.

Zwar hatte die Kaiserwitwe Ci Xi im Jahre 1902 ihren Geschlechtsgenossinnen per Edikt untersagt, sich weiterhin die Füße zu binden, die allerdings scherten sich nicht darum. Ein aufgeklärter Mandarin hatte mehr Erfolg. Er forderte einige Jahre später »gebildete und modern gesinnte Männer« auf, sich zu weigern, eine Frau mit verkrüppelten Füßen zu heiraten. Damit nicht genug. War ein Mann bereits mit einer Frau verheiratet, die Lilienfüße hatte, sollte er sie anweisen, die Bandagen abzunehmen. Würde sein Ansinnen von seiner Gattin zurückgewiesen, sollte er sie fortschicken. Am Ende war es jedoch Mao Tse-tung, der konsequent durchgriff und Lilienfüße ein für alle Mal verbot. Doch selbst nach dem Ausruf der Chinesischen Volksrepublik im Jahre 1949 wagten es einige Frauen, ihre Bandagen an den Füßen weiterhin festzuziehen.

Kleine Füße machten eine Chinesin zum gefragten Liebesobjekt. Ob das ausnahmslos auf jeden chinesischen Mann zutraf, bleibt zu bezweifeln. Im achtzehnten Jahrhundert teilt jedenfalls der Jesuitenpater Ripa über *die* Chinesen mit: »Ihr Geschmack ist vollkommen pervertiert. Ich habe einen Arzt gekannt, der mit einer Frau lebte, mit der er keinen anderen Verkehr hatte, als ihre Füße zu betrachten und zu liebkosen.« Die Mehrzahl der Chinesen wird trotz Lilienfüße den Beischlaf ausgeübt haben und nicht nur, weil man ihm in China lebensverlängernde Eigenschaften zusprach.

Zweifellos wurden Lilienfüße vergöttert. Die höfische Literatur erklärte sie zum erotischsten Teil des weiblichen Körpers. In der erotischen Literatur Chinas finden sich Beschreibungen von Männern, die Lilienfüße liebkosen, küssen und mit der Zunge belecken. Nicht zuletzt soll es genügend Männer gegeben haben, die beim Anblick eines solchen Fußes eine Erektion bekamen. Der Blick auf einen nackten verkrüppelten Fuß soll bei einigen sogar zur spontanen Ejakulation geführt haben. Dabei war der nackte Fuß mit großer Scham besetzt. Ihn zu zeigen war anstößig. Selbst beim Beischlaf wurden die Bandagen und die kunstvoll bestickten Beinkleider nicht entfernt. Umso mehr erregte es einen Mann, wenn er dennoch einen missgestalteten Fuß zu Gesicht bekam.

Auch der trippelnde, unbeholfene Gang wurde von Dichtern gepriesen und ließ manchen Mann vor Erregung zittern. Solcherlei Bewegung ließ ihn an den geschlechtlichen Akt denken und war Inbegriff des Weiblichen. Dass Frauenfüße noch immer hocherotisch auf chinesische Männer wirken können, zeigt etwa der hinreißende Roman *Balzac und die kleine chinesische Schneiderin* von dem Chinesen Dai Sijie aus dem Jahr 2003. Der Held der Geschichte, Luo, verliebt sich in die »kleine Schneiderin«. Zuvor verguckt er sich jedoch in ihre anmutigen Füße, die seine Phantasie beflügeln. Mit einem Trick gelingt es ihm, die Füße nackt zu sehen. »Zuerst kam eine schmale Fessel zum Vorschein, dann ein zierlich gewölbter Rist und schimmernde Zehennägel: ein kleiner, gebräunter, leicht durchscheinender, blaugeäderter Fuß. Der ungemein verführerische, schüchterne Fuß seiner gar nicht schüchternen Besitzerin.«

Nicht nur chinesische Männer waren von verkrüppelten Füßen sexuell angetan. Auch die Kutchin-Indianer – ein Tinnestamm, dessen altes Wohngebiet im Nordwesten Nordamerikas lag – pflegten die Füße ihrer Frauen schon im Kindesalter zu binden. Die dadurch erzielten unnatürlich kurzen, deformierten Füße gehörten zu den spezifischen Merkmalen der Kutchin. Und schließlich bestätigte man auch in Mitteleuropa verkrüppelten Füßen sexuelles Potential. Das einfache Volk unterstellte Menschen mit anomalen Füßen einen außergewöhnlichen Hang zur Wollust und eine große sexuelle Leistungsfähigkeit.

Dr. Aigremont, der mit richtigem Namen Dr. Siegmar von Schultze-Galléra hieß, sah darin keineswegs ein Vorurteil. In seiner wissenschaftlichen Arbeit von 1909 macht er das sich stauende Blut in Krüppelfüßen dafür verantwortlich. Es dringe vielleicht kräftiger in die Geschlechtsorgane empor und steigere damit natürlich die Geschlechtslust, heißt es. Zur Untermauerung seiner Annahme führt der Mediziner, Folklorist und Literaturhistoriker Aigremont eine recht berühmte Person ins Feld, den Dichter Lord Byron, dessen rechter Fuß von Geburt an deformiert war. Zudem nennt er zwei weitere Menschen mit verkrüppelten Füßen, die er »näher kennengelernt und deren Psyche er eingehend studiert hat«. Beide hätten sich durch eine »brutale und cynische Sinnlichkeit« ausgezeichnet. Diese »Tatsache« würde durch Chinesinnen mit Lilienfüßen noch bestätigt. Ihre Schamhügel sowie die großen Schamlippen würden durch ihre verkrüppelten Füße besonders fettreich werden. Das wiederum würde den speziellen Reiz jener Frauen ausmachen, konstatiert der Mediziner.

Eine fettreichere und deshalb für den Mann begehrenswerte Schamgegend hat man Chinesinnen mit Lilienfüßen tatsächlich nachgesagt. Möglicherweise ist für das eindrucksvolle Geschlechtsteil jedoch eine optische Täuschung verantwortlich. Denn die Füße wurden wegen der Qualen bei manchen Frauen nur mäßig, bei anderen gar nicht belastet. Folglich wurde die Beinmuskulatur unterfordert, und eine Atrophie (Rückbildung) der Oberschenkel war die Folge. Entsprechend könnte durch die dünnen Schenkel die Schamgegend kräftiger gewirkt haben als bei Frauen mit normalentwickelten Beinen.

Teil 4
Ideale

Weibliche Formen und Schönheit

Schaufensterpuppen glichen in den Dreißigerjahren des letzten Jahrhunderts der göttlichen Greta Garbo. In den Fünfzigern waren sie der schmollmündigen und kurvenreichen Brigitte Bardot nachempfunden. Selbst dickliche Kleiderpuppen fanden zu BBs Zeiten Platz in zahllosen Schaufenstern. Sie demonstrierten das deutsche Wirtschaftswunder. Doch bereits in den Sechzigern reifte eine neue Generation heran, die weder Krieg noch Hungersnöte erlebt hatte. Leichten Herzens konnte sie auf knusprigen Schweinebraten samt Dosengemüse mit dicker Mehlsoße verzichten. Ende der Sechziger erklärte diese Generation die dünne Kindfrau Twiggy zu einem ihrer Vorbilder. Auf den Laufstegen tummelten sich Mannequins mit einer Körpergröße zwischen 1,68 und 1,75 Meter bei einem Durchschnittsgewicht von fünfzig Kilogramm. Das Körperfett war dahingeschmolzen »like ice in the sunshine«. Überschlanke Frauen gelten seither als schön, Fett an Bauch und Po ist nicht mehr erwünscht. Biologisch gesehen ist das keineswegs sinnvoll und entspricht nur in den wenigsten Fällen der natürlichen figürlichen Anlage der Frau.

38 Modeidol Twiggy, 1969

Millionen Frauen auf der Welt wissen, mit dem Dahinschmelzen der Pfunde ist es keineswegs so einfach. Mit makrobiotischem Joghurt, grünem Salat und fettloser Putenbrust bekämpfen sie tapfer ihre Fettzellen. Die Niederlagen sind zumeist vorprogrammiert, weil die biologisch determinierten Rundungen eisenhart dagegenhalten. Was ebenfalls nur schwer dahinschmilzt, ist der Glaube an ein schlankmachendes Wundermittel. 1995 kommt es zur Sensation. Eine fettlose junge Elfe schlendert beschwingt über die Mattscheibe und trällert selbstbewusst: »Ich will so bleiben, wie ich bin.« Ein ganzer Chor versichert ihr: »Du darfst!!«

39 Bikini-Model 2004

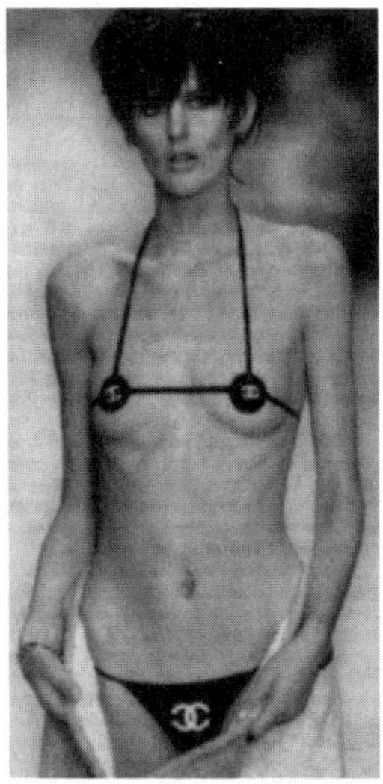

»Das Geschäft mit der Schlankheit ist grenzenlos«, erklärt die Deutsche Gesellschaft für Ernährung. »Ohne Skrupel werden Verzweiflung und Hoffnung der Übergewichtigen und Schlankheitsbesessenen ausgenutzt.« Überwiegend Frauen sind vom Schlankheitswahn besessen, normalgewichtige und schlanke ebenso wie jene, denen die Natur eine besonders »weibliche« Figur schenkte. Selbst im Kühlschrank von Medizinerinnen finden sich Du-darfst-Produkte. Das weibliche Geschlecht träumt von der idealen, das heißt heute sehr schlanken Figur mit genügend Busen. Es will mit den vollkommenen Körpern wetteifern, die den Ton angeben im Fernsehen, in Kinofilmen, auf Werbeplakaten, in Hochglanzmagazinen, Frauenzeitschriften, auf

Laufstegen und nicht zuletzt im Showgeschäft. Es sind jene Frauen, die Erfolg bei Männern suggerieren.

Paradoxerweise verschlingen Frauen Zeitschriften wie *Brigitte*, *Petra* oder *Allegra*, die jede natürlich gewachsene Frau unter Druck setzen. Seite für Seite zeigen diese Blätter ausnahmslos junge, schöne, makellose Körper und Gesichter, die die neueste Mode vorführen, Kosmetika sowie Pflegeprodukte für alternde Gesichtshaut anpreisen und Gymnastikübungen für weibliche »Problemzonen« demonstrieren. Eine durchschnittliche Frau, das heißt eine ganz normale Frau, die sich derartige Hefte anschaut, muss angesichts dieser geballten und perfekten Schönheit nicht nur verzweifeln, sondern zu dem Fazit gelangen: Mein ganzer Körper ist eine einzige Problemzone, wenn noch nicht heute oder morgen, dann spätestens übermorgen.

Eine schöne Frau, das ist heutzutage eine westliche Frau. Sie ist hellhäutig, bevorzugt blond, hat dabei volles Haar und ist hochgewachsen. Sie ist schlank, hat sehr lange Beine, schlanke Fesseln, kein sichtbares Körperhaar, keinen Bauch, keine auffälligen Hüften, einen kleinen Po, und ihr Busen ist fest, Körbchengröße B, mit Tendenz zu C. Sie hat ein makelloses Gesicht, einen feinporigen Teint, keine Falten, eine kleine Nase, hohe Wangenknochen, ausdrucksvolle Augen, geschwungene Brauen, volle Lippen und perfekte, strahlende Zähne. Kurzum, eine schöne Frau ähnelt Claudia Schiffer, Heidi Klum oder Linda Evangelista.

Diese westlichen Schönheitsstandards haben mittlerweile Einzug auf allen Kontinenten gehalten. Schonungslos wurde mit ihnen selbst das Paradies infiziert, wie beispielsweise die Fidschi-Inseln. Die dortigen jungen Frauen wurden nachweislich im Jahre 1996 mit einem der westlichen Standards angesteckt, dem »Schlankheitsvirus«. Die Ansteckung erfolgte via Satellit durch die amerikanische TV-Serie *Baywatch*. Zum großen Vorbild wurde die hübsche, blonde Hauptdarstellerin, der Busenstar Pamela Anderson. Schnell griffen Bulimie (Brechsucht) und Anorexie (Magersucht) bei den jungen Mädchen um sich, bis dahin völlig unbekannte Erkrankungen auf den Fidschis. Die Inselschönen wollten jedoch keinesfalls obenherum abnehmen. Lediglich unterhalb der Gürtellinie sollte sich alles verdünnen. Konkret: Sie wünschten sich einen flachen Bauch, einen kleinen Po, eine schmale Taille und schlanke Oberschenkel.

In Nigeria, dem Land der schönen runden Mamas, kam es im Jahre 2001 zur Ansteckung mit den westlichen Schönheitsvorstellungen. Eine der ihren, die achtzehnjährige Agbani Darego wurde zur schönsten Frau der Welt gekürt. Niemals zuvor in der einundfünfzigjährigen Geschichte des Wettbewerbs war einer Schwarzafrikanerin das begehrte kleine Miss-World-Krönchen auf den Kopf gesetzt worden. Der anfänglichen Freude folgte rasch eine allgemeine Verunsicherung. Die bewunderte dunkelhäutige Agbani Darego hatte nichts, was traditionell in Nigeria als schön galt. Sie war 1,83 Meter groß und feingliedrig dünn, extrem dünn. Viele sahen in ihr letztendlich ein weißes Mädchen in schwarzer Haut. Dennoch hatten die jungen Nigerianerinnen das nicht zu überhörende Signal vernommen: Dicksein ist out, Schlanksein ist in.

Auf Castros Eiland ist die allgemeine Parole von dem schönen schlanken Frauenideal ebenfalls angekommen. Zwar wird im heutigen Kuba weibliche Schönheit noch mit kräftigen Rundungen umschrieben: »Die wahre Kubanerin hat Kurven, da ist was dran«, meint ein vierzigjähriger Kubaner, doch das Schönheitsideal bröckelt. Neue Maßstäbe setzen unter anderem die Schönen auf der Bühne des legendären Nachtclubs Tropicana. In den Vierzigern war im Club der kurvige Typ mit Wespentaille gefragt, die sogenannte »Colaflaschenfigur«. Seit Jahren tanzen allerdings nur noch sehr schlanke und langbeinige Tänzerinnen mit grazilen Armen für das zumeist internationale, männliche Publikum. Nur an einem halten die Betreiber des Tropicana fest, sie favorisieren die dunkle Hautfarbe, eine Errungenschaft der Revolution. Vor dem politischen Umbruch gab es zumeist nur weiße Tänzerinnen. Aber auch diesbezüglich verändern sich die Vorstellungen. Die Mulattin ist in. Es heißt, die Mulattin sei die Königin von Kuba. »Sie ist die wahre Nummer eins, weit edler als Schwarz oder Weiß«, bekennt ein fünfundsechzigjähriger, sehr dunkelhäutiger Kubaner überzeugt.

Frauen hungern keineswegs, weil Männer sie dazu zwingen. Warum also hungern sie, und zwar auf allen Kontinenten? Warum wollen alle dem westlichen Schönheitsideal entsprechen? Ganz einfach: Sie sind von dem fasziniert, was die von ihnen erwählten Vorbilder suggerieren: Glamour, Erfolg, Anerkennung, Bewunderung, im Mittelpunkt stehen, ein Leben ohne Probleme. Mit diesem Rüstzeug ausgestattet kann man alles haben, auch jeden

Mann. Das Unterbewusstsein hat auf Autosuggestion umgestellt: Bin ich erst einmal dünner, dann bin ich auch schöner, dann bin ich ein bisschen wie Heidi Klum, Pamela Anderson oder wie auch immer die Schönen dieser Welt heißen.

Das Schönheitsvirus ist enorm erfolgreich bei Frauen und hat eine kurze Inkubationszeit. Aber warum? Weil das weibliche Immunsystem Lücken aufweist. Es besitzt diesbezüglich keine Antikörper. Mehr noch: Es bringt die Bereitschaft mit, alles zu tun, um schön und begehrenswert zu sein. Deshalb tragen Frauen auch dazu bei, weibliche Schönheitsideale immer weiter ins Utopisch-Phantastische zu treiben. Schon Charles Darwin sagte den Frauen auf der ganzen Welt nach, sie seien sich des Wertes ihrer Schönheit bewusst und sie würden sich mit viel größerer Freude als die »Männchen« schmücken. Man muss hinzufügen, dass sie es auch mit einer sehr viel größeren Opferbereitschaft tun. Dabei setzen Frauen oft Trends in die Welt, die von Männern keineswegs favorisiert werden.

Als man etwa an der University of Wyoming mehr als tausend weiße Studenten nach sexuell besonders anziehend empfundenen Merkmalen befragte, kam es zu einem erwarteten Ergebnis und zu einem überraschenden. Die befragten Männer bevorzugten blauäugige, eher hellhäutige Blondinen. Das alte Motto hatte sich also bestätigt: Blondinen bevorzugt. Die Überraschung: Nur wenige Männer drängt es wirklich zum großen Busen, und kaum einer ist in knabenhafte, schlanke weibliche Figuren vernarrt. Genau das aber propagieren Frauen und wird von ihnen angestrebt.

Die befragten Frauen »standen« übrigens mehr auf »dunkle Typen«. Muskelpakete à la Arnold Schwarzenegger haben keine Chancen. Tatsächlich mögen beide Geschlechter lieber den »durchschnittlichen Typ«. Zu kleine, zu große, überschlanke, allzu muskulöse, zu hell- oder dunkelhäutige Menschen, mit einem Wort Extremfälle sind nicht gewünscht.

Keine Frage, das Schöne ist ein wichtiger Teil des Lebens. Unerschöpflich ist der Farben- und Formenreichtum der Natur. Unerschöpflich scheint auch das Repertoire der menschlichen Schönheit. Sie wird verklärt, gefeiert und mit Preisen honoriert. In der Antike wurden die perfekten Proportionen vergöttert, im Barock üppige Formen. Für Letzteres steht etwa Peter Paul Rubens. Seine Bilder zeugen vom damaligen Schönheitsideal, etwa sein

Gemälde *Raub der Töchter des Leukippos*, das um 1628 entstand. Zu sehen sind unter anderem zwei hellhäutige, blonde Vollweiber. Ihre Körper sind prall, sie strotzen vor Fleischlichkeit. Sie haben Speckrollen am Bauch, kräftige Schenkel, mäßige Brüste und üppige Pos.

Der flämische Maler war offenbar erfüllt von der weiblichen Fülle, genauer gesagt, von der weiblichen Fülle *junger* Barockgeschöpfe. Kein Pinselstrich verheimlicht die Schwächen der vollschlanken Schönheiten. Feist sind all

40 Die Toilette der Venus (1613–1615), Peter Paul Rubens

ihre Körperpartien, kleine und größere Dellen schmücken die Oberschenkel. Dennoch: Der gefragteste und reichste Maler seiner Zeit idealisierte seine Schönen. Seine Auftraggeber dankten es ihm. Sie liebten die verherrlichten weiblichen Proportionen, die nur den wenigsten Frauen jener Zeit vergönnt waren.

Auch die Orientalen bejubelten das jugendliche Vollweib. Bis weit ins zwanzigste Jahrhundert hinein waren sie ganz vernarrt in das, was vierhundert Jahre zuvor Scheik Nefzaui am Hof des Bei von Tunis zu Papier gebracht hatte, eine wahre Liebeserklärung an die füllige Frau. In seinem Buch *Der blühende Garten*, einem Ratgeber für gute Liebhaber, heißt es:

»Gott hat auch die Brust der Frau durch den Busen verschönert. Er hat sie mit einem doppelten Kinn ausgestattet und ihren Wangen einen rosigen Schimmer verliehen.

Augen hat Er ihr gegeben, um die Liebe einzuflößen mit Wimpern gleich glänzenden Klingen.

Er hat sie mit einem runden Bauch versehen und mit einem schönen Nabel und einem majestätischen Hinterteil; alle diese Wunder werden getragen von den Schenkeln. Zwischen diese hat Gott die Arena des Kampfes gelegt; ist sie mit einer üppigen Fülle Fleisches versehen, so gleicht sie dem Haupt eines Löwen; sie heißt Schoß. Oh, wie viele Männer sind vor diesem Tor zugrunde gegangen – und wie viele Helden waren doch unter ihnen!«

Eine gut gepolsterte »Arena« ist in der Tat ein positives Zeichen für den Mann. Sie zeigt an, dass sich Fett an der Schamregion angesammelt hat, was nur bei Frauen geschieht, die im reproduktiven Alter sind. Alte Frauen haben eine magere schlaffe Schamregion. Auch ein runder weicher Bauch ist ein Kennzeichen der weiblichen Figur. Wenn Scheik Nefzaui und Peter Paul Rubens ihn hervorheben, dann deshalb, weil er eine erotische Ausstrahlung besitzt. Im späten Mittelalter wurde er entweder mit Hilfe der Körperhaltung oder eines Polsters unter der Kleidung betont. Um 1758 verbreitete sich zudem die Mode der Paddies. Bauchpolster aus Rosshaar und zuweilen sogar aus Zinn. Man sprach nicht zuletzt deshalb von zinnernen Schürzen und unterschied zwischen »Dreimonats-« und »Sechsmonatspaddies«. Ein schöner runder Bauch signalisiert Fruchtbarkeit und zeigt Fruchtbarkeit an. Kultgegenstände, die Fruchtbarkeit symbolisieren, haben deshalb häufig Bäuche, sind dicklich und vollschlank, wie etwa die aus der Steinzeit stammende Venus von Willendorf.

Wer es sich leisten konnte, fütterte Mädchen in früheren Zeiten und bestimmten Regionen der Welt rund und fett. Dick an sich war schon schön. Heutzutage haben sich die Fettverhältnisse ins Gegenteil verkehrt: Dünn ist Trumpf. Doch Dicke haben Vorteile gegenüber Dünnen, weil Fett positive Effekte auf den reproduktiven Erfolg hat. Wie bereits erwähnt, speichert Fett Sexualhormone, und das Fettgewebe wandelt Androgene in Östrogene um. Dicke verfügen folglich über ein großes Fertilisationspotential. Außerdem sind sie sexuelle Frühstarter, oder wie es der Biologe Karl Grammer in seinem Buch *Signale der Liebe* konkretisiert: Töchter von dickeren Müttern

41 Auf keinen Fall Bauch, Miederwerbung 1970

würden die Menarche (erste Regelblutung) früher erreichen als Töchter von dünneren Müttern. Die dickeren Töchter blieben ihr ganzes Leben »fetter« und würden in jedem Alter größere Kinder gebären.

1980 bevorzugte fast die Hälfte von zweiundsechzig unterschiedlichen Kulturen dicke Frauen. 1951 war das Resümee einer Studie noch drastischer. Die Forscher Clellan S. Ford und Frank A. Beach aus den Fachrichtungen Anthropologie und Psychologie hatten hundertneunzig Kulturen untersucht. Ihr Ergebnis: Die meisten Gesellschaften finden eher mollige Frauen attraktiv als schlanke, also auch eher breite Hüften als schmale. Die untersuchten Kulturen unterschieden sich ansonsten durchaus in der Beurteilung von schönen Frauengeschöpfen, etwa was die Kriterien eines schönen Körperbaus anbelangt: die Form der Hüften, des Oberkörpers oder der Brüste.

Dicke Frauen sind heute wahrscheinlich weniger beliebt, weil vielerorts eine allgemeine Überfettung der Bevölkerung stattgefunden hat. In den USA, Frankreich, Deutschland oder China wurden etwa Kliniken allein zum Abspecken für Kinder eingerichtet. Gleichwohl ist die Abkehr vom normalen oder dickeren Frauenleib vor allem in der übertriebenen Idealisierung des dünnen Frauenkörpers zu suchen.

Schönheitskriterien

Schön sein heißt, aus der Masse der Normalaussehenden hervorzustechen, aufzufallen. Das verspricht größere Chancen im Leben, auch und *gerade* bei Männern. Schönsein sei relativ, wird behauptet. Doch Schönheit hat immer ein Maß. Im alten Europa war eine Frau schön, die edle Gesichtszüge besaß, worunter man eine ebenmäßige und wohlproportionierte Physiognomie verstand. Schönheiten besaßen das Gesicht und die Statur, die antike Bildhauer der Liebesgöttin Venus gegeben hatten. Ihre Schönheit war ebenso Vorbild in der Renaissance. Der Philosoph und Mediziner Agostino Ninfo (1462–1538) legte in seinem Buch *Über die Schönheit und die Liebe* eben jene perfekten Proportionen fest. Danach muss etwa die Länge der Nase der der Lippen entsprechen und der Körper achtmal die Länge des Kopfes aufweisen.

Das *Frauenzimmer-Lexicon* von 1715 stützt sich bei seinen Angaben zur Schönheit auf einen »gewissen Französischen Scribenten«, der »30 Stücke zur vollkommenen Schönheit« rechnet, nämlich: »1) die Jugend; 2) eine mittelmäßige, nicht zu kleine, noch zu grosse Länge des Leibes; 3) nicht zu fett, nicht zu mager; 4) eine gleichstimmige und förmliche Ordnung aller Glieder des Leibes; 5) weisse, gelbe oder recht schwarze Haare, zart und kräuslich; 6) eine zarte Haut, mit kleinen blauen Aederlein unterleget; 7) eine röthliche Farbe des Leibes; 8) eine hohe und aufgeheiterte Stirne; 9) gleiche und nicht eingebogene Schläffe; 10) zwey schmale und nicht zu lange Augenbraunen; 11) liebliche und feurige Augen; 12) eine wohl proportionirte scharfe Nase; 13) gleich runde und nicht all zu rosinfarbene Wangen; 14) ein holtseliges Lächeln; 15) corallenrothe Lippen; 16) ein kleiner wohlgebildeter Mund; 17) kleine weisse und einander gleiche Zähne; 18) ein sanffter und reiner Athem; 19) eine liebliche und angenehme Sprache; 20) ein Kinn mit einem Grüblein, nicht zu weit auch nicht zu wenig vorschiessend; 21) kleine röthliche Ohren, so nicht allzuweit von dem Haupt abstehen; 22) ein langer Elffenbeinerer Hals; 23) weisse mittelmäßige runde derbe Brüste; 24) völlige und schneeweisse Hände; 25) mittelmäßige und schlancke Finger; 26) ablange gleiche Nägel; 27) frey doch darbey sittsame und dabei ungezwungene Geberden; 28) modester und gleicher mit aufgerichtetem Leibe; 29) eine zarte weissliche Haut, und endlich 30) wohl-proportionirte und auswärts gesetzte kleine Füßlein.«

Für seine Zeit hatte Monsieur fürwahr das wahre Schöne an einem Weib wiedergegeben. Auch in den folgenden Jahrhunderten durfte die Nase nicht zu groß und der Mund nicht zu voll sein. Außerdem sollte der Haaransatz nicht zu niedrig, die Wangenknochen sowie das Kinn nicht zu auffällig sein und die Augen nicht zu eng stehen. Es sind Schönheitsvorstellungen, an denen sich bis heute nicht viel geändert an. Wenngleich in einem Jahrhundert die Augen oder der Mund ein wenig kleiner, in einer anderen Epoche die Stirn ein wenig höher und der Hals ein wenig länger sein durften. Auf keinen Fall aber durfte für den europäischen Geschmack ein schönes Frauengesicht uneuropäisch wirken.

Auf anderen Kontinenten sah es anders aus. Als der Berliner Ethnologe Peter Simon Pallas (1741–1811) die nördlichen Teile des chinesischen Reiches besuchte, stellte er fest: »Die Frauen, welche die Mandschuform haben, d. h. ein breites Gesicht, hohe Backenknochen, sehr breite Nasen und ungeheure Ohren, werden bevorzugt.« Unzweifelhaft verehrten asiatische Völker zudem ihre schönen Mandelaugen, wovon unzählige ihrer Kunstwerke zeugen. Die schlitzartigen, schräggestellten Augen wurden auf Bildern und an Skulpturen sogar vielfach übertrieben und besonders auffällig dargestellt.

Für die Ureinwohner des nordamerikanischen Kontinents sah eine wahre Schönheit, wenngleich ähnlich, doch ungleich anders aus. Eine wahre Schönheit hatte, wie Samuel Hearne (1745–1792) berichtet, ein »breites plattgedrücktes Gesicht«, kleine Augen, vorstehende Backenknochen, drei oder vier breite schwarze Linien über jeder Wange, eine niedrige Stirn, ein großes, breites Kinn, eine »unförmig gebogene Nase, eine lohfarbene Haut und bis zum Gürtel hinabhängende Brüste«. Hearne, Forschungsreisender, Seemann und Entdecker, wusste wovon er sprach, viele Jahre hatte er unter den amerikanischen Indianern gelebt.

Die natürlichen Anlagen eines Volkes bestimmen das Schönheitsideal stets mit. Die Menschen aller Rassen würden das vorziehen, woran sie gewöhnt seien, bemerkte der Naturforscher Darwin. Scharfsichtig fügte er allerdings an: »Sie lieben auch die Abwechslung.« In einem sind sich alle Völker einig, sie vergöttern die natürlichen Gottesgeschenke, die durch das Alter verloren gehen. Dazu zählen von jeher eine volle Haarpracht und ein vollständiges weißes Gebiss. Perücken, Haarteile und Zahnersatz kannten deshalb schon die Pharaonen und die Menschen der Antike. Mit Wachs, Gold, Elfenbein oder anderen Knochen wurden künstliche Zähne nachgebildet und kunstvoll im Gebiss befestigt. Freilich konnten die damaligen Ersatzzähne nicht mit den heutigen Prothesen, Brücken, Verblendungen, Überkronungen und Implantaten konkurrieren.

Ein strahlendes Lächeln mit vollständigen Zahnreihen war in früheren Zeiten nicht jedem vergönnt, schon gar nicht, wenn man in die Tage gekommen war. Heute ist das anders. Wem die Natur schlechte Zahnreihen oder eine schlechte Zahnsubstanz schenkte, kann sich die Zähne fachmännisch korrigieren lassen. Wer keine Zähne mehr hat, trägt eine Zahnprothese. Fast überall auf der Welt sind weiße, gleichmäßige Zahnreihen ein Schönheitskriterium. Vielerorts sind sie ein absolutes Muss, um Erfolg zu haben. Einer Studie zufolge gehen perfekte Zähne und Attraktivität Hand in Hand. Entsprechend wurden bei der Untersuchung alle Mädchen als attraktiver beurteilt, die sich einer erfolgreichen kieferorthopädischen Zahnbehandlung unterzogen hatten.

Perfekte Zahnreihen, wie sie die westliche Welt anstrebt, sind und waren aber nicht immer das Nonplusultra. Speziell in der Vergangenheit gab es genügend Völker, die vollständigen Zahnreihen und natürlich gewachsenen Zähnen nur wenig abgewinnen konnten. Malaiische Frauen und Bagobomädchen der Philippinen schwärmten für gefeilte Vorderzähne. Auch in vielen Teilen Afrikas hat das Ziehen oder Zurechtpfeilen der Vorderzähne lange Tradition. Im Jahre 1866 empfahl die Frau des Batokahäuptlings (Zentralafrika) einer englischen Lady, sich doch ihre vier unteren Vorderzähne ziehen zu lassen. Außerdem schlug sie ihr vor, einen langen zugespitzten glatten Kristall in der Unterlippe zu tragen. Das würde sie ungleich schöner aussehen lassen, versicherte die Afrikanerin.

Im Westen von Äthiopien, an der sudanesischen Grenze, sind bei den Anuak Zahnlücken immer noch ein Aushängeschild vollkommener Weiblichkeit. Anuakmänner (Anuak = Amwyaa) finden junge Frauen schön, die große Augen, weiße Zähne, einen langen Hals und mittellange Beine haben.

Perfekt schön sind sie allerdings nur, wenn sie sich sechs Vorderzähne aus dem Unterkiefer herausziehen ließen. Ethnologen beschreiben Anuakfrauen als mittelgroß. Sie haben ein breites Gesicht mit unübersehbarem negroidem Einschlag. Ihre Hautfarbe ist sehr dunkel.

Diese Schönheitsvorstellungen der Anuak gelten in der Metropole Äthiopiens nicht. Eine Mischung aus afrikanischer, altägyptischer, griechischer und mittelöstlicher Kultur ergibt dort die wahrhaftig schöne Frau. Kaffeebraune Haut, kaukasische (weiße) Gesichtszüge und gazellenhafte Figuren haben beruflich Erfolg. Sie sind es auch, die in den Neunzigerjahren auf europäischen Laufstegen für exotisches Flair sorgten. Die ersten klassischen Models dieser Richtung waren Iman und Naomi Campbell. Die bildhübschen »Exotinnen« erzielten in ihrer Branche Spitzenhonorare. Überflügeln konnten sie ihre weißhäutigen Mitstreiterinnen jedoch nie. Ihre Gagen waren noch nicht einmal auf gleichem Niveau.

Heutige Modelagenturen suchen schon längst nicht mehr nach Iman- und Campbell-Repliken, die haben sich verbraucht. Der Catwalk verlangt nach immer neuer exotischer Erotik. Man sieht sich bereits bei den Anuak um. Nur hochgewachsene Frauen kommen in Frage. Vor allem müssen sie jung sein, damit sie noch alle Zähne im Mund haben. In der Nachbarschaft leben andere Volksgruppen mit ebenfalls »interessanten« Geschöpfen für die Modewelt. Das Problem der meisten Ethnien »im Busch« besteht darin, dass

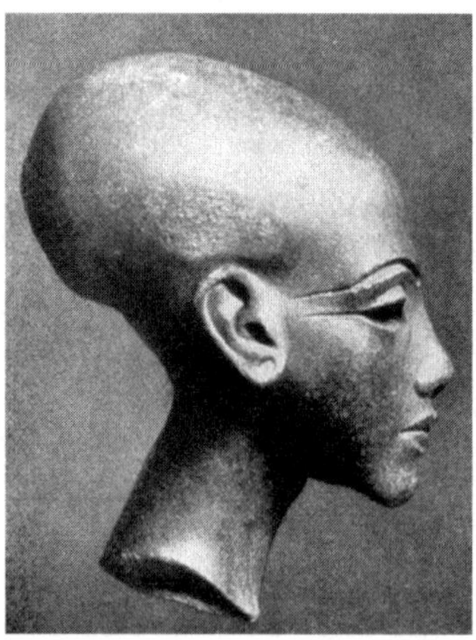

42 Verformter Schädel, Tochter des ägyptischen Königs Amenophis IV.

ihre Körperverschönerungen im Westen als hässlich gelten. Es ist allerdings eine Frage der Zeit, wann auch diese Bastion genommen und die eine oder andere »Verschönerung« zum letzten Modeschrei wird. Immer rascher verbrauchen sich Schönheitsnormen und Idealvorstellungen. Die alten Ägypter waren da schon bodenständiger. Ihr weibliches Schönheitsideal hat sich in ihrer dreitausendjährigen Geschichte nur wenig geändert. Sie schwärmten von Frauen mit kleinen Brüsten und schmalen Hüften, von feinen, aber großflächigen Gesichtern und großen bemalten Augen.

Kulturbedingte Ideale gibt es überall auf der Welt. Sie können sich drastisch unterscheiden, vielfach anzutreffen oder einmalig auf der Welt sein. Bei den Mangbetus im Kongo liebt man einen ovalen Hinterkopf. Er wird

43 Padaungfrauen, Burma

durch Schädelpressen erreicht. Den Padaung in Burma gilt ein extrem langer Frauenhals als schön. Metallringe, die mit Beginn der Jugend nach und nach umgelegt werden, drücken die Schultern nach unten und erzielen so den gewünschten Giraffenhals. Selbst im Intimbereich gibt es das Schöne und das Hässliche. So verlängern die südafrikanischen Namafrauen ihre kleinen Schamlippen. Nach alter Tradition gilt solcherart Verschönerung als verführerisch. Entsprechend massieren Mütter gewissenhaft die Genitalien ihrer kleinen Töchter. Bis zum Teenageralter sollen sie das ersehnte reizvolle Aussehen erreicht haben.

Von den Makatolos (Zentralafrika) ist bekannt, dass sie einen Pelelé in der Oberlippe trugen, einen Metall- und Bambusring. Die Lippe muss dafür durchstochen werden. Sie soll dann zusammen mit dem eingeführten Schmuckstück »zwei Zoll« über die Nasenspitze hinausragen. Lächelt die verschönerte Dame, zieht sich die Oberlippe bis über die Augen. Schon Charles Darwin grübelte über diese »verwunderliche« Verschönerung. Er befragte den »ehrwürdigen Häuptling Chinsurdi«, der sich augenblicklich durch »eine so thörichte Frage« überrascht zeigte. Seine Erklärung: »Der Schönheit wegen! Es sind die einzigen schönen Dinge, welche die Frauen haben. Männer haben Bärte, Frauen nicht. Was für eine Person würde sie ohne Pelelé sein? Ohne Bart und mit einem Munde wie ein Mann wäre sie keine Frau.«

44 Mangbetufrau, Zentralafrika

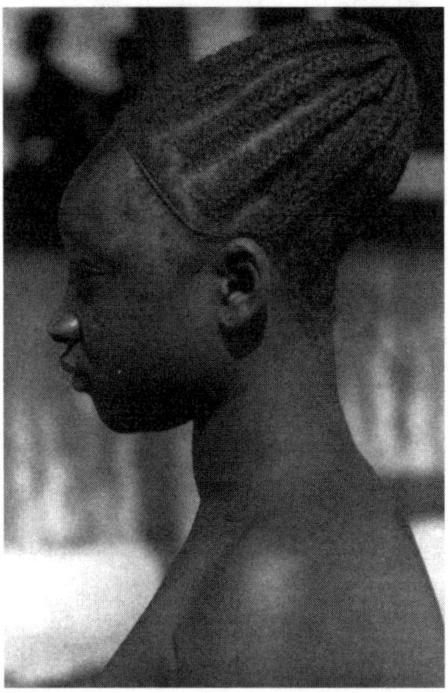

Die Liste der Körperverschönerungen, mithin der Körperideale scheint unerschöpflich. Nichts gibt es am menschlichen Körper, was nicht schon verändert wurde. Ob Ohrläppchen, die bis weit über das Schlüsselbein gedehnt worden sind wie bei den Organ Uli (Nordamerika); Lippen, in denen Untertassen

Platz haben wie etwa bei den Suri (Südwestäthiopien), oder Hautpartien, die durch vielerlei Narben, Farbeinbringungen oder Piercing verschönert wurden. Derartige Veränderungen des Körpers waren und sind unzweifelhaft erstrebenswert. Für sie müssen oftmals große Schmerzen hingenommen werden, manche enden gar tödlich. Viele Eingriffe erfordern zudem mehrere Jahre bis zu ihrer Vollendung.

Die Notwendigkeit der Körperverschönerungen muss *zwingend* gewesen sein, wohingegen die Beweggründe verschieden sein können. Bei traditionellen Gesellschaften sind und waren sie häufig mit religiösen Bräuchen verknüpft oder sind Teil der Initiation. Manchmal zeigen körperliche Kennzeichnungen das Alter der Reife oder den Rang einer Person an. Nicht selten dienen sie zur Abgrenzung gegenüber anderen Stämmen oder Völkern. Doch letztendlich sind das Schmücken und das Verändern des Körpers, das bis hin zur Verstümmelung gehen kann, nur einem Grund geschuldet: Es dient der eigenen Eitelkeit und der Bewunderung durch andere, es unterstreicht die Geschlechtszugehörigkeit, und es macht schön.

Universelle Merkmale

Schönheit liegt fraglos im Auge des Betrachters. Ein Europäer wird niemals nachvollziehen können, weshalb herausgezogene Vorderzähne oder übermäßige Fettablagerungen eine Frau verschönern und begehrenswert machen. Umgekehrt wird es traditionellen Gesellschaften fremd bleiben, warum Silikon in Brüsten oder Nylonstrümpfe eine Frau sexuell reizvoll erscheinen lassen. Doch wie unterschiedlich Körperaccessoires oder herbeigeführte Körperausprägungen bei Frauen auch sein mögen, die als schön, attraktiv und sexuell anziehend gelten, eines ist gewiss: Überall auf der Welt finden Männer *bestimmte* Aspekte bei Frauen sexuell anziehend.

Dazu gehört ein bestimmtes Maß an Körperpflege und Sauberkeit. Außerdem lehnen Männer weltweit Männliches am weiblichen Geschlecht ab, etwa Barthaar oder einen breiten Nacken. Schließlich steht Jugendlichkeit bei Frauen überall auf der Welt ganz oben auf der Attraktivitätsliste. Sie ist ohne Frage *der* Dreh- und Angelpunkt der sexuellen Anziehungskraft überhaupt und das Topwahlkriterium. Aus diesem Grund tun Frauen auf der ganzen Welt viel, um jung auszusehen oder zu erscheinen. Auch träumen sie seit Menschengedenken von »ewiger Jugend«. Kleopatra badete in Eselsmilch, um sich ihre jugendliche Haut zu bewahren. Im Mittelalter war es das »Bad im Jungbrunnen«, das älteren und gebrechlichen Damen falsche Hoffnung machte, heute sind es Vitaminampullen, Botox und Liftings.

Vom ländlichen Zulu bis zum brasilianischen Städter, sie alle fühlten sich zu jungen, hübschen, lebhaften Frauen hingezogen, resümiert die Anthropologin Helen Fisher. Männer hingegen würden wegen ihres Besitzes oder des Geldes wegen bevorzugt. Der bittere Schluss dieses Geschlechtergesetzes ist unverkennbar: Frauen sehen ganz schön alt aus, wenn sie alt werden, Männer hingegen nicht. Diese biologische Determinante für Frauen kann auch durch Schönrederei nicht wegdiskutiert werden. Weisheiten wie: »Falten lassen ein Gesicht erst leben«, »Falten machen ein Gesicht erst schön«, »Falten geben dem Gesicht erst Charakter« – sie alle mögen in gewisser Weise stimmen, sexuell attraktiv machen Falten jedoch nicht, im Gegenteil. Selbst Verweise auf »toll gealterte« Frauen sind alles andere als motivierend.

Die französische Schauspielerin Jeanne Moreau sowie ihre englische Kollegin Vanessa Redgrave und auch die frühere FDP-Politikerin Hildegard Hamm-Brücher sind fraglos außergewöhnlich schöne alte Damen. Doch sind sie sexuell begehrenswert? Bedauerlicherweise: nein. Sie würden es auch dann nicht sein, wenn sie in Kulturen lebten, die alte Frauen als weise ansähen oder in denen sie hochgeachtet wären. Ihr Status wäre besser als in unserer Gesellschaft, sexuell attraktiver würden sie dadurch keineswegs. Anders beim Mann. Mit zunehmendem Alter wirkt er beständiger und zuverlässiger, in der Regel wird er »reicher« sein als in seiner Jugend und beruflich etwas erreicht haben. Das macht ihn begehrenswerter, keine Frage.

Die oberste, unsere Wahl und Neigung leitende Rücksicht sei das Alter, philosophiert Arthur Schopenhauer in Bezug auf die Frauen und ergänzt: »Im Ganzen lassen wir es gelten von den Jahren der eintretenden bis zu denen der aufhörenden Menstruation … ein altes, d. h. nicht mehr menstruirtes Weib erregt unsern Abscheu. Jugend ohne Schönheit hat immer noch

Reiz; Schönheit ohne Jugend keinen. Offenbar ist die hiebei uns leitende Absicht die Möglichkeit der Zeugung überhaupt.« Das ist sehr uncharmant von dem knattrigen Misanthropen formuliert, gewiss, aber leider hat er recht.

Schönheit setzt eine stabile und robuste Gesundheit voraus, Symmetrie am menschlichen Leib ebenfalls. Ein gleichmäßiger und regelmäßiger Gesichtsaufbau ist deshalb ein wichtiges Kriterium, wenn es um den Sexualpartner geht. Das gilt für beiderlei Geschlecht. Als man Männer aus der ganzen Welt dem gleichen Test unterzog, wählten alle die gleichen Gesichter aus einer Reihe von Frauenbildern aus. Die absoluten Favoritinnen hatten sämtlich ein symmetrisches Gesicht. Die Formel lautet: Je symmetrischer das Gesicht, desto anziehender und erotischer wird es empfunden.

Das menschliche Auge liebt Symmetrie. Auch künstlich geschaffene Computerschönheiten müssen, wenn sie perfekt sein sollen, absolut symmetrisch sein. Die horizontalen Maße spielen im Gesicht keine unmittelbare Rolle, meint der Biologe Karl Grammer, nur große Münder werden in aller Regel als wenig sexy empfunden. Die meisten Experten sind der Meinung, dass Symmetrie und Schönheit zusammengehören. Symmetrie ist in jedem Fall an Gesundheit gekoppelt. Wer krumm, schief oder unsymmetrisch gewachsen ist, der war nicht in der Lage, sich während seiner Entwicklung mit Störungen aus der Umwelt auseinanderzusetzen. Folglich sind Robustheit und Gesundheit nicht genügend entwickelt.

Männer »fahren« auf Symmetrie ab. Im Tierreich gilt das Gleiche. Weibchen suchen sich Männchen, die zeigen, dass sie topfit sind. Geweihe, bunte Federn und sonstiger »biologischer Kitsch« können nur prächtig und symmetrisch ausgebildet werden, wenn die männlichen Tiere gesund sind. »Mit solcher Luxusausstattung wollen männliche Tiere ihren potentiellen Paarungspartnerinnen signalisieren, dass sie parasitenfrei und damit gute Vererber sind«, schreibt Michael Miersch in seinem Buch *Das bizarre Sexualleben der Tiere.* Weibchen lassen sich eh nichts vormachen, wenn es um ihre Liebhaber und ihre Nachkommen geht. Sie täuschen sich nie, auch wenn sie nicht zählen oder den Liebesanwärter nur mit einem Auge anplieren können, weil ihre Augen seitlich am Kopf angebracht sind. Entfernt man etwa auf der einen Seite des prächtigen Federrades eines Pfaus ein oder zwei Federn, dann ist es aus. Die Damenwelt hegt kein Interesse an einem, der links mehr aufzuweisen hat als rechts.

Haben Lebewesen auf unserem Planeten also ein universelles angeborenes Schönheitsempfinden? Die Psychologin Dahlia Zaidel von der University of California in Los Angeles beantwortet diese Frage eindeutig mit ja. Tatsächlich schauen bereits Babys Menschen mit schönen Gesichtern länger an als weniger attraktive. Es scheint genetisch gesteuert, wie Menschen die äußere Erscheinung anderer Menschen bewerten. Wir gehen nach einem bestimmten Raster vor. Es sagt uns: Die Haut stimmt, die Symmetrie ist in Ordnung, die Größe kommt hin und so weiter. Schönheit ist damit ein wichtiges Kriterium bei der Partnerwahl.

Und ebenso wichtig: Beim Abrastern findet immer auch eine geschlechtliche Unterscheidung und damit Zuordnung statt. Es ist das erste, wonach wir fragen und was wir beantwortet haben müssen. Es ist lebensnotwendig, weibliche und männliche Züge und Attribute im Gesicht genauestens auszumachen. Sie bestimmen die Attraktivität des entsprechenden Geschlechts. Der Psychologe David Perret von der St. Andrews University Schottland in Ecosse nennt die Merkmale eines Frauengesichts im Vergleich zum Mann: kleinere Nase, schmaleres Kinn, geschwungenere Augenbrauen und ein größerer Mund.

Frauen wirken entsprechend auf zu männlich erscheinende Gesichtsmerkmale ein. Sind die Augenbrauen zu buschig, werden sie zurechtgezupft. Beim Mann ist die Augenbrauenleiste markanter und gerader. Folglich achten Frauen auf einen Extraschwung und schmale Brauen. Manche übersteigern sowohl den Bogenschwung als auch die Schmalheit der Brauen. Das Weibliche der Brauen tritt auf diese Weise besonders hervor und verleiht dem Gesicht eine Extraportion Weiblichkeit.

Auch Härchen auf der eigentlich beim weiblichen Geschlecht unbehaarten Stelle zwischen den Augen, der sogenannten Glabella, werden nicht geduldet. Die Malerin Frida Kahlo war diesbezüglich eine Ausnahme. Selbstbewusst ließ sie den männlich wirkenden Wildwuchs stehen und machte die kohlrabenschwarze Monobraue zu ihrem Markenzeichen. Ein Kritiker konnte nicht umhin und bemerkte prompt: »Frida Kahlo mag eine interessante und kreative Frau gewesen sein, aber sie hatte nur eine Augenbraue.

Sie zog sich von der einen Gesichtshälfte zur anderen wie die Chinesische Mauer.«

Die Malerin fand vereinzelte Nachahmerinnen und auch Liebhaber. Gewöhnlich zieht uns jedoch das normale, das heißt das durchschnittliche an, nicht das abweichende oder individuell hervorstechende Merkmal. Wobei wir das Mittel bilden, wie der Psychologe David Perret unterstreicht. Wird etwa aus zwei normalschönen Gesichtern per Computer ein drittes konstruiert, so wird dieses als schöner empfunden. Noch schöner wirkt ein derart konstruiertes Gesicht, wenn bei der Vermischung noch mehr Gesichter zur Verfügung stehen, beispielsweise vier oder gar acht Ausgangsgesichter.

Bei der Partnerwahl wird laut Perret auf ein durchschnittliches Aussehen geachtet, weil ein ungewöhnliches Aussehen eventuell auf Mutationen im Erbgut hindeutet. Ähnliches können wir im Tierreich beobachten. Wer zu viel an bestimmten Merkmalen vorzuweisen hat, ist chancenlos. Übertreiben es etwa die Java-Bronzemännchen, eine Prachtfinkenart, mit ihrem Äußeren, geraten sie bei den angebeteten Weibchen leicht ins Abseits. Die Vogelmännchen betören das andere Geschlecht normalerweise mit einem eher unscheinbaren Federkleid. Jedenfalls erscheint es uns Menschen eher kläglich, es ähnelt dem eines Sperlings. Aber immerhin macht das eine Java-Bronzemännchen wohl mehr her als das andere. Die Biologin Klaudia Witte von der Universität Bielefeld wollte es genau wissen. Sie klebte dem begehrtesten Männchen in ihrer Voliere eine zusätzliche rote Feder aufs Haupt. Die gefiederte Damenwelt war gar nicht angetan, stufte den schicken Herren als »overdressed«, also als mutiert ein und würdigte ihn keines Blickes mehr.

Vom hässlichen Entlein zum schönen Schwan

Nie zuvor umgaben uns derart viele Bilder von schönen Menschen und Idealkörpern. Das hat Folgen auch und gerade für das schönheitsbesessene weibliche Geschlecht. Umfragen zufolge ist jede zweite Frau in Deutschland mit ihrem Aussehen unzufrieden. Mädchen wollen aussehen wie Kate Moss oder Gisele Bündchen. Jungs liebäugeln mit Brad Pitt oder George Clooney. Frauen verlangt es nach Modelmaßen. Sie wünschen sich die ebenmäßigen

Gesichtszüge ihrer Idole. Dabei orientieren sich viele längst nicht mehr nur an »echten« Schönheiten, sondern auch an den künstlich geschaffenen weiblichen Cyberstars. Ihnen sehen selbst Profis nicht mehr an, ob sie Kunstfiguren oder wirkliche Menschen sind. Der Abstand zwischen der realen Welt und der Welt des Internets ist auf ein Minimum zusammengeschrumpft. Schon sucht man die Schönste aller Schönen nicht mehr ausschließlich im Hier und Jetzt. Seit Anfang 2004 startete im Internet eine neue Misswahl. Gesucht wird Miss Digital. Und weshalb? Der Organisator der Wahl kennt die Antwort: »Wir suchen nach der perfekten Schönheit.«

45 Digital-Girl, 2004

In der wirklichen Welt der Menschen haben schiefe Zähne oder Schlupflieder schon lange keine Existenzberechtigung mehr, da sie korrigiert werden können. Den »fiesen Huckel« auf der Nase würde sich die zwanzigjährige Melanie »gern wegmachen lassen«, wie sie der Tageszeitung *Weser Kurier* anvertraut. Tobias (vierzehn Jahre) stören hingegen seine Segelohren, während sich die gertenschlanke Kerstin (dreizehn Jahre) gern Fett absaugen lassen würde. Es gibt leider nichts mehr, was nicht sogar schon von Kindern oder für sie gewünscht werde, bestätigt Hans Rudolph, Generalsekretär der Deutschen Gesellschaft für Plastische und Wiederherstellungschirurgie mit Sitz in Rotenburg/Wümme.

Von daher ist es kein großer Sprung, wie eines der von Menschenhand geschaffenen Kunstgeschöpfe aussehen zu wollen. Warum nicht das Gesicht und die Figur von Barbie? Jene absurde Puppe der Firma Mattel mit den Kennzeichen: kindliche Gesichtszüge, Schwanenhals, superschlanke Figur, großer Busen, schmale Taille, kleiner Po, überlange Beine, winzige Füße.

Die Amerikanerin Cindy Jackson legte sich bislang achtzehnmal unters Messer, um ihrem großen Vorbild Barbie näher zu kommen. Auch für die Deutsche Angela Vollrath ist die kleine Plastikpuppe die schönste Frau auf Erden. Ihr wollte sie schon immer ähnlich sein. Nach mehreren Operationen präsentiert sich die deutsche »Miss Barbie« stolz den Fotografen und in Talkshows. Im Internet gibt sie ihre Körperdaten bekannt: Größe: 168 Zentimeter, Haarfarbe: blond, Augenfarbe: grün-blau, Konfektionsgröße 36/38, Oberweite: 94 Zentimeter, Taille: 60 Zentimeter, Hüfte: 86 Zentimeter. Damit verkündet Angela Vollrath Maße, die die Natur höchst selten verschenkt. Vielleicht zwinkert sie deshalb auf ihrer Homepage, auf der sie wie ihr großes Vorbild aussieht.

Unheimlich stolz auf ihr neu erschaffenes Äußeres ist auch die einstmals »flachbrüstige« und »hässliche« Amy Taylor aus dem Land der unbegrenzten Möglichkeiten. Das »Supergirl« der Fernsehserie *Beauty Klinik* hatte sich vor laufender Kamera nicht nur Silikon in die Brüste implantieren, sondern darüber hinaus »rundum erneuern« lassen. Das Live-Operationsspektakel, das 2001 gestartet wurde und sich von heute auf morgen zum TV-Quotenknüller in den USA entwickelte, machte aus der neunundzwanzigjährigen Amerikanerin einen »neuen, glücklichen« Menschen. Nach dem Busen kam die Nase dran, nach der Nase kamen die Beine und der Bauch. Schließlich wurden ihre schiefgewachsenen Zähne in ein Hollywoodgebiss verwandelt, ein Starcoiffeur kümmerte sich um ihr Haar, ein Kosmetikstudio sorgte für das richtige Make-up und von einer Designerboutique wurde Amy Taylor in das richtige Outfit gesteckt. Aus Aschenputtel war eine Prinzessin geworden. Das Publikum staunte, und Freunde sowie Kollegen erkannten sie kaum wieder. Darüber war Amy Taylor »very, very happy«.

The Swan, eine ähnlich angelegte Fernsehsendung in Deutschland, enttäuschte die Macher. Die ersehnte hohe Quote blieb aus. Dafür machte das *Swan*-Team aus mehreren angeblich hässlichen Entlein schöne Schwäne.

Tränenreich konnten sie ihr Glück nach der gelungenen Verwandlung nicht fassen. Verständlich, denn das Glücksgefühl der operierten Schwäne basiert auf einem Naturgesetz, das besagt: Wer schön ist, ist auch zugleich sexuell attraktiv. Das ist bitter für all jene, die nicht in diese Kategorie fallen, doch es kommt noch schlimmer, wie eine Studie belegt: Wer sehr schön ist, also sehr attraktiv und damit sexuell sehr anziehend, der gilt auch gemeinhin als sympathisch.

Das Ergebnis der Untersuchung wurde durch einen Kulturvergleich sogar bestätigt. Schöne Menschen haben also von vornherein Bonuspunkte, wenn es um Sympathie geht. Umgekehrt hat ein Mensch, der hässlich ist, unattraktiv und sexuell als wenig ansprechend empfunden wird, schlechte Karten. Er wird allgemein als unsympathisch eingestuft. Das ist fatal, weil uns die Erfahrung natürlich lehrt, dass das eine mit dem anderen nicht unbedingt etwas zu tun haben muss.

Ebenso fatal ist, was die Forscher D. T. Kenrick und R. B. Gutierres bereits 1980 entdeckten. Sie fanden heraus, dass die Beurteilung eines schönen Gesichts davon abhängt, wie attraktiv das Gesicht war, das man zuvor gese-

46 Farrah Fawcett

hen hatte. Medien haben demzufolge einen enormen Einfluss auf unsere Einschätzung von Attraktivität. Eine bildhübsche Frau in der Werbung oder ein »Superweib« im gerade angeschauten Kinofilm kann die nächste Frau in den Schatten stellen. Sie wird nicht mehr als gar so schön eingestuft. Dieses Phänomen wird von Wissenschaftlern als »Farrah-Faktor« bezeichnet, nach der amerikanischen Schauspielerin Farrah Fawcett. Sie wirkte in der ersten Staffel der US-Fernsehserie *Drei Engel für Charlie* (1976–1981) mit und wurde dadurch sehr bekannt.

In die Fachliteratur katapultierte sich die attraktive Seriendame hingegen durch ein ganz einfaches Experiment. Studenten sollten das Gesicht einer Frau anhand eines Fotos beurteilen. Der eine Teil der Studenten hatte just zuvor eine Folge der Serie mit Farrah Fawcett gesehen, der andere nicht. Diejenigen, die die überaus hübsche Schauspielerin vorher gesehen hatten, beurteilten die Attraktivität der Fotodame als wesentlich schlechter als die übrigen Studenten.

Das ernüchternde Fazit dieser Studie ist klar: Hochattraktive Damen aus der Werbung, aus Filmen oder Hochglanzmagazinen können zu überzogenen Schönheitsidealen führen. Vermutlich nicht nur bei kurzfristiger Beeinflussung, sondern insbesondere bei einer »ständigen Berieselung«. Der Blick fürs Reale geht verloren. Innerlich werden überdurchschnittliche Attraktivitätsstandards geschaffen. Das gilt für beide Geschlechter. Die normale Schönheit erfährt dadurch eine Abwertung, und die Schönheitsansprüche wachsen. Überspitzt formuliert: Wer beständig mit hundertzehnprozentigen Frauenschönheiten konfrontiert wird wie etwa mit jener *Catwoman* alias Halle Berry, dem reicht »Normal-Woman« nicht mehr.

Verführerische Frauen haben lange Haare oder wilde Lockenmähnen. Dergleichen Haare lassen die meisten Männer schwach werden, denn sie gehören zu den weiblichen Schlüsselreizen. Gesteigert werden diese Zeichen erotischer Weiblichkeit einzig und allein durch die Farbe blond.

Ob Italiener, Franzose, Grieche oder Spanier, Südländer sind ganz verrückt nach den Blondinen aus dem Norden. Sogar wenn die Blonde nicht besonders schön ist, sieht man ihr hinterher. Das sehen die Damen aus dem Süden gar nicht gern und bleichen ihre dunklen Haare. Doch dem nordischen samtigen Blond ist nur schwer mit künstlichen Farben beizukommen. Das schreckt die südländischen Kunstblondinen wenig, Hauptsache: blond. Denn blond steht für Erotik, Anziehung und nicht zuletzt für jugendliche Ausstrahlung.

So ähnlich dachten auch die Italienerinnen der Renaissance. Um ihre Haare zu blondieren, griffen sie zu einem Destillat aus der Asche von Buchenholz. Mit dem Sud wurden die Haare getränkt, sodann mussten sie an der Sonne trocknen. Ausgebreitet über eine Hutkrempe aus Strohgeflecht wurde das Haar wieder und wieder mit dem Sud angefeuchtet. Das forderte den Damen viel Geduld ab. Zweckmäßigerweise begab man sich zur zeitaufwendigen Prozedur auf die Dächer der Häuser, wo eigens für das Bleichen Loggien errichtet worden waren.

Frauen im alten Rom schwärmten aber nicht nur für blond, auch das nordische Feuerrot hatte es ihnen angetan. Perücken und chattischer Schaum half den Römerinnen, den feuerroten Barbarinnen zu ähneln. Die Schönen vom Tiber färbten oder blichen ihre Haare aber keineswegs nur, weil sie die Germaninnen und Keltinnen um deren außergewöhnliche Haarfarben beneideten. Der Grund war viel bitterer. Die Nordfrauen hatten den römischen Männern regelrecht den Kopf verdreht und das bloß wegen ihrer Haarfarbe.

Bereits dazumal war blond nicht gleich blond. Hellblond war die Sensation und erstrebenswert. Germaninnen und Keltinnen hellten deshalb ihre Naturhaarfarbe fleißig auf. Davon wiederum war Julius Cäsar (100–44

v. u. Z.) ungemein angetan, so dass der Feldherr über die Britannier bemerkte: »Das Haar ist nicht nur von Natur aus blond, sondern sie verstärken diese eigentümliche Farbe noch durch künstliche Behandlung. Sie waschen nämlich die Haare immerfort mit Kalkwasser und streichen es von der Stirn rückwärts gegen den Scheitel und Nacken, so dass ihr Aussehen dem der Satyrn und Pane gleicht. Die Haare werden von der Behandlung immer dicker, so dass sie sich von der Pferdemähne nicht mehr unterscheiden.«

Am Färben und Blondieren hält noch immer eine riesige Schar Frauen fest. Besonders und gerade im europäischen Raum, wo die meisten blonden Geschöpfe geboren werden. Blond galt im Mittelalter sogar als derart schön, dass lyrische Texte aus jener Zeit die schöne Angebetete einfach als »die Blonde« bezeichnen. Deshalb wurde auch zu jener Zeit das Haar möglichst noch blonder gemacht. Die Pracht fiel sodann lose in Locken über die Schultern, oder die geflochtenen Zöpfe wurden mit Haarnadeln und Schleifen geschickt am Kopf befestigt.

Der Zoologe und Verhaltensforscher Desmond Morris behauptet, Männer würden Blonde bevorzugen, weil ihr Haar seidiger und weicher als das dunkelhaariger Frauen sei. Letzteres trifft unbestritten zu. Das einzelne Haar der echten Blondine ist feiner als das einer Brünetten oder Schwarzhaarigen. Gewöhnlich verfügen Menschen über 100 000 Haupthaare. Bei Blonden beträgt die Anzahl 140 000. Brünette besitzen nicht mehr als 108 000, dafür sind die einzelne Haare dicker, während Rotschöpfe mit nur 90 000 Haaren die gröbsten vorweisen.

Zudem haben Blondinen weniger Körperhaar. Wo sich Dunkelhaarige epilieren oder rasieren müssen, wächst ihnen nur ein schwacher Flaum. Schamhaar und Achselhaar sind samtig und unauffälliger. »Die seidenartige Weichheit ihres Schamhaars bildet einen scharfen Kontrast zu dem der Brünetten, das rauh und buschig ist. In den Augenblicken größter Intimität hat sie daher einen leichten Vorteil gegenüber dunkelhaarigeren Frauen«, behauptet Desmond Morris.

Auf alle Fälle geben echte Blondinen einen anderen Körpergeruch ab als Brünette oder Rothaarige. Weshalb Wissenschaftler derzeit spekulieren, ob es einen Zusammenhang von Östrogenpegel und Haarfarbe gibt. Blondinen hatten bei einer Untersuchung in aller Regel mehr weibliche Hormone als Frauen mit dunkler Haarfarbe. Ein möglicher Grund, weshalb Männer auf blonde Frauen »fliegen«. Ein weiterer Vorteil der Blondine ist ihr optischer Reiz. Blonde Haare vermitteln eine jugendliche Erscheinung. Färbt sich eine Blondine ihre Haare dunkel, wirkt sie älter und weniger zerbrechlich.

In unserer Kultur ist blond ein Synonym für Klasse. Es verkörpert die Sonne, das Gold und die Treue. Schwarzes Haar wird hingegen dem leidenschaftlichen, südländischen Temperament zugeordnet. Blond steht auch für Reinheit und klassische Schönheit, ein Grund, weshalb es mehr blonde als brünette oder schwarzhaarige Werbefrauen gibt.

Blondes have more fun – Blonde haben mehr Spaß/Lebensfreude, heißt es, und von blonden Frauen sollen weit mehr Männer schwärmen als von dunkelhaarigen. Für Südamerika trifft das in jedem Fall zu. Eine blonde Mittvierzigerin resümierte nach einem längeren Aufenthalt in Brasilien: »Färb dich blond, und du kannst an jedem Finger zehn Kerle haben.« Auch Japaner scheinen vernarrt in hellere Haartöne zu sein. Brünette und Blonde sind es, die in Tokio als Fotomodelle gesucht werden und dort bevorzugt von den Plakatwänden lächeln. Gewöhnlich haben diese dann auch kaukasische Gesichtszüge.

Marlene Dietrich, Marilyn Monroe und Brigitte Bardot waren keine echten Blondinen. Ihnen ebneten Blondierungsmittel den Weg zum Ruhm. Hollywood giert nach blonden Frauen. Entsprechend muss das Gros der blonden Hollywoodschönen regelmäßig ihren Haaransatz nachfärben. Ihr Sexappeal verdanken blonde Schauspielerinnen wie Sharon Stone, Melanie Griffith, Meg Ryan oder Kim Basinger zweifellos auch ihrer Haarfarbe. Blond, das ist Erotik pur, das ist kühl und anziehend zugleich. Von diesen Eigenschaften ließ sich nicht zuletzt Alfred Hitchcock inspirieren. Der große Altmeister des Films wählte vorwiegend superblonde Frauen für seine Hauptrollen.

Blond steht schon lange nicht mehr nur für zahm, verletzlich und dumm, sondern auch für clever, verrucht und energiegeladen. Prominentestes Beispiel ist die amerikanische Popikone Madonna. In Videoclips verkörpert die blondgefärbte Sängerin nicht selten einen sexbesessenen Vamp oder ein provokant brünstiges Weibsbild, das die Männer im Griff hat. Dieses »blonde Gift« beten Männer an, weil sie alles verspricht: ungezügelte Geilheit, verruchte Lüsternheit, Wollust *und* Sex.

Mit prickelnder Atmosphäre ging auch eine andere Schönheit vor, jedoch nicht gar so schreiend auffällig, Rita Hayworth. In den prüden Vierzigerjahren brach sie nicht blond, nicht brünett, sondern rothaarig Männerherzen. Das Hollywoodwunder soll dies auf einfachste Art und Weise zustande gebracht haben. Sie warf gekonnt ihre rote Mähne nach hinten. Der Zauber ihres roten Haars soll sogar im US-amerikanischen Kinostreifen *Gilda* von 1946 gewirkt haben, einem Schwarzweißfilm.

Üblicherweise haben es Rothaarige jedoch nicht leicht. Sie gelten als anrüchige Verführerinnen. Ihnen haftet etwas Anstößiges und Abweichendes an, weshalb sich viele Rothaarige eine andere Haarfarbe wünschen. In den Jahrhunderten der Inquisition wurden Rothaarige als Hexen verbrannt. Für Kirchenväter war rotes Frauenhaar und Wollust ein und dasselbe. Der Teufel trieb es am liebsten mit feuerroten Weibern, mit Hexen eben. Rot war auch die Farbe des Verräters Judas. Alles in allem hatte Rot zumeist einen schlechten Ruf, so dass Frauen sich bereits in der Gotik ihre roten Haare umfärbten.

Verführerische Haarpracht

Nicht nur rotes Haar war der Kirche ein Dorn im Auge. Weibliches Haar an sich stand für Verführung, Versuchung und Leidenschaft. »Fliehe die Leichtfertigkeit der Mädchen, die ihr Haupt schmücken, ihr Haar von der Stirn schmücken, ihr Haar von der Stirn herabfallen lassen, ihre Haut glätten, Schönheitsmittel benutzen, enganliegende Ärmel oder Kleider ohne Falten tragen und glitzernde Schuhe«, mahnt der heilige Hieronymus (um 347–419).

Fürwahr, Frauenhaar übt einen mächtigen erotischen Reiz auf den Mann aus, besonders wenn es wallend über die Schultern fällt. Frauen zu allen Zeiten waren sich dessen bewusst: Die Haarpracht ist ein unerlässlicher Teil der erotischen Inszenierung. Eine Frau mit langem Haar, die sich hingibt, tut dies nicht mit hochgestecktem Haar. Oft ist es sogar der Mann selbst, der Nadeln oder Kämme zuvor aus dem Frauenhaar löst.

In strenggläubigen Gesellschaften wird das Haar häufig gebunden, zusammengesteckt oder unter Kopfbedeckungen verborgen, um die sinnliche Ausstrahlung der Frau einzudämmen. Bereits in Mesopotamien, also lange vor unserer Zeitrechnung, mussten Ehefrauen und erwachsene Frauen ihr Haupt verhüllen, sofern sie öffentliche Plätze aufsuchten. Nur Dirnen und Sklavinnen durften bedenkenlos mit offenen Haaren herumspazieren. Auch nach germanischer Sitte durften Frauen ihr Haar nicht mehr lose tragen, sobald sie verheiratet waren. Eine verheiratete Römerin musste ebenfalls ihre Haarpracht verhüllen.

Im Mittelalter war es nur Jungfrauen erlaubt, ihr schönes Haar offen zu tragen. Am Hochzeitstag kam es das erste Mal unter eine Haube, und fortan blieb es der Öffentlichkeit verborgen. Deshalb heißt es noch heute: Sie kommt unter die Haube, wenn ausgedrückt werden soll, dass eine Frau heiratet. In der Vergangenheit war in aller Regel das offene Tragen der Haare nur bei Mädchen oder jungen Frauen schicklich.

Biologen sprechen nüchtern von Hautanhangsgebilden, wenn sie die Funktion des menschlichen Haares beschreiben. Seine Aufgabe sehen sie im Wärmen und Kühlen des Körpers. Doch unverkennbar besitzt Haar mehr als nur eine schützende Funktion. Es symbolisiert Vitalität, Gesundheit und Kraft eines Menschen. In diversen Mythen und Riten sind Haare oft Träger magischer Kräfte oder Sitz der Seele. Nicht zuletzt zeigt Simsons Schicksal in der biblischen Geschichte, welcher Wert dem Haupthaar beigemessen wird. Kaum hat ihm die Verführerin Delila die Haare geschert, verliert er seine Stärke.

Haar gibt Aufschluss über das Alter eines Menschen, den hormonellen Status einer Person, die ethnische Zugehörigkeit, und es zeigt Krankheit an. Weibliches langes, farbiges, kräftiges, glänzendes Kopfhaar ist Kennzeichen einer jungen gesungen Frau. Graues schütteres und mattes Haar deutet auf Schwäche, fortgeschrittenes Alter oder Krankheit. Ein Säugling oder Kleinkind hat anderes Haar als ein Erwachsener. Über die gesamte Lebensperiode verändert sich das Haar. Niemals ist das Haar im Alter so dicht, glänzend und von solcher Farbe wie in der Jugend. Im höheren Lebensalter wächst es langsamer und erreicht etwa bei Europäern oder Asiaten nicht mehr die vormalige Gesamtlänge.

Langes weibliches Haar hat in vielen Kulturen einen besonderen Attraktivitätsbonus, weil es keine Selbstverständlichkeit ist. Selbst das Haar junger Europäerinnen ist nicht immer derart prachtvoll, dass es lang getragen werden kann. Der Apostel Paulus war nicht von ungefähr überzeugt: »Wenn eine Frau langes Haar hat, so ist es eine Ehre für sie.« Außergewöhnliches schönes, langes Haar zeichnet eine Frau immer aus. Sie wird dafür bewundert wie im alten Japan oder gepriesen wie in der europäischen Literatur des Mittelalters, der Neuzeit und der Gegenwart.

Eine Kurzhaarige kann andere weniger schnell in den Bann ziehen, selbst bei gleicher Haarqualität. Die spezielle Signalwirkung bleibt aus. Kurzes Haar besitzt längst nicht die markante Sinnlichkeit, wie sie langes Haar mitbringt. Ob kühle Blonde, rassige Rothaarige oder schwarzes Biest, ein kurzgeschorener Schopf wirkt in den wenigsten Fällen weiblich und sexuell attraktiv auf Männer. Wegen dieser Wirkung lassen sich unter anderem Nonnen ihr Haupthaar äußerst kurz schneiden oder gar vollständig abscheren. An ihren Körpern soll nichts Verlockendes sein.

Einbußen ihrer sexuellen Attraktivität müssen auch Kurzhaarfrauen oder Glatzköpfige befürchten, die nicht im Zölibat leben. Eine ausgesprochen hübsche dreiundzwanzigjährige Studentin ließ sich aus modischen Gründen vor einigen Jahren ihre Haare auf 1,5 Zentimeter stutzen. Sie besaß eine wunderschöne Kopfform, und ihr bildschönes Gesicht wurde durch die Frisur noch unterstrichen. Durch ihre weibliche, gutproportionierte Figur sowie die frauliche Art wirkte sie keineswegs männlich. Nach zwei Jahren ließ sie ihre mittelblonden, leicht lockigen Haare wieder bis über die Schultern wachsen. Ihre Erfahrungen mit der Stoppelfrisur waren ernüchternd: »Mich hat während der ganzen Zeit kein Mann angesprochen, keiner hat versucht, sich mir zu nähern, von Flirtversuchen ganz zu schweigen. Jetzt ist das vollkommen anders.«

Weil Haare ganz entscheidend für die gesamte Erscheinung und den Ausdruck einer Person sind, wurden der Pflege und Drapierung von jeher viel Zeit, Geduld und Mühe geopfert. Bereits die »primitiven« Germaninnen achteten penibel auf ihr Haar. Im alten Ägypten waren allerlei Pflegemittel bekannt, darunter Schlangenöl, Hennastaub und seit der achtzehnten Dynastie (um 1567 v. u. Z.) Cartamopulver, das man aus der Färberdistel gewann. Die Haarpflegemittel sollten das Haar weich machen, den Wuchs anregen und die Färbung verändern.

Von den Araberinnen am oberen Nil wird gegen Ende des neunzehnten Jahrhunderts berichtet, sie hätten ungefähr drei Tage gebraucht, um ihr Haar zu ordnen. Halbe oder ganze Tage benötigten auch die Damen in Paris, die sich im achtzehnten Jahrhundert nach dem »letzten Schrei« frisieren ließen. Turmhohe Frisuren waren ihr Bestreben. Sie maßen nicht selten einen halben Meter und machten den Gebrauch einer herkömmlichen Kutsche unmöglich. Das war kein Problem für die exaltierte Frauenwelt. Sie liebte die hohen Gebilde, die mit Hilfe von falschen Haaren, Kissen oder mit Gaze überzogenen Spiralfedern zustande kamen. Verziert mit Federbüschen, Girlanden, Blumen, Schleifen und anderem Putzwerk waren sie der Hingucker schlechthin. Die höfischen Damen wurden zu lebenden Leuchttürmen. Ihr simples Signal: Achtung, seht alle her, ich komme!

In jenen Jahren wollten vornehme Bremerinnen den schicken Pariserinnen in nichts nachstehen. Zwar verzichteten sie auf extreme Frisurhöhen, ein *echter* französischer Coiffeur musste es allerdings sein. Die aber waren

47 Perückenmacherin, Stich von Augrand nach einem Gemälde von G. Busset-Dubrusle, Frankreich, um 1800

im steifen Bremen rar und ständig ausgebucht. Manche Bremerin fand eine praktikable Lösung: Der Haarkünstler wurde einen Tag vor dem eigentlichen Termin bestellt. Sodann verbrachte die Dame die Nacht in einem warmen Mantel gehüllt im Lehnstuhl anstatt im Bett.

Die moderne Eva unterscheidet sich in Haarangelegenheiten nur wenig von ihren Schwestern der Vergangenheit. Sie verbringt Stunden beim Friseur. Haare färben, Haarpflege und frisieren[3] wiederholen sich für viele Frauen in einem kontinuierlichen Rhythmus. Mit vielerlei Mitteln wird spärlichem Haar stets Volumen gegeben. Bei Abendfrisuren wird mit Haarteilen gearbeitet. Bei jungen Frauen ist zurzeit Haarverlängerung angesagt.

Für all dies standen das alte Ägypten und die Antike Pate. Auf allerhöchstem Niveau wurde bereits Haarfülle vorgetäuscht. Mit Haarteilen oder Perücken wurde vorgegeben, was nicht vorhanden war, mit Schmuck und

48 Mit Palmöl zusammengeklebte Haare, Jambassa-Frau, Kamerun

anderem Beiwerk wurden Frisuren aufgemotzt. Das Tragen von Echthaarperücken soll gar von der Ägypterin bis hin zur Römerin von hohem Stand eine Selbstverständlichkeit gewesen sein. Im Mittelalter wurden kunstvolle Zopffrisuren ebenfalls mit Haarteilen ergänzt oder erst möglich gemacht.

[3] Frisieren kommt von kräuseln und bezeichnete zunächst das Zurechtmachen von Perücken, deren Locken neu aufgerollt wurden.

Ob im alten Japan, auf dem afrikanischen Kontinent oder in Südamerika, vielerorts waren die gewünschten Frisuren erst durch zusätzliche Materialien und fremdes Haar möglich.

Früher wie heute sind Haare einer der wichtigen Faktoren der Selbstinszenierung. Häufig wird Sinnlichkeit gegen Skurrilität eingetauscht, da viele Frisuren schlicht unberührbar sind. Zu diesen gehören die mit einem Duftkegel versehenen Frisuren der Ägypterinnen ebenso wie die kunstfertigen Steckfrisuren der Geishas und natürlich die aufwendigen Rokokoperücken sowie die Haarsprayfrisuren der Sechzigerjahre oder die Gel-Gebilde der jüngsten Vergangenheit. Frauen nehmen viel in Kauf, um in punkto Frisur zu gefallen oder Aufmerksamkeit zu erregen. Es werden eingeschränkte Beweglichkeit, Unbequemlichkeit und Schmerzen hingenommen. Selbst die Androhung der Exkommunikation schlug manche putzsüchtige Dame in den Wind. 1460 hatte Kardinal Vitelleschi aus Bologna damit gedroht. Ihm waren die seinerzeit beliebten, aber bizarren Korbgebilde auf den Damenköpfen zuwider.

Entfernung der Körperhaare

Viele Haare auf dem Kopf sind das eine, am Körper sind sie Frauen ein Dorn im Auge. Körperhaar gilt als unweiblich, unerotisch und männlich. Frauen sind von daher in den meisten Kulturen beständig bemüht, Härchen am Körper zu entfernen. Tatsächlich sind in allen Teilen der Welt Männer weit stärker behaart als Frauen. In diesem Sinne kann Körperbehaarung durchaus als ein sekundäres männliches Geschlechtsmerkmal gelten. Bei der Partnerwahl spielt Körperhaar eine entscheidende Rolle. Männer mögen haarlose weibliche Haut. Ob die etwas behaarteren und bärtigen Europäer, Araber und Perser, die bartlosen »Rothäute« Nordamerikas sowie westmongolischen Kalmücken: Sie alle idealisieren haarlose Frauenhaut. Der Wunsch danach hängt offenbar mit biologischen Vorgaben zusammen.

Bei manchen Völkern fehlen Gesichtshaare auch bei Männern oder wachsen nur sehr spärlich. Dann reißt sie das männliche Geschlecht mit viel Akribie aus, so etwa bei den Polynesiern, einigen Malaien und den Siamesen.

In der Antike galten Menschen als unkultiviert, die ihre Körperhaare wild sprießen ließen. Wer in Rom oder im alten Griechenland etwas auf sich hielt, entfernte die Härchen am Rumpf und an den Gliedmaßen. Sie wurden von einer Sklavin oder einem Sklaven ausgezupft oder abgesengt. Besser noch war der Besuch bei einem *Kureus*, dem Barbier. Er beseitigte neben dem Körperhaar zudem Warzen und Hühneraugen. Außerdem war er geübt, Sommersprossen und Narben mit Salben oder Pflästerchen abzudecken.

Etwas andere Methoden wurden in der Renaissance verwendet. Den lästigen Körperhaaren ging es mit in Pech getauchten Stoffstreifen an den Kragen, oder man brannte die Haarbälge mit heißen Nadeln aus. Im Nahen Osten wiederum sollen sich Frauen von jeher einer Zucker- oder Honiglösung bedient haben, ebenso Mixturen aus Wachs. Höchst penibel wurden Beine, Arme, Achsel und Scham von jedem Härchen befreit. Türkinnen wenden diese Methoden immer noch an. Ihnen soll von jeher sämtliches Körperhaar verhasst sein, auch das Schamhaar.

US-Amerikanerinnen können Körperhaar ebenso wenig ausstehen. Bereits im Teenageralter wird Achselhaar und Intimhaar entfernt. Die Mehrheit der amerikanischen Frauen behauptet, aus hygienischen Gründen ihr Schamhaar zu beseitigen. Gegen Achselhaar empfinden sie eine derartige Abscheu, dass es für sie quasi nicht existiert. Ähnlich dachten und denken viele Briten über die Haare der weiblichen Axilla. Die Engländer überkam im Jahre 1983 ein leichter Schauder, als Nena im ärmellosen T-Shirt ihr Lied von den *99 Luftballons* in die Welt hinausträllerte. Die deutsche Sängerin schwang unbekümmert ihre Arme dem Himmel entgegen. In den Achseln waren zwei »ordentliche Wollbüschel« zu sehen.

Deutsche Frauen schämten sich keineswegs für das natürlich gewachsene Körperhaar. Auch dem Beinhaar erklärte man nicht den Krieg, was allerdings in manchen europäischen Ländern Irritationen hervorrief. An Urlaubsorten etwa an der Costa Brava, Côte d'Azur oder Riviera trauten Einheimische ihren Augen kaum, wenn Frauenbeine aus Alemania an ihnen vorbeispazierten. Deutsche Damen ließen selbst sehr dunkle Härchen an ihren Unterschenkeln sprießen. In Frankreich bemerkt man deshalb noch heute mit echauffiertem Unterton: Deutsche Frauen haben Haare an den Beinen!

Absolut und universell war die Abneigung gegen Körperhaar in jenen Jahren nicht. An Nacktbadestränden, in Stripteaselokalen, Männermagazinen und pornographischen Schriften waren die kleinen Büschel der Achseln und des Schamhügels sogar eine Selbstverständlichkeit. Europäische Künstler machten sich keine Gedanken über weibliche Körperenthaarung. Auch Helmut Newton lichtete seine nackten Schönen einst mit natürlichem Haarwuchs ab. Lässig rauchend, mit unübersehbaren Achselhaarbüscheln sowie ungezähmtem Venuspelz präsentierte er beispielsweise im Jahre 1979 eines dieser natürlichen Wesen auf einem Schwarzweißfoto mit dem Titel *Portrait der Violetta*. Einige Jahrzehnte zuvor hatte eine gewisse Renate Hoy für Fotografen posiert, ebenfalls mit Büscheln unterm Arm. Sie war keine geringere als Miss Germany 1952. Die entstandene Aufnahme konnte keineswegs mit der kunstvoll aufgenommenen Newtondame konkurrieren, schon weil Frau Hoy mit züchtigem Badeanzug abgelichtet wurde. Dafür aber waren ihre Achselhaare durchaus konkurrenzfähig.

Abbildungen solcherart sind heute nicht mehr Usus. Die Damenwelt zeigt sich auf Aktfotos gänzlich haarlos. Am Geschlecht ist, wenn überhaupt, ein spärlicher Haarstreifen auszumachen. Der Widerwille gegen die Intimbehaarung ist so groß, dass besonders junge Menschen alles abrasieren, was nur abzurasieren geht

Auf dem europäischen Kontinent ist es derzeit »Pflicht«, kein Achselhaar zu haben. Diesem Körperdiktat beugen sich Frauen und Männer, insbesondere die ganz jungen unter ihnen. Mädchen und junge Frauen entfernen außerdem sämtliche Schamhaare. Ein Tribut an die neue Ästhetik und die immer kleiner werdenden Bikini- beziehungsweise Unterhöschen. Die weiblichen Kleinsthöschen erlauben kein vorwitziges Intimhaar, sonst wirken sie ordinär.

Der ästhetische Anspruch erklärt aber nur einen Teil der Enthaarungsbesessenheit. Ihm gehen zwei wesentliche Bedürfnisse voraus. Erstens der Wunsch junger Frauen, sich optimal reizvoll und mit *vollem* Körpereinsatz zu präsentieren. Das bedeutet heute: maximale Nacktheit. Zweitens wollen gerade junge Menschen eine bestimmte Körpererotik hervorkehren und festhalten. Jene, die an einen sexuell gerade erblühenden Körper erinnert, an »unschuldige« jugendliche Sinnlichkeit.

Hinter der Enthaarung steht ein »jungfräuliches« Körperbild und der Wunsch, nicht altern zu wollen. Denn Achsel- und auch Schamhaar sind immer ein Zeichen für eine erwachsene, reife und fortpflanzungsfähige Frau. Das Haarwachstum an den schweißdrüsenreichen Regionen des Körpers, den Achseln und im Genitalbereich, setzt erst mit der Pubertät ein. Nach dem Klimakterium dünnen sich hingegen diese Haaransammlungen aus. Alte Frauen haben weniger Achselhaar und neigen zu einem recht mageren Intimpelz. Sehr spärliches Intimhaar deutet auf eine Frau, die den Zenit ihrer fruchtbaren Jahre schon lange überschritten hat.

Für den Mann sind weibliche Schamhaare ein Indiz für den Entwicklungsstand des weiblichen Körpers. In aller Regel wirkt der Anblick von Schamhaar auf Männer höchst erotisierend. Besonders weil es tabuisiert ist und verborgen wird. Da man weibliches Achselhaar durch die Jahrhunderte nicht selten mit Schamhaar assoziierte, wurde es vielerorts ebenfalls tabuisiert. Frauen mieden von daher, Achselhaar aus Kleidung hervorlugen zu lassen.

Die Beschaffenheit des weiblichen Schamhaars variiert enorm. Es ist stark von der Hautfarbe und der ethnischen Zugehörigkeit abhängig, ob es kurz, lang, dürftig, dicht, glatt, gelockt, weich oder drahtig ausgebildet wird. Dunkles Kopfhaar bedeutet bei Menschen weißer Hautfarbe nicht zwangsläufig auch dunkles Schamhaar. Oftmals ist das Intimhaar heller, und nicht selten hat es einen rötlichen Stich. Die meisten Frauen haben einen lockigen oder welligen Intimpelz, selbst wenn das Kopfhaar glatt ist. Eine Ausnahme bilden asiatische Völker (vermutlich auch all jene Stämme, die sich über die Beringstraße nach Amerika verbreitet haben). Ihr Schamhaar soll glatt, kurz und nicht dick sein, »sondern relativ spärlich, ein schmales Dreieck formend, dessen Spitze nach oben zeigt«.

Wie kam es zu der Abneigung gegen Körperhaar, speziell gegen weibliches? Wieso wirkt ein Frauenkörper ohne Härchen erotisch? Charles Darwin führt diesbezüglich die geschlechtliche Zuchtwahl an. Ursprünglich, führt er aus, habe das Weib sein Haarkleid aus ästhetischen Gründen verloren, weil das männliche Geschlecht dadurch stärker sinnlich angezogen wurde.

Theoretisch ist folgender Vorgang in archaischer Zeit denkbar: Manche Urweiber hatten spärlichere Haarkleider als andere. Eine Laune der Natur, sonst nichts. Die durchschimmernde Haut wirkte auf den Urmann äußerst anziehend. Infolgedessen machte er den »halbnackten« Weibern mehr Avancen und beachtete die behaarten weniger. Diese Besessenheit führte zu einer eindeutigen Selektion, und die Haarigen gerieten mehr und mehr ins genetische Abseits. Schließlich entstand der »nackte Affe«, der sich am Ende wegen seiner Nacktheit erheblich von allen übrigen Primaten unterschied. Dieser Entwicklungsverlauf erklärt auch, weshalb Frauen weniger Körperhaar haben als Männer. Denn das Urweib begann mit dem Haarabwurf.

Andere Theorien gehen davon aus, wir hätten unser Haarkleid den klimatischen Verhältnissen angepasst oder der Mensch habe sich haarlos besser von Parasiten befreien können. Doch wenn wir das Körperhaar in der heißen Steppe Afrikas ablegten, weshalb verblieben Kopfhaare? Und warum taten es uns unsere nahen Verwandten nicht gleich oder andere Tiere, die ebenfalls heißen Temperaturen und Parasiten ausgesetzt waren und noch immer sind?

Einleuchtender und weniger widersprüchlich ist die Annahme von Darwin. Außerdem kommt etwas ganz Entscheidendes hinzu: Haarlose Haut lässt die sexuellen Körpersignale mehr hervortreten, ein zusätzlicher Stimulus für den Mann. Und der Haarverlust führt zu einem Kontrastprogramm der besonderen Art. Die behaarten Stellen des Körpers fallen mehr auf, ebenso treten Körperkonturen und farbliche Unterschiede der Körperhaut drastischer hervor. Bei Frauen fallen Achseln, Venushügel, Busen, Brustwarzen und Pofalte mehr ins Gewicht. Bei einer vollständigen Behaarung würden diese Merkmale des Körpers bescheidener wirken oder untergehen.

Außerdem wird die nackte Haut dadurch zu einem wichtigen geschlechtsspezifischen Körpersignal. Sie liefert durch Farbe und Beschaffenheit zusätzliche Informationen über die Verfassung und den Status des Körpers. Haarlose Haut ist mithin ein hervorragendes sexuelles Signal und eignet sich dadurch zum Betören. Wie dies ja auch bei einigen Tierarten der Fall ist. Viele Vögel lassen Federn, nur um mit freien Hautstellen zu gefallen. Von Bewerbern ohne kahlen Kopf oder nackten Hals würde sich etwa ein Geierweibchen oder eine Marabufrau gelangweilt abwenden und lieber auf Nachkommenschaft verzichten.

Wir sind nicht die einzigen Lebewesen, die nackt sind, auch nicht die einzigen Säugetiere. Doch unter den Säugetieren ist Nacktheit recht selten. Im Meer sind es die Wale, die ohne Haarkleid auskommen. An Land sind es beispielsweise die säugenden Nacktmullen aus der Familie der Sandgräber, die kein Fell haben. Zugegeben, sie sind nicht gerade attraktiv, aber aneinander haben sie außerordentlichen Gefallen. Die Evolution lässt viel zu und hat häufig sehr unterschiedliche Gründe für die Ausbildung spezifischer Merkmale. Das gilt besonders für körperliche Eigenschaften des Menschen, für die es im Tierreich fast immer eine Entsprechung gibt. Freilich macht uns der aufrechte Gang zu einer Ausnahme unter den Säugetieren. Außerdem ist das Schmücken oder Verändern des Körpers mit allen erdenklichen Hilfsmitteln spezifisch menschlich. Und oftmals werden diese Verschönerungen mit der Absicht begründet, sich vom Tier unterscheiden zu wollen.

Nach Überzeugung der Indianer aus Südamerika machen Nasen- und Lippenpflocks uns erst zu Menschen. Im neunzehnten Jahrhundert wollten die Indianer von Paraguay auf gar keinen Fall so aussehen wie die Pferde. Sie rissen sich deshalb unermüdlich die Augenwimpern aus. Die Trobriander hatten diese Sorge nicht, fanden aber nackte Augen dennoch sehr attraktiv. Im Liebesspiel knabberten sie sich gegenseitig die Wimpern ab. Das Knabbern, das sogenannte *mitakuku*, war zwar in Nordwestmelanesien durchaus üblich, wurde aber ausschließlich im intimen Tête-à-Tête gepflegt. Wollte man den Liebling besonders zärtlich ansprechen, dann hieß es: *agu mitakuku*, meine abgebissene Augenwimper.

49 Enthaarungspinzetten aus Altperu

Einen tierischen Nachgeschmack hat auch die Begründung für die Idealisierung wimpernloser europäischer Frauengeschöpfe im vierzehnten und fünfzehnten Jahrhundert. Die in Mode gekommenen nackten Augen nebst gänzlich oder stark reduzierten Augenbrauen und Stirnhaaren sollten Jungfräulichkeit symbolisieren. Nichts sollte an eine animalische Behaarung erinnern. Sämtliche Härchen mussten konsequenterweise aus dem Gesicht getilgt werden, was durch Abreiben mit Bimsstein oder Auszupfen geschah.

50 Gotische Schönheit mit gezupften Stirnhaaren

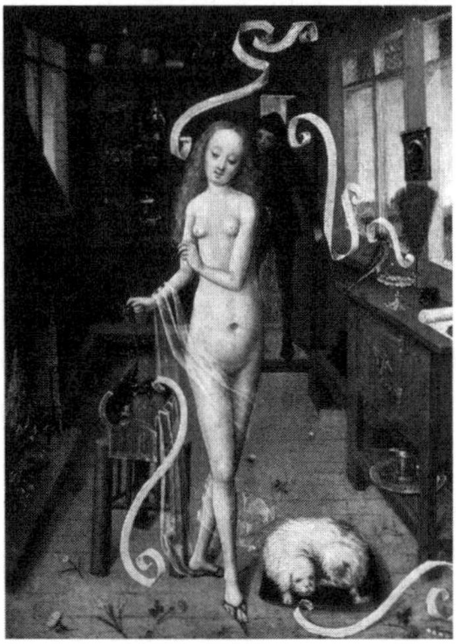

Diese Art der Nacktheit steigerte die angestrebte jugendliche Weiblichkeit und machte auch vor der Schamgegend nicht halt. Die Verlockung eines solcherart hergerichteten Geschöpfes ist noch heute auf Renaissancegemälden spürbar. Das gemalte Wesen strotzt vor Reinheit, Unberührtheit und jugendlicher Erotik. Nichts erinnert an eine reife Frau.

Makellose helle Haut

Wo hellere Hauttöne von Natur aus anzutreffen waren, galt hell stets als schön. Bereits in der Antike mussten Frauen möglichst weiß sein, um als schön zu gelten. Vor allem im Gesicht, an Unterarmen und Ellenbogen,

»weißer als Elfenbein« , schreibt Homer. In Mitteleuropa besangen Minnesänger den zarten hellen Teint edler Jungfrauen und holder Edeldamen. Die Porzellanhaut der gemalten Frauenzimmer aus der Renaissance und dem Barock ist ebenfalls hell und überaus zart. Auf ihr liegt ein rosa Schimmer, als habe man die Haut mit allerfeinstem Puder bestäubt. Solcherart Haut ist jung, blutjung, wurde nie der Sonne ausgesetzt. Sie ist zarter und empfindlicher als Seide und weich wie Samt. Sie ist ein untrüglicher Indikator für Gesundheit und Jugend.

Die Bewunderung der hellen Haut hat selbst auf dem schwarzen Kontinent eine lange Vergangenheit. Im alten Ägypten schwärmte man für helle Haut, ebenso im Reich der Nubier. 1874 berichtet Charles Darwin von den im südlicheren Teil Afrikas lebenden Banyai. Sehr viele von ihnen hätten eine »Milch- und Kaffeefarbe«. Diese Farbe würde im ganzen Lande für schön gehalten. Aber am meisten wäre natürlich die dunkle Hautfarbe verbreitet und deshalb auch geschätzt. »Für einen Kaffer« wäre es durchaus kein Kompliment, wenn er wegen seiner hellen Hautfarbe gelobt würde. Ein ausnehmend heller Mann fände keine Frau zum Heiraten. Und so wäre schwarz etwas Edles, weshalb einer der Titel des Zulukönigs lautete: »Ihr, der Ihr schwarz seid.«

Ein Jahr zuvor, im Jahre 1873, schreibt der Brite Winwood Reade, »Neger« würden unsere Hautfarbe nicht mögen und hätten auch eine Abneigung gegen blaue Augen, unsere zu langen Nasen sowie unsere dünnen Lippen. Der Engländer bezweifelt, dass ein »Neger« jemals eine Europäerin wegen ihrer körperlichen Vorzüge wählen würde.

Im alten Europa war schwarze, braune oder hellbraune Haut nie ein Thema. Bei Frauen hatte sie stets sehr hell zu sein. Die Blässe der Haut war ein Symbol der physischen Zartheit. Männer verlangte es danach. Königin Margarete (1553–1615), die erste Gemahlin Heinrichs IV., erfüllte den Wunsch gern und zelebrierte ihre weiße Haut auf pikante Art. Sie empfing ihren Geliebten, de Champvalon, in einem besonders »effektvoll beleuchteten Bette zwischen Bettüchern aus schwarzem Taffet liegend«. Die italienischen Kurtisanen sollen sich ursprünglich schwarzer Laken bedient haben. Mancher Mann war so vernarrt in das schwarzweiße Kontrastprogramm, dass er fortan nicht mehr darauf verzichten wollte. Abbé Brantôme berichtet etwa von einem »hochgestellten Prinzen«, der seine Mätressen oder Damen auf gutgespannten Bettüchern aus schwarzem Taft schlafen ließ. Die Weiße und Zartheit ihrer Haut würden sich von dem Schwarz besser abheben und sie reizender machen.

Die Verherrlichung von kalkweißer Haut, wie Elisabeth I. (1533–1603) sie propagierte, gehörte hierzulande allerdings eher zur Ausnahme und war zeitlich begrenzt. Anders etwa in Japan und China, wo Gesichter immer noch kalkweiß gepudert werden, wenn es um Tradition geht, etwa bei richtigen japanischen Geishas oder bei Schauspielern der Pekingoper.

Elisabeth I. pflegte jedoch keinen alten Brauch, die englische Herrscherin hatte vielmehr einen Spleen. Sie war von der vornehmen Blässe geradezu besessen. Ihr Teint war derart kalkweiß, dass er sich in krasser Weise von allen übrigen Gesichtern abhob. Die künstliche Hautfarbe ließ ihre Zähne gelb, ihre Augen klein und kühl wirken und gab ihrem gesamten Gesicht eine maskenhafte Erscheinung. Was noch schlimmer war, die Grille ihrer englischen Majestät hatte auf Dauer einen hohen Preis. Unter der Bleiweißpaste, die auf Gesicht und Hals aufgetragen war, bildeten sich immer mehr Eiterbläschen und Risse. Die Paste musste folglich immer dicker aufgetragen werden, was die Monarchin nicht schöner machte. Schließlich konnte sie ihren eigenen Anblick nicht mehr ertragen und ließ sämtliche Spiegel aus dem Palast entfernen, wovon sie mehr als achtzig besessen haben soll.

Das ist die offizielle Geschichte. Gerüchten zufolge soll Elisabeth I. allerdings aus anderen Gründen die Spiegel habe wegschaffen lassen. Version eins besagt: Nachdem sie sich ihr prachtvolles Haar wegen eines Verrats ihrer Lords abgeschnitten hatte, hätte sie ihr Spiegelbild nicht mehr sehen können. Version zwei bezieht sich auf ihr Liebesleben. Danach soll der Monarchin eines Tages ihr alterndes Gesicht verhasst gewesen sein. Ihr war der Spott ihres Günstlings zu Ohren gekommen, ihrer großen Liebe, Lord Essex. Die beiden trennten vierunddreißig Lebensjahre.

Wie dem auch sei, die von ihr vergötterte kalkweiße Haut wurde lange nach ihrem Tod en vogue, nämlich im Rokoko,. Eine ihrer bekanntesten Verfechterinnen war Madame de Pompadour (1721–1764). Sie galt als absolute Schönheit. Mit zwanzig Jahren hatte sie einen Unterfinanzpächter, Monsieur Charles-Guillaume Le Normant, Seigneur d'Etiolles, geehelicht und ihm zwei Kinder geschenkt. Doch diese gesellschaftliche Position reichte der Schönen nicht, sie wollte hoch hinaus. Madame suchte die Nähe des Königs, was ihr gelang. Ludwig XV. fraß sogleich einen Narren an ihr, machte sie zur Palastdame der Königin und zu seiner Mätresse. Zuvor wurde ihre Ehe geschieden und ihr Gemahl, generös abgefunden, aus Paris entfernt. In ihrer neuen Stellung »raffte Madame in nur sechs Jahren ein Vermögen von zwanzig Millionen Francs zusammen«, wenngleich sie auf großem Fuß lebte. Allein für Parfüms, Schminke und Ähnliches verbrauchte sie jährlich 500 000 Francs.

Madame de Pompadour achtete außerordentlich auf ihre Haut und ihren Teint. Ihre Schönheit war Garant für die Zuneigung des Königs und damit ihrer Position bei Hofe. Im Freien schützte sie sich vor der Sonne mit einem Schirmchen. Für Gesicht und Dekolleté verwendete Madame ein spezielles Weiß, das extra für sie angerührt wurde. Die abenteuerliche Rezeptur bestand aus Eiweiß, Honig, Gummi und gestoßenen Schnecken, oder es kam auch Puder aus Saturnweiß, Perlmutter oder Wismut zum Einsatz. Wie alle Schminken jener Zeit enthielt das Weiß zudem das schädliche Quecksilber oder Bleiweiß. Es ruinierte Haut und Gesundheit.

Nicht alle Frauen schminkten sich weiß, dennoch gehörte helle Haut stets zu den Attributen einer schönen Frau. Erst Anfang der Zwanzigerjahre des letzten Jahrhunderts verlor sich vor allem wegen der sportlichen Aktivitäten der Damen die vornehme Blässe. Natürlichkeit und gesunde Gesichtsfarbe wurden vielerorts erstrebenswert. Freilich machte es einen Unterschied, ob man von Geburt an weiß war und etwas Sonnenbräune abbekam oder dunkelhäutig das Licht der Welt erblickte.

Sehnsuchtsvoll sang denn auch Josephine Baker im Paris der Zwanzigerjahre »Si j'étais blanche« und gestand damit, davon zu träumen, weiß zu sein. Die schwarze Amerikanerin hatte es zwar mit skandalösen Tanzauftritten zu Weltruhm gebracht, doch gleiche Rechte wurden ihr verweigert. Selbst im liberaleren Europa spürte sie zur Genüge, dass es einen Unterschied machte, ob man dunkel- oder hellhäutig war. Generationen später, im Jahre 1991, erreichte Michael Jackson Millionen Menschen mit seinem Hit *Black or White*. Mit Nachdruck sang er, es sei gleichgültig, ob man schwarz oder weiß sei. Doch offenbar litt der Megastar unter seinem Aussehen. Auf dem Cover seiner LP *Off the Wall* von 1979 zeigte er sich noch dunkelhäutig, acht Jahre später war er auf *Bad* (1987) hell wie ein Weißer.

Hellere Haut wünschen sich nicht nur dunkelhäutige Superstars. Von Brasilien bis Japan, von Indien bis Südafrika streben insbesondere Frauen nach hellerer Haut. Bleichcremes sollen helfen. In vielen Ländern garantiert ein heller Teint größere Chancen auf eine Karriere im Job, eine vorteilhaftere Ehe und einen sozialen Aufstieg. Schwärmt man auf Kuba von der Mulattin, so träumt hierzulande manch ein »Exotenliebhaber« von einer Frau mit einer Hautfarbe wie Cappuccino. Etwas Farbe wünscht sich auch die Mitteleuropäerin und lässt sich deshalb in sonnenschwachen Monaten auf der Sonnenbank bestrahlen. Hautunreinheiten verschwinden, Besenreiser und Krampfadern fallen weniger auf. Der gesamte Körper wirkt nackt »appetitlicher, gesünder und schlanker«, schwärmt eine Sechsunddreißigjährige. Sie geht seit Jahren auf die Sonnenbank.

Nur die wenigsten sehen nach den heutigen Maßstäben schön aus, wenn sie sehr helle Haut zeigen. Die Schauspielerin Nicole Kidman ist eine Ausnahme. Sie hat es scheinbar noch nicht einmal nötig, zarteste Porzellanhaut vorzutäuschen wie ihre Geschlechtsgenossinnen im achtzehnten Jahrhundert. Die nämlich malten sich feine aderblaue Linien aufs Dekolleté, um durchsichtigzarte Haut vorzuspiegeln.

Schön ist nur – das gilt für jede Hautfarbe –, wer ein ebenmäßiges, glattes und reines Hautbild hat. Solche Haut ist ein Zeichen für Jugend und Gesundheit. Wer keine Pusteln, Verschorfungen, Verfärbungen oder Hautvernarbungen hat, der konnte den biologischen Regeln zufolge Parasiten abwehren und sich gegen vielerlei Krankheiten zur Wehr setzen, ohne Schaden zu nehmen. Eine gesunde Haut ist damit immer auch ein Zeichen von einem guten Immunsystem und guten Erbanlagen. Schöne, gesunde, jugendliche Haut wird deshalb auf der ganzen Welt bewundert und bei der Partnerwahl favorisiert.

Make-up und Co

Ihre Augenbrauen waren abrasiert. An ihre Stelle kamen zwei hochgeschwungene Halbkreise, die mit einem braunen Stift aufgemalt wurden. Künstliche Wimpern ergänzten die tiefschwarz eingefärbten eigenen oberen Wimpernreihen. Ein geschwungener Lidstrich und gekonnt aufgetragener Lidschatten rundeten das Aussehen der nun enorm ausdrucksvollen Augen ab. Sie ließen das gesamte Gesicht »sophisticated« erscheinen. Der Mund wurde dunkelrot geschminkt, die Lippen dabei etwas überzeichnet. Er wirkte dadurch größer, glänzender, und seine Kontur zeichnete sich präziser ab. Die Gesichtshaut wurde abgepudert, und die Haare wurden mittellang geschnitten, blond gefärbt, auf Wickler gerollt und anschließend ausgekämmt. Die Verwandlung war abgeschlossen.

Das Make-up und die Frisur hatten aus Marie, der Tochter des Königlichen Polizeihauptleutnants Louis Dietrich, eine andere gemacht: Marlene. Ihr Gesicht hatte sich derart verändert, dass es mit einem »natürlich« aussehenden Gesicht kaum noch eine Ähnlichkeit besaß. Aber genau deshalb wurde die Dietrich geliebt und angebetet. Der Regisseur Josef von Sternberg war es, der Marie formte und aus ihr jenen Typ, ja einen Mythos machte, der späterhin auf Händen getragen wurde. Doch zunächst musste Marlene hungern und ihr Erscheinungsbild gänzlich ändern. Ein paar Backenzähne soll sie sich sogar haben ziehen lassen, nur um die Wangenknochen hervortreten und das Gesicht insgesamt schmaler wirken zu lassen.

Die »verführerische« Marlene Dietrich, die »göttliche« Greta Garbo, das »männermordende Weib« Madonna, die angehimmelte Britney Spears, was wäre aus ihnen und ihresgleichen geworden ohne ihr spezifisches Make-up? Erst Make-up machte aus diesen Frauen, was sie verkörpern wollten, und eine ausgeklügelte Schminktechnik schuf diese spezifischen Frauentypen.

Mit Schminke können sich das Aussehen und die Ausstrahlung einer Frau verändern. Vor allem trägt sie dazu bei, einer Frau einen dicken Bonus in punkto weibliche Schönheit einzuräumen. Der Trick: Die weiblichen Gesichtsmerkmale werden betont und Unzulänglichkeiten überdeckt. Ein gut geschminktes Gesicht wirkt schöner und perfekter als das natürliche.

Gekonntes Make-up lässt die Augen größer und ausdruckvoller, den Mund erotischer erscheinen und die Gesichtskonturen edler hervortreten.

Make-up bei Frauen, gute Kleidung und anmutige Körperbewegungen würden als weiblich eingestuft und damit als attraktiv, betont Karl Grammer von der Universität Wien. Da achtzig Prozent unserer Interaktionen über das Gesicht laufen, spielt es für die Beurteilung einer Person eine enorme Rolle. Wer ein hübsches Gesicht vorweisen kann, hat entsprechende Vorteile. Kosmetik und Schminktechnik können dabei eine Schlüsselposition einnehmen. Sie können helfen, etwas zu betonen oder vorzutäuschen, was nur mäßig oder gar nicht vorhanden ist. Zum Beispiel entspricht ein Gesicht mit ein wenig Rouge auf den Wangenknochen, groß geschminkten Augen und einer voluminösen Frisur dem Kindchenschema. Ein derartiges Gesicht signalisiert dem männlichen Geschlecht Jugendlichkeit und eine gewisse Hilflosigkeit. Letzteres weckt nicht selten den Beschützerinstinkt des Mannes.

Eine Frau mit Make-up in Kombination mit weiblicher Kleidung wirkt auf Männer anders als eine ungeschminkte Frau mit neutraler Bekleidung. Ein einfacher Test machte dies deutlich. Im ersten Testdurchlauf stellt sich eine zweckmäßig gekleidete, ungeschminkte Frau mit ihrem Rad neben einen Waldweg. Sie gibt vor, ihr kaputtes Fahrrad zu reparieren. Mehrere vorbeifahrende Männer schauen in ihre Richtung, keiner hält jedoch an, um Pannenhilfe anzubieten. Im zweiten Versuch sind alle Umstände gleich, nur diesmal ist dieselbe Testperson geschminkt und trägt Kleidung, die ihre Körperattribute unterstreicht. Umgehend hält das Gros der vorbeifahrenden Männer an und bietet Hilfe an. Einen Halt legen sie selbst dann ein, wenn sie in Begleitung ihrer Partnerinnen sind.

In unserem Kulturkreis ist Schminken heutzutage vornehmlich ein Vorrecht der Frauen. Folglich wird es als etwas rein Weibliches begriffen. Es ist jedoch ein Bedürfnis von Männern *und* Frauen, dem Gesicht eine besondere Ausstrahlung zu geben. Auf allen Kontinenten finden sich Belege, wie Menschen die natürlichen Merkmale des Gesichts veränderten, sie betonten, überzeichneten oder verfremdeten. Die Mittel dazu waren vielfältig. Sie reichten von Tätowierungen und Narbenbrennungen der Gesichtshaut bis hin zum Bemalen oder Bekleben mit Utensilien.

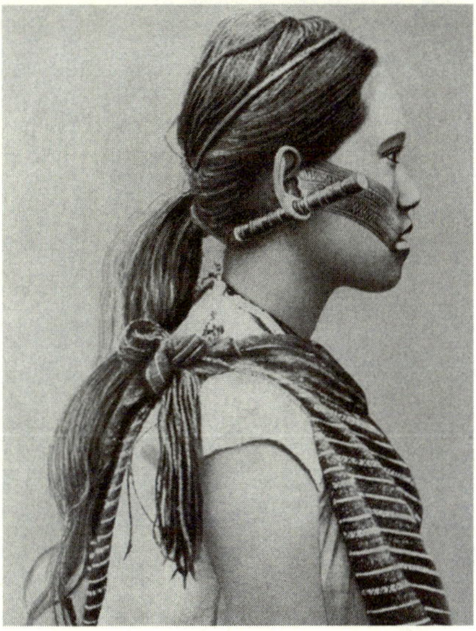

51 Tätowierte von Formosa

Bei manchen Stämmen oder Völkern waren es ausschließlich Männer, die Einfluss auf ihr Gesicht nahmen, in anderen waren es ausschließlich Frauen. Vielerorts veränderten beide Geschlechter ihre Gesichtsmerkmale, wobei nahezu immer auf eine geschlechtsspezifische Ausrichtung geachtet wurde.

Eine Ausnahme dieser Regel findet sich etwa auf unserem Kontinent in der Zeit des Rokokos. Am französischen Hof schminkten sich Männer und Frauen nahezu gleich. Der Adel war ganz vernarrt in hellgepuderte Gesichter mit Wangenrouge und rotgeschminkten Lippen. Das Ziel war, dem Gesicht eine gewisse Künstlichkeit zu geben. Die Herrschenden hatten der Natürlichkeit den Krieg erklärt, sie galt ihnen als vulgär, präziser noch: Natürlichkeit, das war vulgäre Erotik. Auf die Unterscheidung der Geschlechter legte man dennoch größten Wert. Ihre aufwendigen Perücken und ihre prachtvolle Bekleidung unterschieden sich erheblich.

Schminken war in der Vergangenheit weder ein Vorrecht *der* Frauen noch *aller* Frauen. Vielfach war es ein Privileg und zeichnete Königinnen und Könige aus oder den Adel an sich. Häufig war Schminken den Reichen vorbehalten, eben jenen, die sich einen aufwendigen Körperkult leisten konnten. Bereits im alten Ägypten gab es Lippenrot, Augenbrauenfarbe, Rouge, Nagellack, Kajal, Wimperntusche und Make-up in verschiedenen Variationen: farbig, getönt oder bleiweiß. In den Gräbern der ersten Dynastie (vor circa 5000 Jahren) fand man Schminke als Grabbeigabe. Außerdem fanden Archäologen in den Grabkammern der Pharaonen Spiegel, Schminkutensilien, Kämme, Körperpflegeprodukte und Hilfsmittel, die den Körper sauber und rein hielten.

Ägyptische Herrscher und ihre Familienmitglieder trugen ein kostbares und aufwendiges Make-up. Die Lippen wurden fein säuberlich mit einem Pinsel nachgezogen und die verbliebenen Lippenflächen mit gelbroter Farbe ausgefüllt. Die Gesichtshaut erhielt einen helleren Ton. Die Augen umrandete man mit pulverisiertem grünem Malachit, Kohle und mit Gold. Der lange untere Lidstrich, der weit über das Auge hinausreichte, und ebenso die mit dunkelgrauem Antimonpulver verlängerten Brauen ergaben das uns bekannte typische ägyptisch wirkende Auge. Diese arabeske Augenform ist zugleich das Hieroglyphenzeichen für Schönheit.

Wer geschminkt war, war im ägyptischen Altertum schön. Zudem galt: Wer schön sein wollte, musste eine sorgsame Körperpflege einhalten. Sie war in den wohlhabenden Schichten eine Selbstverständlichkeit. Am Morgen war ein Bad Brauch, vor den Mahlzeiten sorgfältiges Händewaschen mit natronhaltigem Wasser und einer reinigenden Paste aus Ton oder Asche. Massagen waren ebenso bekannt wie die Anwendung wohlriechender Öle, die den Körper angenehm duften ließen und vor Sonnenbrand und Insektenstichen schützten. Rauhe Stellen an Ellenbogen und Knie beseitigte Bimsstein. Finger- und Zehennägel wurden bemalt. Die Handflächen mit Henna gelbrot eingefärbt. Manche Ägypterin soll sogar ihre Adern mit blauer Farbe zart hervorgehoben haben.

Ein gepflegter Körper sollte vor allem Gesundheit ausstrahlen. Dafür sprachen bei den Damen eine blasse und glatte Haut und ein geölter und duftender Körper. Den Kopf zierte eine wohlgeordnete und geölte Frisur. Derart »aufgebrezelt« verdrehten die antiken Schönen den Mannsbildern die Köpfe. Der griechische Dichter Archilochos (um 650 v. u. Z.) gesteht unumwunden: »Haar und Brust hatte sie so stark gesalbt, dass selbst ein Greis noch Feuer fing.«

Auf dem europäischen Kontinent war übermäßige Körperpflege oder zu viel Make-up nicht immer erwünscht. Insbesondere dem Klerus war zu viel Körperkult – und damit Eitelkeit – ein Dorn im Auge. Von der Kanzel wetterten Kirchenmänner gegen Schminke, »Putzwut« und »anderen Tand«. Im Jahre 1615 ging ein gewisser Georg Friedrich Messerschmid mit Zornesstimme gegen die »Unsitte des Hautbleichens« vor. In seiner Predigt *Es sein die Weiber des Teufels Leimruten* weiß er zu berichten: »Sie erkühlen das Antlitz mit Pfirsigblühend Wasser, bestreichen und zärteln das Fleisch mit Limonensaft, mit Eselsmilch. Sie erhalten sich mit Rosenwasser, Wein und Alaun. Sie gebrauchen sich der Tragant-täfelein von Quittenkernen, des gebrannten Weins, des ungelöschten Kalks, ihnen ein recht vollkommenes Bleiweiß-Sälblein zu präsentieren.«

Das Drohen half wenig. Die Damen ließen nicht ab vom hellen Make-up und erschienen weiterhin damit beim Gottesdienst. Mehr noch. Im Laufe der Zeit kam es zu einer weiteren Schminkraffinesse, dem Aufkleben der sogenannten Mouches. Es waren kleine schwarze Schönheitspflästerchen, die auf Gesicht und Dekolleté appliziert wurden. Sie waren ein hinreißender Blickfang, verdeckten Pickel, Pusteln, Hautrisse, Blattern- sowie Pockennarben und lenkten auf geschickte Weise von schlechten Zähnen ab. Das reizende Accessoire hatte sogar diverse Namen, je nachdem wo es im Gesicht hingeklebt wurde: *passionnée* am Augenwinkel, *baiseuse* am Mundwinkel, *coquette* über den Lippen, *effrontée* auf der Nase, *majestueuse* auf der Stirn, *galante* mitten auf der Wange und *assassine* unter dem Wangengrübchen.

Johanna Schopenhauer, die Mutter des Philosophen Arthur Schopenhauer, schrieb dazu: »Diese aus schwarzen sogenannten englischen Pflastern geschlagenen, winzig kleinen vollen und halben Monde, Sternchen und Herzchen sollten, mit Auswahl und Geschmack im Gesicht angebracht, die Reize desselben erhöhen, den Ausdruck des Mienenspiels belegen. Eine Reihe kleinster, bis zu etwas größeren steigender Monde im äußern Augenwinkel diente dazu, die Augen größer erscheinen zu lassen und ihren Glanz zu erhöhen; ein paar Sternchen im Mundwinkel sollten dem Lächeln etwas bezaubernd Schalkhaftes geben, eine am rechten Ohr auf der Wange angebrachte Musche auf ein Grübchen in derselben deuten. Es gab auch Muschen in etwas größerem Format. Sonnen, Täubchen, Liebesgötter sogar. Diese heißen vorzugsweise Assasins, vermutlich wegen ihrer mörderischen Wirkung auf die Herzen.«

Sinnliche Lippen

Ein rotgeschminkter Mund ist ein unfehlbares Mittel, um Sinnlichkeit auszustrahlen. Damen des leichten Gewerbes verzichten deshalb nie auf den Gebrauch des Lippenstiftes. Sie wissen, geschminkte Lippen sind ein erotisches Versprechen. Ein feuchtschimmernder roter Mund signalisiert Lust.

Doch auch feine Damen, junge Mädchen oder Greisinnen wollen heutzutage nicht auf ihren Lippenstift verzichten. Selbst »knallharte« Feministinnen haben ihn für sich wiederentdeckt. Frauen auf der ganzen Welt schminken ihre Münder, einerlei welche Hautfarbe sie haben. Allein in Deutschland werden jährlich rund sechsunddreißig Millionen Exemplare verkauft.

Für viele Frauen ist der Kauf eines neuen Lippenstiftes wie der Erwerb eines neuen Kleides. Er gibt ihnen ein neues Flair, ein gutes Gefühl. Sie fühlen sich femininer. Manche gehen ohne Lippenschminke nicht aus dem Haus. Ohne kämen sie sich »nackt« vor. Ein Gefühl, das vor einigen Jahrzehnten in Deutschland nur wenige Frauen kannten. In den Sechziger- und Siebzigerjahren verschmähten die meisten das Schminken der Lippen. Hin und wieder wurde am Abend ein wenig Rot aufgelegt, doch nie im Geschäft oder in der Firma. Französinnen waren exklusiver. Ob Fleisch-, Obst- oder Fischverkäuferin, nie wäre eine von ihnen ohne Puder und Lippenstift an die Arbeit gegangen. Ein geschminkter Mund, das war der letzte Pinselstrich, um eine schöne Frau zu sein.

Ein schöner Mund ist ein sinnlicher Mund. Die Ansichten darüber sind allerdings abhängig von biologischen Vorgaben, Schönheitsvorstellungen und Moden. Afrikaner schwärmen von jeher für dunkle, vollere Lippen. Im Reich der Mitte sollte der Mund einer Frau Pfirsichblüten ähneln. Im alten Japan verehrte man winzig kleine rote Frauenmünder. Geishas eifern diesem Ideal noch heute nach. Dafür müssen sie zunächst ihre Gesichtshaut und den Mund weiß pudern. Anschließend werden die Lippen in Kirschgröße aufgemalt und leuchtendrot eingefärbt.

Hierzulande schwärmte man jahrhundertelang von zarten kleinen Mündern. Keine Frau von Stand ließ sich mit wulstigen Lippen malen. Mit den Mündern der Vergangenheit ist heute kein Staat mehr zu machen. Westliche Frauen streben nach aufgeworfenen vollen Lippen. Mit Konturenstift werden kleine oder schmale Lippen überzeichnet und anschließend ausgemalt. Welcher Frau das vorgetäuschte Mundvolumen nicht reicht oder wessen Lippen permanent füllig sein sollen, die lässt sie sich chirurgisch vergrößern. Unterspritzen und Silikoneinlagen sind die Methoden der Wahl.

Vollen Lippen wird größeres sinnliches Vergnügen nachgesagt. Tatsächlich verrät die Lippenausprägung nur wenig über deren Fähigkeit im Liebesspiel. Frauen und Männer können zwar in aller Regel vollen Lippen mehr abgewinnen, sie garantieren jedoch keineswegs den erwarteten sinnlichen Genuss. Eine Befragung an mehr als vierhundert Personen ergab keinen Zusammenhang von Lippenausprägung und Kussgenuss. Nichtsdestoweniger haben großflächige Münder Vorteile. Sie fallen mehr auf und senden ihre Signale eindringlicher und auffälliger als schmale Lippenstreifen.

Die Lippenfarbe gibt besonders bei hellhäutigen Menschen wertvolle Hinweise auf die Konstitution sowie den Gesundheitszustand des Körpers. Bei medizinischer Diagnose kann die Lippenfarbe durchaus hilfreich sein. Ein roter Mund ist ein Zeichen von Gesundheit und Wohlbefinden. Blasse Lippen deuten auf einen krankhaften Zustand des Körpers. Lungenkranke oder anämische Menschen neigen zu blutleeren, damit zu blassen Lippen, herzkranke dagegen zu bläulichen.

Kräftig rote Lippen sind aber auch ein Zeichen von Jugendlichkeit. Wobei die Lippen junger Menschen oft nur deshalb röter wirken, weil der Farbunterschied zwischen Gesichts- und Lippenhaut ausgeprägter ist als im Alter. Außerdem ist die Abgrenzung der Lippenkontur durch den größeren Kontrast klarer, und der Mund tritt stärker hervor. Von großer Bedeutung ist, dass Lippen den Gemütszustand anzeigen. Bei starker sexueller Erregung ist das immer der Fall. Lippenschleimhäute sind dafür prädestiniert. Wie alle Schleimhäute laufen sie bei verstärkter Durchblutung rot an. Ist der Körper in sexueller Aufruhr, geschieht das zwangsläufig. Begleitet wird die Farbintensivierung durch eine höhere Oberflächentemperatur und verstärkte Berührungssensibilität.

Die Betonung des Mundes mit Hilfe eines Lippen- und Konturenstiftes hebt folglich seine sexuell attraktiven Merkmale hervor: Jugendlichkeit, Gesundheit, Sinnlichkeit. Die Frage ist nur, weshalb ist der Mund für das männliche Geschlecht von größerer Bedeutung, als er es für die Frau ist? Denn das ist er.

Der Zoologe und Verhaltensforscher Desmond Morris kam 1967 auf eine frappante Erklärung: »In der Nachahmung der Schamlippen entwickelten die Frauen nach außen gestülpte gerötete Lippen ...« Und zwar deshalb, weil sich die Menschen vom Boden aufgerichtet haben. Mit anderen Worten: Als wir auf allen Vieren krochen, lockte das Weib mit der Vulva; auf zwei Beinen gehend und in Ermangelung einer sichtbaren reizvollen roten Schleimhautfläche warf es kurzerhand die Lippen am Mund auf.

So einleuchtend Morris' Annahme klingt, sie hat einige Haken. Nicht alle Menschen verfügen über rote Lippen, bei sehr schwarzer Hautfarbe sind sie eher bläulich-schwarzrotviolett. Darüber hinaus verfügen *auch* Männer über nach außen gestülpte gerötete Lippen. Das männliche Geschlecht hat aber keineswegs Schamlippen.

Tatsache ist, die menschliche Frau verfügt über ein beachtliches Geschlechtsteil. In der Tierwelt können die meisten Weibchen da nicht mithalten. Das trifft explizit auch für sehr viele Säugetiere zu. Zoologen wundern sich vielfach, wie manche Männchen die unscheinbare Geschlechtsöffnung ihrer Partnerin überhaupt finden. Exklusive Sonderfälle gibt es dennoch. Zum Beispiel vergrößert sich die Vulva einer Schimpansin während ihrer fruchtbaren Tage auf die Größe einer mittleren »Puddingschüssel« (Jane Goodall, Tierforscherin). Eine noch imposantere Aufmachung hat das Mantelpavianweibchen, wenn es heiß ist. Es lockt mit einem rosigen und üppigen Blumenkohlgebilde. Beide Geschlechtsaufmachungen nötigen den Zoobesucher zu staunenden und zweifelnden Blicken. Die entsprechenden Männchen finden das allerdings sehr sexy.

Gegen diese Geschlechtsteile ist das der Menschenfrau dann doch recht bescheiden. Dennoch benötigte sie keine Reizverlagerung von unten nach oben. Mögen sich die kleinen roten und großen haarigen Labien (Schamlippen) auch bei der Aufrichtung dem Blick entzogen haben, da sie zwischen den Beinen »verschwunden« sind. Denn parallel dazu entwickelte sich ein anderer hervorragender optischer Genitalreiz: das Schamdreieck. Damit gelang der Evolution in der Tat ein in der Natur einzigartiges genitales »Hinweisschild«. Zusätzliche Fingerzeige aufs weibliche Geschlechtsteil sind überflüssig. Was den Kulturmenschen nicht abhielt, weitere mittelbare oder unmittelbare Geschlechtshinweise zu entwickeln, Assoziationen inbegriffen.

Dass die kleinen Schamlippen den Lippen ähneln, ist nicht von der Hand zu weisen; und dass beide Lippenpaare beim Liebesspiel von zentraler Bedeutung sind, ebenfalls nicht. Sie haben sogar eine ausgemachte Beziehung. Da wo etwa der Mundkuss das Startzeichen für die sexuelle Annäherung ist, wurde er zum Versprechen der sexuellen Lust. Der Zungenkuss ist gar eine Vorwegnahme und Simulation des Geschlechtsverkehrs, »eine schüchterne Probe des Beischlafs«, wie Rudolf Kleinpaul 1888 schreibt. Der Schriftsteller und Volkskundler versichert mit Nachdruck: Der Kuss »verkündige den heiligen Koitus wie Bethlehem der Komet«.

Noch eindringlicher wird die Assoziation von Mund und Schamlippen bei der Fellatio[4]. Gehört sie zur Liebespraktik, wird gewünscht oder tritt anstelle des Geschlechtsverkehrs, liegt die gedankliche Gleichsetzung von Mund und weiblichem Geschlechtsteil nahe. Entsprechend mag es genügend Männer geben, die das eine für das andere nehmen. Wie es auch Frauen gibt, die sich die Assoziation des Mundverkehrs und auch den Mundkuss bewusst oder unbewusst zunutze machen, indem sie ihrem Mund einen feuchten Touch geben.

Feuchte Lippen entstehen beim Küssen ebenso wie beim Oralsex. Sie sind ein Zeichen, dass der Körper in absoluter Sexlaune ist. Eine sexuelle Stimulation zieht neben der verstärkten Durchblutung der Haut auch immer eine Erhöhung des Speichelflusses nach sich sowie die Produktion von Lubrikation (Gleitflüssigkeit der Scheide). Feuchte rote Schleimhäute sind ein sicheres Indiz für sexuelle Lust. Grund genug, weshalb Männer sich von rotglänzenden Frauenmündern angezogen fühlen. Ein feuchtroter Mund wirkt wie eine rote Verkehrsampel. Er meldet: Halt, Stopp! Mit dem Versprechen: Gleich geht's los.

Zum Locken mit den Lippen gehört das Lippenspiel. Es findet als Lippenbeißen, Lippenlecken und Lippenstülpen häufig beim Flirt statt. Zumeist werden diese Gesten unbewusst ausgeführt und häufig ziehen sie feuch-

[4] Mundverkehr beim Mann

te Lippen nach sich. Es sind eindeutige Zeichen bei der Annäherung der Geschlechter, die rund um den Globus beobachtet wurden. Seltener wird das Züngeln zur »Anmache« benutzt. Es ist aber ebenfalls weltweit bekannt und wird als Aufforderung zum Küssen oder Cunnilingus[5] verstanden. Irenäus Eibl-Eibesfeldt hatte das Züngeln bei den Waika-Indianern (= Yanomamo, Lebensraum: Nordwesten Südamerikas) beobachtet. Er deutete die Geste als »ritualisiertes Lecken«. Züngeln und auch das flüchtige Vorstrecken der Zunge seien unter anderem auf das Paarungsvorspiel der Partner zurückzuführen, bemerkt der Verhaltensforscher.

Prostituierte setzten derartige Gesten ganz bewusst beim Kundenfang ein. Für eingefleischte Bordsteinschwalben gehört das Vorstülpen und provokante Belecken der Lippen sowie das herausfordernde Züngeln zum Handwerkszeug. Im Tierreich sind Lippenspiele weniger anzutreffen, aber durchaus vorhanden. So stülpen etwa Jungstuten kräftig die Lippen vor, um Hengste anzulocken.

Ähnlich provokant wie das Züngeln kann das Nachziehen der Lippen mit Lippenstift sein. Man muss nichts mehr erklären, wenn vorgestülpte Lippen mit einem Lippenstift so nachgezeichnet werden, dass der Anschein entsteht, der ganze Körper gerate dadurch in einen sexuellen Taumel. Manch eine Frau bedient sich dieser Sprache ohne Worte, wenn es um plumpe Männeranmache geht. Filmemacher und Werbeleute greifen diese und andere Arten der synonymen Bildsprache des Mundes auf, wenn Produkte an den Mann gebracht werden sollen. Der schnöde Eiscremeverzehr wird zum erotischen Hochgenuss. »Geil« wird an der süßkalten Speise geleckt, oder sie wird sinnlich vom Löffel geschleckt. Solcherart Werbeerotik obliegt nicht ohne Grund ausschließlich weiblichen Mündern.

Der sinnlichen Ausstrahlung des weiblichen Mundes waren sich die Menschen von jeher bewusst. Die alten asiatischen Völker kannten das Lippenschminken ebenso wie die einstigen hochentwickelten Völker Südamerikas. Im Altertum färbten Frauen von hohem Stand ihre Lippen mit Henna oder rotem Ocker, dem Wachs und Fette beigemengt waren. Das Lippenrot wurde in Tiegelchen verwahrt, man trug es mit Holzstäbchen oder Pinselchen

[5] Mundverkehr bei der Frau

auf. Aus Schweineschmalz, Benzoe, Siam, rotem Sandelholz und Farbdistel wurde ein rotes Lippenpräparat angefertigt, das die Damenwelt etwa im siebzehnten Jahrhundert in Deutschland entzückte. Es war eines von unzähligen Lippenfärbemitteln, deren sich Frauen in ganz Europa bedienten. Wer sich ein derartiges Mittel nicht leisten konnte, biss sich vor dem Stelldichein in die Lippen oder färbte sie mit roter Fruchtfarbe ein.

Ab dem neunzehnten Jahrhundert kam es auf Frauenlippen in Europa zur farblichen Revolution. Der Sud aus mexikanischen Schildläusen (Cochenille) machte es möglich. Er ließ, mit Fetten vermengt, weibliche Lippen in nie dagewesenen Rottönen verführerisch glänzen. Zu einer weiteren Umwälzung kam es im Jahre 1864. Ein deutscher Chemiker analysierte die Cochenillenläuse und entriss ihnen ihr Farbgeheimnis. Kurz darauf begann der Siegeszug der rotleuchtenden Lippenfette ohne Läuseblut. Schließlich wurde 1883 anlässlich der Weltausstellung in Amsterdam der Vorläufer des heutigen Lippenstiftes vorgestellt. Sein Name gab seine Wirkung preis: Zauberstab des Eros. Weniger hinreißend war seine ironische Bezeichnung, »rotes Würstchen«, da er recht schlicht daherkam. Der kleine Wachsstab war lediglich mit Seidenpapier umwickelt. Beim Auftragen musste das Papier Stück für Stück entfernt werden. Trotz der etwas komplizierten Handhabung war die Frauenwelt von dem neuen Luxusartikel, den sich nur die wenigsten leisten konnten, hingerissen. Nach heutiger Währung kostete er etwa 50 Euro.

Parfüm und Körperduft

»Im Bett trage ich nur Chanel No. 5«, vertraute Marilyn Monroe einst einem Reporter an. Der neugierige Berichterstatter hatte wissen wollen, was sie des Nachts trug. Welchen Körpergeruch die Natur der Sexgöttin schenkte, darüber erfahren wir nichts. Nur eines ist gewiss: Ihre vielen Verehrer schnupperten keineswegs an einem Chanelfläschchen, um ihrem Idol nahe zu sein. Der Duft von Chanel ist das eine, der wahrhafte Geruch einer Person etwas völlig anderes.

Körperdüfte sind individuell wie ein Fingerabdruck. Bei der Partnerwahl haben sie ein entscheidendes Wörtchen mitzureden. Dabei wirken sie zumeist unterschwellig, geben Aufschluss über den sexuellen Status, verführen und wirken nicht selten wie ein Aphrodisiakum. Männer scheinen auf bestimmte Frauendüfte förmlich zu fliegen, was von der Natur durchaus gewollt ist.

Der Geruch ist Teil eines Menschen, und jeder besitzt einen einmaligen Körperduft. Selbst eineiige Zwillinge duften um eine Nuance unterschiedlich. Ein Schweißhund kann deshalb Zwillinge unterscheiden. Zwillinge haben jedoch einen sehr ähnlichen Duft, wie sich überhaupt der Körperduft von Geschwistern ähnelt, weil sie ihn von ihrer Mutter und ihrem Vater geerbt haben.

Blonde duften anders als Rothaarige, Schwarzhaarige anders als Brünette. Unverkennbar stehen Haarfarbe und Körpergeruch miteinander in Verbindung, wie auch die Hautfarbe den Duft eines Menschen mitbestimmt. Dunkelhäutige geben mehr Duft ab als Hellhäutige. Koreaner gehören zu jenen Völkern, die am wenigsten nach Schweiß riechen. Allerdings ist menschlicher Schweißgeruch weit aufdringlicher als der unserer nächsten Verwandten, der Affen. Unter den Menschen wiederum gibt es welche, die besonders anziehend riechen. Alexander der Große war so ein Mensch. Sein Körpergeruch soll nach Veilchen geduftet haben. Neuere Forschungen zeigen, schöne Menschen duften auch schön. Das klingt völlig verrückt, doch offenbar ist »Schönheit ein durchgängiges Merkmal einer Person«, betont Karl Grammer. Der Biologe ließ Frauen mehrere Tage lang T-Shirts tragen und anschließend Testpersonen an den Hemden schnuppern. Das Ergebnis: Die am besten duftenden T-Shirts waren von den Gutaussehenden getragen worden.

Ein angenehmer Duft ist fraglos etwas Außerordentliches, er zeichnet eine Person auf ganz besondere Weise aus. Wer deshalb Komplimente erhält, fühlt sich geschmeichelt. Vor allem wenn die ureigensten Gerüche, die eigenen Körperdüfte gemeint sind. Alter Schweiß, Mundgeruch, käsiger Fußgeruch und nicht zuletzt übelriechende Intimgerüche sind absolute Liebeskiller. Gegen sie kommt noch nicht einmal eine verliebte willfährige Nase an, mögen die körperlichen Reize auch mächtig groß sein. Von daher ist Körperreinigung nicht nur ein Mittel, sich Parasiten und Krankheiten vom Leibe zu halten, sondern von jeher auch eine wichtige Voraussetzung für sexuelle Attraktivität.

Selbst Komplimente für fremde, angelegte Düfte verfehlen niemals ihre Wirkung. Parfüm oder Düfte von Körperpflegemitteln machen einen Menschen attraktiver, verführerischer und sinnlicher. Das gilt für Menschen auf dem gesamten Erdball. Um noch verlockender zu duften, schmücken sich Menschen allerorten mit fremden Düften. In Ostafrika befestigten Massais kleine Büschel von Leleshwa-Blättern in ihren Achselhöhlen, während Djur-Frauen ihre Scham mit einem wohlriechenden Blätterschutz schmückten. Die Maoris auf Neuseeland banden sich süß-krautig duftende Säckchen um den Hals. In ihnen befand sich Moos, Farnkraut, Harz und Taramea (Gummiart). Es sind Düfte, die noch heute in der Parfümindustrie Anwendung finden. Auf Hawaii pflegten Frauen duftende Blumengirlanden um den Hals zu tragen, mit denen sie auch fremde Besucher verwöhnten. In Sri Lanka und Thailand hingegen stecken sich traditionell gekleidete Frauen Blüten in die hübsch frisierten Haare. In Indien sind dafür besonders Jasminblüten beliebt. Ihr narkotisch-animalischer Duft raubt einem fast den Atem, besonders in den Abendstunden.

Blumenschmuck am Körper war auch bei den Europäern viele Jahrhunderte beliebt. Er fiel bei Frauen weit üppiger aus als bei Männern. Der Zauber dieser Blumensprache hat sich bis heute bewahrt, etwa bei Hochzeiten. Der Bräutigam trägt eine Blume im Knopfloch, während die Braut ihr Haar mit Blüten schmückt und einen Brautstrauß in Händen hält. In den vergangenen

52 Inderinnen mit Jasmingirlanden

Jahrhunderten durfte der Blütenzauber besonders zur festlichen Abendgarderobe nicht fehlen, ob im Haar, am Dekolleté, an Taille, am Hut oder als kleiner Strauß in der Hand. Die Blüten oder Sträußchen sollten die Trägerin verschönern. Wuchs, Duft und Farbenpracht des Buketts trugen zum reizvollen Erscheinen bei und ergänzten die verführerische Garderobe.

Manche Dame ließ Blumen sogar »unvergesslich« sprechen. Trug Madame Marie Duplessis (1824–1847) eine rote Kamelienblüte, ließ sie ihre vielen Verehrer wissen: Ich habe meine »Schönsten« (Periode) und bin für Galantes nicht zu haben. An anderen Tagen trug die gefeierte Kurtisane weiße oder rosafarbene Kamelien, Kostbarkeiten aus noblen Pariser Gewächshäusern, die sich nicht jeder leisten konnte. Späterhin verlieh Alexandre Dumas Marie Duplessis ewiges Leben. Sie wurde seine *Kameliendame*.

Bereits damals hatten die zumeist feinen und bescheidenen Düfte der verschiedensten Blüten nicht die Kraft, sich gegen die Duftstoffe aus dem Flakon zu behaupten. Speziell im Zeitalter der üblen Gerüche wurden Düfte allerorten versprüht, sofern man es sich leisten konnte. In der besseren Gesellschaft wurden Räume beräuchert, Wäscheschränken und Wäschetruhen legte man Duftkissen bei. Perücken, Kleider und Taschentücher waren parfümiert, duftende Handschuhe waren etwas Alltägliches. Vor allem Moschus, aber auch Ambra sollten den strengen Gerbgeruch des Leders mildern.

Im Paris des sechzehnten, siebzehnten und achtzehnten Jahrhunderts ließ sich eine vornehme oder reiche Dame ihr eigenes Duftwasser anmischen.

Die Rezepturen der Odeurs wurden wie Staatsgeheimnisse gehütet, die Duftstoffe in kostbaren Behältern verwahrt. Weit weniger individuell, aber ebenso erlesen und unerschwinglich waren die Düfte der Antike. Dem Bad wurden wohlduftende Substanzen beigegeben, der Körper wurde mit aromatischen Ölen eingerieben und das Haar mit duftenden Essenzen gespült. Bei festlichen Gelagen und Empfängen war die Luft duftgeschwängert. Man hatte die Räume entweder mit Düften besprengt, beräuchert, oder sie waren mit Blütenblättern ausgestreut. Eine Dame oder ein Herr erfrischte sich, wenn nötig, den Atem mit Kräutern. Für ein intimes Zusammensein beduftete man sich die Scham.

Die Griechen und Römer standen damit dem alten Ägypten in nichts nach. Schon bei den Pharaonen war es üblich gewesen, Kleider, Schlafkammern sowie Präsentationsräume regelmäßig zu parfümieren. Bei heiligen Prozessionen trug man Duftkegel auf dem Kopf. Sie bestanden aus Fetten und Wachsen. Die Umgebungswärme brachte die duftende Masse langsam zum Schmelzen, und sie ergoss sich beharrlich auf die üppigen Perücken. Träger oder Trägerin umgab eine beständige Duftwolke. Zu sehen sind derartige Duftkegel noch heute auf Wandgemälden und in Luxor als Relief an der Südwestseite im Hof Ramses' II.

Frauen wie Männer scheinen sich dazumal gleichermaßen mit schönen Düften umgeben zu haben. Erfahrene Parfümeure unterstreichen jedoch, das weibliche Geschlecht habe Düfte stets zum Anlocken des Mannes eingesetzt. Der Arzt und Sexualforscher Iwan Bloch merkt in seinem Buch *Die sexuelle Osphresiologie* (Lehre vom Geruchssinn) in voller Überzeugung an: »Denn es war ohne Zweifel zuerst das Weib, welches sich der künstlichen Duftstoffe als sexuelles Reizmittel und zu kosmetischen Zwecken bediente.« In der Tat lieben Frauen die schönen Düfte nicht bloß, weil sie ihnen so gut gefallen. An Kurtisanen, Mätressen und Prostituierten wird die Sache recht deutlich. Sie setzen Duftstoffe stets wegen ihrer aphrodisierenden Wirkung ein. In China wurde diese Art der Verführung durch die hübsche Ch'ang-an (Lotusduft) sogar zur Legende. Die populäre Kurtisane lebte im achten Jahrhundert. Sie soll sich für ihre vielen Verehrer derart köstlich parfümiert haben, dass ihr selbst Bienen und Schmetterlinge folgten, sobald sie das Haus verließ.

Hierzulande werden starke, süßliche Parfüms noch immer mit Prostituierten in Verbindung gebracht. Bei auffälligen schwülstigen Duftnoten spricht so mancher von Nuttendiesel. In den Fünfziger- und Sechzigerjahren des letzten Jahrhunderts wurden stark parfümierte Frauen als »nuttig« abgetan. Auffällige Duftnoten gestand man in jenen Tagen lediglich Schauspielerinnen, Prostituierten und Französinnen zu. Letztere galten als elegant *und* in Liebesdingen besonders bewandert. Einer normalsterblichen deutschen Frau war Parfüm nur in dezenten Dosen und zu besonderen Anlässen erlaubt, zum Tanz, Fest oder Stelldichein. »Etwas Parfüm hinter die Ohren tupfen ... dort hält der Duft mindestens einen halben Tag«, empfahl der vielverschenkte Ratgeber *Rund um die Schönheit* (1956). Diese duftige Extravaganz konnte nur noch überboten werden, wenn die Parfümträgerin auf ein Duftkompliment vielsagend entgegnete: »Es ist ein französisches Parfüm, man hat es mir aus Paris mitgebracht!«

Duftige Lockmittel

Sich mit anderen Düften zu schmücken oder die Duftausstrahlung zu vergrößern ist nicht ungewöhnlich oder neu. Tieren sind diese Methoden auf den Leib geschrieben. Wollen etwa Maikäferweibchen auf sich aufmerksam machen, vergrößern sie ihre eigene Duftwolke. Dazu knabbern sie am Laub von Eiche, Hain- oder Rotbuche. Schon liegt mehr Duft in der Luft, denn den Fraßstellen der Blätter entweicht ein für die Maikäfermännchen höchst verlockender Geruch. Zielsicher können nun die umherschwärmenden Maikäfermänner direkt auf die Käferdamen zusteuern und sie beglücken.

Duftiger Avancen mit Fernwirkung bedienen sich auch Menschen. In romantischen Zeiten schickten verliebte Männer duftende Blütenbuketts, und verliebte Damen sendeten Mitteilungen auf parfümiertem Briefpapier. Die Empfänger wussten die verheißungsvollen Duftmitteilungen stets zu deuten. Eine ebenso treffsichere Methode waren die von der Damenwelt mit Absicht fallengelassenen parfümierten Taschentücher, die punktgenau vor den Füßen des Auserkorenen landeten. Er wusste, was zu tun war. War kein Interesse vorhanden, gab er die duftige Liebesaufforderung an Ort und Stelle zurück. Wollte er mehr, wurde eine günstige Gelegenheit für ein Tête-à-Tête abgepasst. Bei dem ging es dann nicht mehr nur darum, das Spitzentuch höflich an die Besitzerin zurückzugeben.

Direkter Liebesbotschaften nach Art der Maikäferweibchen bedienen sich Frauen gleichfalls. Wir erinnern uns an Antonius, der auf dem Wege zu Kleopatra war. Schon lange bevor er ihre königliche Barke sah, roch er sie. Parfümierte Segel hatten ihr Kommen angekündigt. Selbst Duftversprechungen zeigen Wirkung. Sie waren es, die Holofernes ins Bett lockten und ihn schließlich den Kopf kosteten. »Ich habe mein Lager mit Myrrhe, Aloe und Zimt besprengt, komm lass uns der Liebe pflegen«, raunt Judith im Alten Testament dem Belagerer von Betulia zu. Unwiderstehlich zieht es den Feldherrn auf die angepriesene Schlafstätte. Nach dem Akt fällt er in süßen Schlummer, schon befreit Judith ihre Vaterstadt von Feindeshand: Sie ergreift das Schwert und schlägt kaltblütig zu.

Weniger aus blutrünstigen Motiven als vielmehr aus flirttechnischen Gründen gaben Töchter Jerusalems Myrrhe und Balsam in ihre Schuhe. Sodann suchten sie den Marktplatz auf. War ihr Angebeteter zugegen, gingen sie zum Angriff über. Sie stießen ihn mit dem wohlduftenden Fuß an. Die aufsteigenden Düfte sollen beim Angerempelten Verlangen ausgelöst haben. Der Balsam muss allemal beeindruckend geduftet haben. Sein außergewöhnlich betörender Duft wird mit dem heutiger Ambra verglichen. Mit seiner zitronenartigen und an Rosmarin erinnernden Beinote verzauberte Balsam die antike Welt und wurde hochgeschätzt. Für ein Lot des vom Amberbaum gewonnenen Balsams mussten zwei Lot Silber gezahlt werden.

Nur Ambrosia übertraf diesen Duft. Sie galt als göttlich und signalisierte den Griechen die Anwesenheit der Götter. Der Gürtel der Aphrodite, die Sandalen der Pallas Athene, die Loden der Hera dufteten nach Ambrosia. Den Griechen war klar: Wer diesen Duft verströmte, der besitzt eine vollendete Schönheit, altert und stirbt nicht. Wollte eine Griechin verführerisch duften, benutzte sie Ambrosia.

Und die heutigen Frauen? Sie stehen ihren Schwestern der Vergangenheit in nichts nach. Geht es zu einem Date, einer Feier, einer Party oder in die Disko wird eine Extraportion Duft zur Liebeswerbung aufgelegt oder die bereits angelegte Duftnote aufgefrischt. Hunderte von Parfüms stehen zur Auswahl. Duftende Bodylotionen und andere wohlriechende Pflegepräparate tun ihr Übriges, um den Körper duftmäßig sprechen zu lassen. Genauer gesagt, erotisch sprechen zu lassen. Düfte sind ein mächtiger Verführer, und sie betören die Sinne. »Kein Mensch mit halbwegs ausgeprägtem sexuellem Temperament betritt ein Parfümlaboratorium ungestraft«, meinte einst der berühmte Parfümeur Pierre Blaizot. Die dort eingeatmeten Düfte seien so erotisierend, dass sie einen Menschen praktisch unzurechnungsfähig machen würden.

Frauen richten ihr Augenmerk bei der Parfümierung keineswegs nur auf *einen* Mann. Der ganzen Welt zeigen sie, wie gut sie riechen. Viele Frauen umgibt eine regelrechte Duftwolke, die gleichsam den geruchlichen Wirkungskreis vergrößert. Ohne Schwierigkeiten kann Witterung aufgenommen werden. Ganz gewöhnlichen Nasen gelingt es problemlos, der Duftspur von Frau *JOOP!*, *ANGEL* oder *TRÉSOR* zu folgen. Ob durch den Hausflur zur Etagenwohnung oder vom Fahrstuhl zum Büro, die Duftfährte ist unverkennbar. Manch weibliches Geschöpf hinterlässt beim Vorübergehen auf der Straße sogar imposante Dufteindrücke mit Umdrehgarantie.

53 Venezia. Das Geheimnis der Verführung. Parfümwerbung der Firma Biagiotti, 1993

Immer mehr Frauen beduften sich mit immer aufdringlicheren Parfümen. Immer schriller werden die Duftrufe, immer zügelloser die Duftversprechen. Überbieten sich die Damen bei der Garderobe mit ihrer Freizügigkeit, so übertreffen sie sich bei den Düften mit immer lauteren Tönen. Die Duftkonkurrenz führt nicht selten zur räumlichen Überdosierung. Die Sinne werden überfordert, Duftstoffallergie ist die Folge. Schon sah man sich in der Mailänder Scala genötigt, der hemmungslosen Parfümwut Einhalt zu gebieten. Die Besucherinnen des Opernhauses wurden aufgefordert, von einer Auffrischung ihrer Düfte während der Pause abzusehen. Andernorts herrscht Parfümverbot, etwa an manchen Colleges in den Vereinigten Staaten.

Frauen bestreiten die absichtliche Überdosierung. Sie rechtfertigen ihre Duftübertreibung damit, ihr Parfüm selbst nicht mehr richtig wahrnehmen zu können. Tatsächlich ermüden Riechzellen gegenüber den uns direkt umgebenden Gerüchen. Wir nehmen sie nach einiger Zeit nicht mehr wahr, ein Gewöhnungsprozess hat stattgefunden. Das ist durchaus sinnvoll. Würden Umgebungsgerüche unser Riechhirn permanent beschäftigen, wären wir überfordert. Neue Eindrücke könnten weniger rasch und leicht registriert werden. Es ist sogar lebenswichtig, Gerüche mit der Zeit zu »überriechen« und sie damit als »bekannt« nur noch unbewusst zu registrieren. Im zwischenmenschlichen Bereich entsteht dadurch Sicherheit, Geborgenheit und Vertrauen, im Berufsalltag etwa die Möglichkeit, bestimmte Gerüche zu ertragen.

Eine Frau legt Parfüm nach, weil sie sichergehen will, dass man sie nicht überriecht. Der zusätzliche Spritzer Duft befreit sie von der Sorge, nicht alles für ihr erotisches Erscheinen unternommen zu haben. Parfüm hat die gleiche Aufgabe wie ein rasantes Kleidungsstück, wie ein Push-up-BH oder Stöckelschuhe. Es ist Garant für mehr Sinnlichkeit und sorgt zuverlässig dafür, wahrgenommen zu werden. Ein Parfüm wird nur gekauft, wenn es eines erfüllt: Es muss erotische Ausstrahlung besitzen, Sexappeal. Das wissen Parfümeure und kreieren verführerische Riechstoffe. Sie mischen ihnen animalische Bestandteile bei, die dieses Versprechen erfüllen: Ambra, Moschus, Zibet, Bibergeil (Castoreum). Selbst in Großmutters Wohlgerüchen stecken tierische Noten. *4711* enthält eine gehörige Portion Moschus, *Tosca* zudem Ambra und Zibet.

Es sind Duftbestandteile, die ein Parfüm erst betörend machen, was keine adlige Abstammung voraussetzt. Vielmehr sind die hochgeschätzten Parfümsubstanzen Stoffwechselprodukte aus dem Darm und aus Drüsen der entsprechenden Tiere. Diese Düfte geben der Zibetkatze, dem Moschustier und Biber erst ihren spezifischen, stechenden Geschlechtsgeruch. Verdünnt und in einem Duftgemisch versteckt, geben sie einem Parfüm jedoch jene Verführungskraft, derentwegen es benutzt wird. Der kultivierte und duftbesessene Mensch hat mit dieser raffinierten Duftmixtur einen listigen Weg gefunden, sich auf neue und doch altbewährte Weise anziehend zu machen. Während er nämlich in grauer Vorzeit unverhohlen mit Schweiß und anderen Körpersekreten den Geschlechtspartner betörte oder anlockte, tut er es heute mit teuren Düften aus der Parfümerie.

Die Finesse ist offenkundig. Tierische Duftbestandteile gemahnen an unsere eigenen Körperdüfte und ihre Aufgaben in der zwischenmenschlichen Kommunikation. Sie sind es, die beim Sex ein gehöriges Wörtchen mitzureden haben. Sie können verführen oder uns den Kopf verdrehen. So geschehen beim Herzog von Anjou, dem späteren König Heinrich III. Es war im Jahre 1572, Maria von Kleve hatte getanzt, war durchschwitzt und suchte den Toilettenraum im Louvre auf. Die gerade Sechzehnjährige traf dort auf das Zimmermädchen der Königinmutter, die ihr riet, die Chemise zu wechseln. Eben hatte das Zimmermädchen das Hemdchen in der Hand, da trat der Herzog von Anjou ein. Er war gleichfalls durchschwitzt, ergriff die Chemise und trocknete sein Gesicht damit ab. Die unbedarfte Handlung hatte Folgen. Der Duft des zarten Kleidungsstückes drang in die adlige Nase, und auf der Stelle verliebte sich der Herzog unsterblich in Maria. Dokumente belegen, dass diese Liebe bis über ihren Tod hinaus währte. Dass Heinrich III. die Liebe seines Lebens unglücklich machte, ist eine andere Geschichte. Auch dass er selbst wie ein Pavian stank. Sein unangenehmer Schweißgeruch war legendär. Es heißt, seine Körpergerüche machten seine Nähe für Höflinge und Mätressen schier unerträglich.

Eine ähnliche Liebesgeschichte wird von Heinrich IV. (1553–1610), König von Frankreich und Navarra, berichtet. Ein benutztes Taschentuch entzündete die Liebesglut. Es gehörte der schönen Gabriele, die das Corpus delicti auf einem Ball Seiner Hoheit reichte, damit er sich die vom Tanzen erhitzte Stirn abtupfen konnte. Kaum war dies geschehen, machte Heinrich IV. Gabriele den Hof, eroberte ihr Herz und auch alles Übrige.

Sind das nur entzückende Anekdoten? Keineswegs. Wer jemanden nicht riechen mag, der geht mit diesem auch keine Intimbeziehung ein. Da sind wir ähnlich wie die Tiere. Sind wir verliebt, suchen wir den Abstand auf ein Mindestmaß zu verringern. Sodann wird der Geruch des anderen aufgenommen. Dabei fällt die Nase ein untrügliches Urteil: Sie mag den Geruch, oder sie mag ihn nicht. Ein Dazwischen gibt es nicht. Gefühlsmäßig sind wir sofort getroffen, da Düfte ohne große Umwege in das limbische System gelangen, einen stammesgeschichtlich gesehen sehr alten Teil des menschlichen Gehirns, der auch für unsere Emotionen und Triebe zuständig ist.

Je näher wir einander kommen, umso energischer fordert die Nase ihr Recht. Je intimer die Situation, umso eindeutiger ihr Urteil. In der Liebe und beim Sex sagt uns die Nase, wo es langgeht. Sie entscheidet souverän und zumeist insgeheim, schon lange bevor eine objektive Entscheidung getroffen wird. Deshalb muss auch nur selten jemand wegen seines Geruchs aus dem Bett geschmissen werden.

Anziehende Eigengerüche

Geht es um Sex, hat ein Parfüm keine Chance mehr. Mag es auch unglaublich teuer, raffiniert und verführerisch duften, die Nase interessiert nur noch die Düfte des Körpers. Sie bilden den Hintergrund jeden Parfüms, und auch Wasser und Seife können die eigenen Gerüche niemals gänzlich entfernen. Ein Grund, weshalb ein und dasselbe Parfüm auf jeder Haut anders duftet. Körperdüfte sind Botenstoffe der Liebe.

Bei der Suche nach einem Geschlechtspartner werden Körpergerüche bevorzugt, die den eigenen genetisch nicht nahestehen. Je abweichender der Duft, desto vernarrter ist man in den Geruch. Die Formel lautet: je fremder, desto besser. Biologisch gesehen ist das äußerst wichtig, denn damit wird das Immunsystem optimiert und die genetische Vielfalt gesichert. Die Nachkommenschaft ist besser gegen Krankheiten geschützt. Außerdem schließen wir auf diesem Wege Inzucht aus.

Verliebte sind verrückt nach dem Duft des geliebten Menschen. Wird er vermisst, schnuppern Frauen schon einmal am T-Shirt und Männer hin und wieder am Slip des Lieblings. Napoleon war derart hingerissen von den natürlichen Düften seiner Joséphine, dass er sie eines Tages vor seinem Eintreffen in Paris per Depesche wissen ließ: »Wasche Dich nicht, ich komme.« Das tat der Feldherr in weiser Voraussicht, denn Joséphine parfümierte sich mit Vorliebe. Sie bestäubte sich mit Eau de Cologne, Eau de Naples, Eau du Portugal, benutzte Cremes und Pomaden aus »Tausend Töpfchen und Fläschchen«. Allein für Lippenrot gab die Kreolin nach heutigen Verhältnissen 12 500 Euro im Jahr aus. Und Napoleon? Er stand ihr diesbezüglich in nichts nach. Noch einen Monat vor seiner Niederlage bei Waterloo (1815) orderte er Parfüm, Toilettenartikel und parfümierte Handschuhe. Ihm wird nachgesagt, er habe sechzig Flaschen Eau de Cologne pro Monat verbraucht. Wovon er täglich einiges über Kopf und Schultern geschüttet haben soll.

Wenn es drauf ankommt, soll es nach Mensch riechen. Das hat seinen Grund. Auf Männer wirken Intimgerüche ungemein anziehend. Vermutlich weil weibliche Düfte insgesamt eine ähnliche biologische Aufgabe besitzen wie Gerüche im Tierreich. Dort regeln Körperdüfte das Sexualleben. Ohne Duftstoffe, genauer gesagt ohne Pheromone läuft bei unseren nahen Verwandten, den Affen, nichts. Bei allen übrigen Säugetieren ebenfalls nicht. Durch Pheromone findet der Rüde die läufige Hündin und der Kater den richtigen Zeitpunkt, um sich dem Weibchen unbeschadet zu nähern. Nicht zuletzt schnüffelt der Eber die rauschige (paarungswillige) Sau. Die wiederum ist nur betört, wenn der richtige Duft in der Luft liegt. Ein bisschen Schaum vorm Maul, ein wenig gepinkelt, schon hat das männliche Borstenvieh seine Lockstoffe freigesetzt. Die Schweinedame nimmt mit ihrer feinen Schnüffelnase sogleich die Pheromone Androstenon und Androstenol wahr, flugs ist es um sie geschehen. Sie fällt in die sogenannte Lordosis (Körperstarre), wird willenlos und lässt sich gefallen, was ihr sonst nicht gefallen würde.

Frauen fallen in keine Starre, sobald ihnen Männerschweiß in die Nase steigt. Gleichwohl reagieren sie auf eben die gleichen Duftbestandteile, die Sau und Eber zusammenführen. Denn Androstenon und Androstenol finden sich auch im Duftcocktail humaner Sekrete, im Achselschweiß, Urin und Speichel. Das männliche Geschlecht produziert davon weit höhere Dosen als das weibliche. Viele Männer können diese Stoffe nicht bewusst riechen, dennoch reagieren sie unterschwellig darauf.

Für das weibliche Geschlecht ist Androstenol ein Duftstoff besonderer Art, darauf ist es programmiert. Androstenol duftet nach Moschus, und auf diese Duftnote reagieren Frauen nach der Pubertät hundertmal sensibler als Männer. Untersuchungen zeigten, Frauen mögen Androstenol besonders gern während des Eisprungs. Sie fühlen sich folglich zu Männern mehr hingezogen, wenn ihr Östrogenpegel hoch ist. Die Tatsache, dass Frauen während dieser Zeit verstärkt allein ausgehen und mehr Haut zeigen, ist auf diesen Umstand zurückzuführen.

In archaischen Zeiten haben Menschen durch Schweiß und andere Körpersekrete vieles kundgetan. Der sexuelle Status und die Gruppenzugehörigkeit waren durch Düfte erkennbar. Durch gegenseitiges Beschnüffeln haben sich Menschen wiedererkannt oder bekannt gemacht. Die Umarmung und das Händegeben gehen auf Schnüffelrituale bei der Begrüßung und Verabschiedung zurück, ebenso der noch übliche Nasenkuss bei den Maoris oder der französische Wangenkuss.

Das Riechen ist bei beiden Kussarten weit wichtiger als das Berühren. Beim Nasenreiben und beim Vorbeiküssen an der Wange werden Düfte unmittelbar wahrgenommen, Körper- sowie Haargeruch, Duft von Körperpflegemitteln und nicht zuletzt Parfüm und Aftershave. Kommt es beim Begrüßungskuss zur Berührung, übertragen sich häufig sogar Düfte von dem einen zum anderen. Die Weitergabe von Körperdüften ist ein wichtiger Vorgang, durch den Vertrautheit hergestellt wird. Das wird an der Mutter-Kind-Bindung besonders deutlich. Nichts wirkt auf das Neugeborene und den Säugling beruhigender als der vertraute mütterliche Geruch. Bei Säugetieren lässt sich die Lebensnotwendigkeit dieses Geruchsaustausches ermessen. Indem Muttertiere ihr Neugeborenes nach der Geburt ablecken, geben sie ihren Geruch weiter und nehmen das des Jungtieres an. Riecht es nicht vertraut, wird es nicht ans Gesäuge gelassen.

Bei Liebenden ist die Geruchsübertragung ebenfalls ein wesentliches Bindeglied. Je vertrauter der Geruch, desto angenehmer wird er empfunden. In einigen Gegenden von Böhmen ließ man Brautleute zumeist eine Nacht allein beisammen. Sie sollen sich »zusammenriechen«, wörtlich: *aby se scuchli*. Und im Persischen bedeutet *bujah* sowohl Geruch als auch Liebe und Sehnsucht. Die Perser sagen daher: Ich bekomme den Geruch von jemandem in die Nase, was meint: Ich bekomme Sehnsucht nach jemandem.

Weibliche Lockstoffe

Männerdüfte unterscheiden sich erheblich von Frauendüften. Körpergerüche sind deshalb ein untrügliches Zeichen der Geschlechtszugehörigkeit. Sie sind in hohem Maße vom Hormonhaushalt abhängig und zugleich der Schlüssel zur Sexualität. Ohne Duft läuft in Wirklichkeit nichts.

Fragt man Männer nach ihren Duftvorlieben, nennen sie an erster Stelle den allgemeinen Körpergeruch ohne Parfüm. Fast ebenso gerne mögen sie den allgemeinen Körpergeruch mit Parfüm. Doch richtig sexy finden Männer die Gerüche unterhalb der Gürtellinie. Frauen reagieren anders. Sie sind eher auf die Achselgerüche fixiert. An den intimen Düften des Mannes haben sie kein gesteigertes Interesse. Einige werden jedoch vom Geruch nach dem Geschlechtsverkehr stimuliert.

Das starke Geschlecht wird bei der femininsten Duftnote buchstäblich schwach, dem Geschlechtsduft der Frau. Am besten gefällt Männern der Intimduft zum Zeitpunkt des Eisprungs. Forscher führen diese Duftleidenschaft auf ein »phylogenetisches Überbleibsels« zurück. Gemeint ist jene Zeit, in der das männliche Geschlecht durch den »brünstigen Riechstoff des Weibes« angelockt wurde. Bestimmte Fettsäuren im Vaginalsekret unterstreichen diese Annahme. Ihr Anteil ist während des Eisprungs am größten. Einige Säugetiermännchen werden ganz kirre, wenn sie diese Fettsäuren in die Nase bekommen. Die nicht gerade hinreißende Duftmischung aus Essigsäure, Propansäure, n-Butansäure, Isobutansäure und Methylbuttersäure drängt ein Rhesusaffenmännchen oder einen Ziegenbock geradewegs zur Kopulation. Der Duftcocktail wird deshalb zu Recht als Kopuline bezeichnet. So zügellos reagieren Männer nicht. Der vaginale Liebesduft hat dennoch unmittelbare Wirkung. Riechen Männer Kopuline, erhöht sich ihr Testosteronspiegel. Das bewirkt nun einiges: sexuelle Stimulation, Wettbewerb unter Männern und Umnebelung der Sinne.

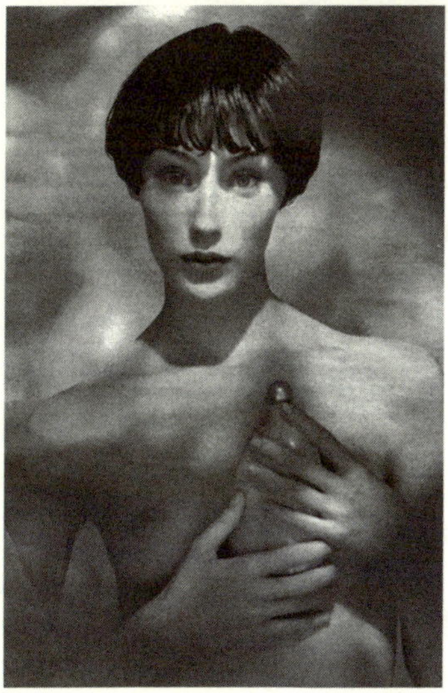

54 Eden. Der verbotene Duft. Parfümwerbung der Firma Cacharel, 1994

Letzteres zeigte ein wissenschaftliches Experiment. Männer sollten die Schönheit von Frauen beurteilen. Ihnen wurden dazu Fotos von attraktiven und weniger attraktiven Frauen vorgelegt. Der Grad der Schönheit sollte beurteilt werden. Während der Bewertung atmete ein Teil der Probanden Kopuline ein. Der Duftstoff war hochverdünnt, so dass er bewusst nicht wahrgenommen wurde. Das Erstaunliche: Sobald Männer Kopuline schnupperten, erhielten die weniger attraktiven Frauen einen Extrabonus. Sie wurden schöner eingeschätzt, als sie in Wirklichkeit waren. Die gutaussehenden Frauen bekamen hingegen keinen Sonderbonus. Die Einschätzung der Attraktivität bewegte sich im normalen, also realen Rahmen. Die Taktik der Duftmanipulation ist offenkundig. Durch diese »chemische Kriegführung« unterlaufen Frauen die auf Attraktivität ausgerichteten Wahlkriterien des männlichen Geschlechts. Und sie selbst erhalten eine größere Wahlfreiheit bei den Männern.

Eine andere weibliche »biologische Kriegslist« ist die gegenseitige Manipulation mit den eigenen Körperdüften. Sie führt zur Synchronisierung des Menstruationsrhythmus, damit zur Zeitgleichheit des Eisprungs. Ein Duftphänomen, das erstmals Martha K. McClintock im Jahre 1971 beschrieb. Die Forscherin hatte über mehrere Monate Frauen untersucht, die im selben Schlafsaal nächtigten. Nach einer gewissen Zeit bekamen alle Frauen zum gleichen Zeitpunkt ihre Menstruation. Für die Gleichschaltung ist eine sogenannte Geberfrau verantwortlich, die den übrigen Frauen den Rhythmus mit Hilfe ihrer Achseldüfte vorgibt. Warum sich gerade diese und keine andere als Geberfrau entpuppt, ist nicht geklärt.

In archaischen Zeiten führte die Synchronizität zu einer einheitlichen Periode der Zeugung, was durchaus Vorteile hatte. Die allgemeine Kopulationsstimmung zwang beide Geschlechter zur Treue. Sie waren gegenüber dem Partner beziehungsweise der Partnerin besonders wachsam, Flirtversuche sollten unterbunden werden. Beide Seiten wollten auf jeden Fall einen Seitensprung des anderen verhindern: sie, damit er ihr Beschützer und Versorger blieb, er, damit er in keine fremde Brut investierte.

Männer schlagen nicht minder mit ihrer biologischen Duftkeule zu und manipulieren, was das Zeug hält. Ihr Moschusduft betört nicht nur Frauen während des Eisprungs, sondern Männerduft nimmt Einfluss auf die biologische Uhr einer Frau. Genauer: Männlicher Achselschweiß beeinflusst die Zykluslänge und den Zyklusabstand. Um das zu bewerkstelligen, muss es weder zu Schmusereien noch zum Beischlaf kommen. Ein einfacher Kontakt über drei Monate reicht durchaus. Teilt etwa eine Frau mit einem Mann über diesen Zeitraum ein kleines Büro, sitzen sie sich also täglich gegenüber, kommt es über den Schreibtisch hinweg zum Dufteinfluss. Hatte sie zuvor einen langen Zyklus, wird er sich auf ein normales Maß einpendeln. Hatte sie einen unregelmäßigen Rhythmus, wird er nun regelmäßig sein. Der Sinn der Duftstrategie ist augenfällig. Ein kurzer Rhythmus erhöht über die Spanne der fruchtbaren Jahre gesehen die Anzahl der Eisprünge. Dem Gesetz der Natur folgend können Männer auf diesem Wege ihre Genweitergabe optimieren. Sie kommen häufiger zum Zuge.

Männerdüfte können sogar auf das Verhalten von Frauen einwirken. Das wies ein Experiment aus dem Jahre 1980 nach, das die Forscher Michael D. Kirk-Smith und D. A. Booth unternommen hatten. Sie testeten die Wirkung von Androstenon auf Frauen, eines der beiden »Schweinepheromone«. Der Duftstoff hat keinen berauschenden Duftcharakter. Einerseits riecht er nach Sandelholz, andererseits zeichnet ihn eine auffällige Urinnote aus. Nichtsdestoweniger »flogen« Frauen auf diesen Geruch. Die beiden Amerikaner hatten einen Stuhl in einem Zahnarztwartezimmer mit Androstenon präpariert und legten sich auf die Lauer. Der Duftstoff aus der Achsel des Mannes zeigte Wirkung. Die Mehrheit der ankommenden Patientinnen bevorzugte den Stuhl, wohingegen Männer ihn mieden. Das Resümee der Wissenschaftler: Männer meiden die Nähe zum eigenen Geschlecht, während Frauen die Nähe zum Mann suchen.

Selbst das eigene Verhalten kann den Hormonhaushalt und damit den eigenen Körpergeruch bestimmen, wie der Sexualwissenschaftler Leon Kaplan zeigt. Er ging der Frage nach: Sind Karrierefrauen weniger sexy? Seine Untersuchung brachte die Fachwelt zum Staunen. Düfte von Karrierefrauen machen Männer weniger an als die von Frauen ohne berufliche Erfolgsambitionen. Der Grund ist simpel und erstaunlich. Um im Berufsleben erfolgreich sein zu können, müssen Frauen männliche Verhaltsweisen übernehmen. Das hat Folgen für ihren Körper. Sie schütten vermehrt männliche Hormone aus. Das wiederum bedeutet eine verringerte Produktion von weiblichen Sexualduftstoffen. Die östrogenabhängigen Duftstoffe sind es aber, die Männer betören. Wie es aussieht, können Frauen diese ausgesprochen weiblichen Lockstoffe vermehrt herstellen, einfach indem sie sich ausgesprochen feminin gebärden.

Schluss

Silikon für die Seele

Ob vormals in der Savanne Afrikas oder heutzutage in einer Großstadt, Männer fühlen sich zu schönen Frauenkörpern hingezogen. Auf sie reagieren sie nicht zuletzt mit spontanen sexuellen Reaktionen. Schönheit bedeutet beim weiblichen Geschlecht vor allem Gesundheit und Jugend. Nur wer gesund ist, hat volles Haar, eine makellose Haut, einen gleichmäßigen und wohlproportionierten Körperbau. Ein knackiger Po, ein straffer Busen, feste Schenkel, ein spezifischer Körpergeruch sowie rasante Kurven sind sichere Zeichen von Jugend. Es sind Körpermerkmale, auf die Männer seit Urzeiten »stehen«, weil sie eine erfolgreiche Fortpflanzung signalisieren. Sie sind Gewähr für Fertilität, also die Fähigkeit, Kinder zu bekommen.

Es mag sein, dass ein Mann für seine Partnerschaft oder Ehe nicht den idealen, vollkommenen Frauentyp ausgewählt hat, weil für die Kinderaufzucht und ein gemeinsames Leben auch andere Kriterien die Wahl beeinflussen. Das spricht jedoch nicht gegen die genannten »Topkriterien«. Sie sind es, die Männer hinter Frauen herschielen lassen oder einen Seitensprung provozieren.

Weltweit streben Frauen Schönheit und Jugend an. Sie wissen um die männlichen Auswahlkriterien. Da alle Frauen schön und begehrenswert sein wollen, ist Konkurrenzkampf angesagt. Um die Chancen zu erhöhen, müssen sämtliche Register gezogen werden. Schon streckt das weibliche Geschlecht sich nach utopisch-phantastischen Schönheitsidealen, an denen selbst natürliche biologische Ideale scheitern müssen. Das oberste Ziel heißt: männliches Interesse wecken. Nur die Schönsten und Attraktivsten haben eine wirkliche Wahl. Wer die Wahl hat, kann seine Ansprüche bei der Partnerwahl höher schrauben. Denn eine Frau will nicht irgendeinen Mann. Sie möchte den besten unter den Anwärtern. Einen, der ebenfalls attraktiv, sprich biologisch wertvoll ist. Er muss einen hohen Status in die Waagschale der Zweierbeziehung werfen, das heißt, er muss längerfristige Sicherheit und Versorgung versprechen. Beides verbürgt eine erfolgreiche Kinderaufzucht.

Beim Balzen geht es Frauen also darum, einen möglichst guten Eindruck zu machen. Zudem müssen sie zweierlei beherrschen: anlocken und erfolgreich festhalten. Dabei kommen dem weiblichen Geschlecht zwei Anlagen zugute, die ihnen in die Wiege gelegt wurden. Es ist die Sucht, sich herauszuputzen, und das unbändige Verlangen, mit dem Körper zu locken. Für einen reizvollen Körper nehmen Frauen nahezu alles in Kauf, Schmerzen, eingeschränkte Bewegungsfähigkeit, Einbuße der Gesundheit, Abhängigkeit. Frauen sind in dieser Beziehung wirklich vollkommen anders »gestrickt« als ihr männlicher Konterpart. Männer ruinieren keineswegs ihre Füße, nur um sich in einer schärferen Gangart zu präsentieren. Sie zwängen ihr Gemächt auch nicht in ein formgebendes Suspensorium, nur um einen unwiderstehlichen erotischen Eindruck zu hinterlassen. Männer wollen vielmehr mit beiden Beinen fest im Leben stehen. Auch und gerade weil Frauen sie nicht so sehr wegen ihres Körpers an sich binden wollen, sondern wegen ihrer Position, ihres Besitzes, ihrer Macht. Dafür riskieren Männer in der Tat einiges, dafür setzen sie ihre Gesundheit aufs Spiel.

Frauen und Männer verfolgen infolgedessen ganz unterschiedliche Strategien, wenn es darum geht, das andere Geschlecht für sich zu gewinnen und Konkurrenz auszuschalten. Eine Frau würde kein Kreditinstitut aufsuchen, um sich einen Porsche zum Angeben zuzulegen. Ein Mann schon. Eine Frau würde sich aber für eine Schönheitsoperation verschulden, davon verspricht *sie* sich einiges.

Frauen tragen unbequeme Kleidung und investieren viel Zeit in die Schönheit. Sie hungern oder legen sich für eine Körperkorrektur unters Messer. Sie geben Unsummen für Falten- und Anticellulitecreme aus. Das alles gibt ihnen Hoffnung auf eine gute Figur, ein gutes Aussehen und ein gutes Gefühl. Schließlich ist Silikon auch gut für die Seele. Denn die kleinen Brustkissen stärken das Selbstvertrauen und versprechen Erfolg bei Männern.

Durchgestandene Schönheitsoperationen verharmlosen Frauen in aller Regel. Ich habe mit Dutzenden Frauen gesprochen, die eine chirurgische Korrektur an ihrem Körper vornehmen ließen. Schmerzen bei der Verschönerung wurden von keiner erwähnt. Angeschwollene und blauunterlaufene Gesichter nach einer Nasen- oder Lidkorrektur sowie einem Lifting werden hingenommen wie die Blessuren einer Initiation. Schmerzhafte Einstiche bei Botoxspritzen verhallen im Gelächter einer Botoxparty. Das Ergebnis zählt, nicht vorübergehende Verwundungen. Die Risiken solcher Eingriffe sind für die Verschönerten leichter zu ertragen, als so zu bleiben, wie sie sind. Das neue Aussehen ist entscheidend, die gewonnenen Jahre oder ein wenig von dem zu haben, womit die schönen Gazellen in den Gazetten locken. Nur bei gezieltem Nachhaken gestand die eine oder andere dann doch, es sei »schon eine wahre Tortur gewesen«.

Auch »routinemäßige Quälereien« des Körpers sind in Fleisch und Blut übergegangen und nicht der Rede wert. Das Brennen beim Wimpernfärben oder das Ziepen beim Epilieren von Körperhaaren gehören zum Frausein dazu. Katastrophen beim Haarfärben, bei der Kosmetikerin oder bei der Pediküre hatten sämtliche befragten Frauen schon erlebt, auch besonders schmerzvolle.

Ärzte, die sich aufs Lasern spezialisiert haben, bestätigten durchweg, Frauen würden vieles für ihre Schönheit hinnehmen, »selbst, wenn es höllisch brannte«. Ein Spezialist zeigte mir Bilder einer Zweiundachtzigjährigen, die sich bei ihm einer erfolgreichen Laserbehandlung unterzogen hatte. Es ist Dokumentationsmaterial, das er denjenigen vorlegt, die eine derartige Behandlung erwägen. Die Fotos zeigen die alte Dame vor dem Eingriff, direkt danach und einige Monate später. Beim Anblick des mittleren Bildes wurde mir übel. Es zeigt rohe Gesichtshaut. Auf meine Frage, ob seine Patientinnen dadurch nicht abgeschreckt würden, antwortete mir der Mediziner: »Keineswegs!« Und als ich wissen möchte, weshalb sich eine Zweiundachtzigjährige lasern ließe, erwiderte er ohne zu zögern: »Sie wollte einfach ein wenig frischer, gesünder und jünger aussehen.«

»Ich schminke mich nur für mich«, behauptete eine recht attraktive Studentin. Eine ebenso reizvolle junge wissenschaftliche Assistentin meinte: »Meine Kleidung muss in erster Linie mir gefallen.« Beide Frauen sprach ich in einer öffentlichen Bibliothek an. Sie waren mir aufgrund ihres Makeups und ihrer Kleidung aufgefallen. Ihr spezifisches Make-up und ihre sexy Kleidung hatten sie äußerlich in einen besonderen Zustand katapultiert: den der sexuellen Bereitschaft, auch wenn sie keineswegs bereit waren, mit dem nächstbesten Bibliothekar oder irgendeinem anderen Mann geschlechtlich zu verkehren. Vorgegaukelte permanente Bereitschaft macht aber Frauen für die Männerwelt *ständig* und nicht nur vorübergehend interessant. Das ist der Grund, weshalb Frauen Gefallen am ständigen Wandel haben, weshalb sie mit immer neuen Reizen locken. Sie denken sich immerzu etwas Neues aus, damit sie Männer immer wieder aufs Neue überraschen können. Damit spricht die Frau etwas im Manne an, das ihn zum Seitensprung veranlasst: seinen Wunsch nach Abwechslung. Dieser gewährt ihm biologisch gesehen eine größere Chance, seine Gene weiterzugeben. In der Zoologie spricht man diesbezüglich vom Coolidge-Effekt. Es ist die wachsende Abneigung von Männchen, ein und dasselbe Weibchen kurz hintereinander oder wiederholt zu kopulieren. An Rattenmännchen wurde etwa nachgewiesen, dass der sexuelle Appetit gedämpft wird, sobald sie zur Kopulation immer wieder nur dasselbe Weibchen zur Verfügung haben. Anders sieht es aus, wenn Rattenmännchen zwischen mehreren Weibchen wählen können. Sie können häufiger und schneller hintereinander.

Vom Coolidge-Effekt sprechen Wissenschaftler aber auch bei gleichen oder ähnlichen Symptomen, wenn es um die menschliche Sexualität geht. Wobei die Bezeichnung *Coolidge-Effekt* ursprünglich sogar auf eine allzu menschliche Anekdote zurückgeht. Der amerikanische Präsident Coolidge (1872–1933) und dessen Frau hatten einst eine Hühnerfarm im Mittleren Westen besichtigt. Dabei hätte Mrs. Coolidge wissen wollen, ob denn ein einziger Hahn all die vielen Hennen sexuell zufriedenstellen könne. Der Farmer bestätigte dies, woraufhin sie ihn bat, dies auch ihrem Mann mitzuteilen. Der Farmer kam der Bitte nach, woraufhin der Präsident prompt reagierte: »Bitte erinnern Sie meine Gattin an eine wesentliche Tatsache: Der Hahn wählt jedes Mal eine andere Henne.«

Eine Frau, die sich ständig wandelt, die beständig etwas Neues aus sich macht, bindet den Mann auf eine äußerst clevere Weise an sich: Sie gibt »dem Hahn« das Gefühl, quasi beständig eine »andere Henne« zu erobern. Bei dem ganzen Manöver sind tatsächliche Seitensprünge natürlich nicht ausgeschlossen. Das gilt für Männer und für Frauen.

Getrieben vom Begehren, begehrt zu werden, machen sich Frauen zum Objekt der Begierde. Dabei geht es ihnen nicht um einen spezifischen Mann, sondern um alle Männer. Das allgemeine Begehren steigert ihren Marktwert und erhöht zugleich den Status des Mannes, der sie bekommt. Diese Veranlagung der Frau ist durchaus im Sinne der Natur. Die nämlich tut alles, damit immer neue genetische Profile entstehen. Fehltritte sind erwünscht.

Die Balz mit der größten Effektivität war in alten Zeiten der Ball oder das Dorffest. Längst wurde diesem Terrain eine höhere Ebene vorgeschaltet. Medien sorgten für eine globale Balzplattform. Frauen flirten mit Gott und der Welt, nackt in Männermagazinen, halbnackt in irgendwelchen Fernsehsendungen. Es reicht nicht mehr, nur auf einer Party die Schönste zu sein; das Nonplusultra und der Traum junger Mädchen ist, Model zu sein oder an Misswahlen teilzunehmen. Opfer und Qualen lohnen sich für begehrliche und bewundernde Blicke. Sie beflügeln Frauen, daraus schöpfen sie unendliche Energie, die nötig ist, um schön zu sein und schön zu bleiben. Fraglos lohnt der Aufwand, selbst brutale Körperpein, wie Millionen Frauenschicksale seit Jahrhunderten belegen.

Frauen sind ohne Frage ganz reizvolle Wesen. Und ohne Frage verfolgen sie eine Absicht, wenn sie sich schönmachen. Diesbezüglich denken sie strategisch und ökonomisch, und sie kennen ihr Ziel. Millionen Frauen verfolgen täglich dieses Ziel, und der Erfolg gibt ihnen recht. Eine Frau, die in ihren Kleiderschrank sieht und fragt: »Was soll ich anziehen?«, weiß genau, was sie will!

Verwendete Literatur

(* = sehr zum Weiterlesen empfohlen)

Aigremont (1909): *Fuss- und Schuhsymbolik und -Erotik. Folkloristische und sexualwissenschaftliche Untersuchung*. Leipzig.

*Andritzky, Michael/Kämpf, Günther/Link, Vilma (Hg.)(1991): *Z. B. Schuhe. Vom bloßen Fuß zum Stöckelschuh. Eine Kulturgeschichte der Fußbekleidung*. Gießen.

Bachmann, Felicitas/Madeyka, Christa/Meyer-Scheidewind, Mechthild (1994): *Wäsche. Mode, Markt und Marketing*. Frankfurt am Main.

Berliner Zeitung vom 20. 9. 2003: »Was wollen Frauen. Das wissen die Männer von Triumph auch nicht so genau. Deshalb erfinden sie jedes Jahr neue Büstenhalter«, S. M 1.

Bloch, Iwan siehe unter Pseudonym Albert Hagen sowie Eugen Düren.

Brain, Robert (1979): *The Decorated Body*. New York u. a.

Camphausen, Rufus C. (1997): *Return of the tribal*. Rochester, Vermont.

Dai Sijie (2003): *Balzac und die kleine chinesische Schneiderin*. München.

*Darwin, Charles (1893 [1874]): *Die Abstammung des Menschen und die geschlechtliche Zuchtwahl*. Halle.

Darwin, Charles (1896 [1872]): *Der Ausdruck der Gemütsbewegungen bei Menschen und Tieren*. Halle.

Didczuneit, Veit/Külow, Dirk (1998): *Miss Germany. Die deutsche Schönheitskönigin*. Hamburg.

Dölp, Waltraud (1984): *Ein Hauch von Eleganz*. Handbuch zur Sonderausstellung vom 7. Oktober 1984 bis 3. Februar 1985 im Bremer Landesmuseum für Kunstgeschichte. Bremen (Focke-Museum).

*Duerr, Hans Peter (2002): *Die Tatsachen des Lebens*. Frankfurt am Main.

*Duerr, Hans Peter (1997): *Der erotische Leib*. Frankfurt am Main.

Düren, Eugen [Iwan Bloch] (1903): *Das Geschlechtsleben in England*. Bd. II, dort: Kapitel: Die Mode, S. 211–260. Berlin.

Durst, Anneliese/Gravenhorst, Lerke (1991): »Frauenschuhe: Spannungen, Parodoxien, Entwicklungen in der Inszinierung von Weiblichkeit«, in: Andritzky/Kämpf/Link (Hg.): *Z. B. Schuhe. Vom bloßen Fuß zum Stöckelschuh. Eine Kulturgeschichte der Fußbekleidung*. Gießen, S. 202–207.

*Ebberfeld, Ingelore (2001): *Körperdüfte. Erotische Geruchserinnerungen.* Königstein.

*Ebberfeld, Ingelore (1995): *Botenstoffe der Liebe. Über das innige Verhältnis von Geruch und Sexualität.* Frankfurt am Main.

Eger, Jürgen (1995): »Wetterloch«, in: Rohnstock, Katrin (Hg.): *Erotik macht die Häßlichen schön. Sexueller Alltag im Osten.* Berlin, S. 25–37.

Eibl-Eibesfeldt, Irenäus (1976 [1970]): *Liebe und Haß. Zur Naturgeschichte elementarer Verhaltensweisen.* (15. Aufl.) München/Zürich.

Ellis, Havelock (1907): *Die krankhaften Geschlechts-Empfindungen auf dissoziativer Grundlage.* Würzburg.

Englisch, Paul (1932): »Geruchsbefriedigung, künstlicher Duft und dessen Einschätzung in der Literatur«, in: *Die fünf Sinne. Ihre Einflußnahme und Wirkung auf die Sexualität des Menschen.* Bd. 5, Wien/Leipzig, S. 193–212.

*Fisher, Helen (1995): *Anatomie der Liebe. Warum Paare sich finden, binden und auseinandergehen.* München.

Focus, Heft 10, 2004: »Model mit Macken«, S. 124–126.

Ford, Clellan S./Beach, Frank A. (1951): *Patterns of Sexual Behavoir.* New York.

Frankfurter Allgemeine Zeitung vom 4. 6. 2003: »Gerne groß. Immer mehr Amerikanerinnen lassen sich trotz ungewisser Folgen Implantate in die Brüste operieren.«

Frankfurter Allgemeine Zeitung vom 4. 6. 2003: »Schnittfest wie Gummibärchen. Brustimplantate aus Silikon sind in Amerika verboten, in Deutschland und in der EU erlaubt.«

Frauenzimmer-Lexicon [Nutzbares, galantes und curiöses Frauenzimmer-Lexicon] (1739 [1715]): von Amaranthes [Corvinus, Gottlieb S.]. Leipzig/Frankfurt.

Fuchs, Eduard (1985 [1909 ff.]): *Illustrierte Sittengeschichte,* Bd. I – VI. Frankfurt am Main.

*Grammer, Karl (1995): *Signale der Liebe. Die biologischen Gesetze der Partnerschaft.* München.

Hagen, Albert [Iwan Bloch](1901): *Die sexuelle Osphresiologie. Die Beziehungen des Geruchssinnes und der Gerüche zur menschlichen Geschlechtsthätigkeit.* Charlottenburg.

Hirschfeld, Magnus (1930): *Geschlechtskunde.* Bd. IV, Stuttgart.

Jäger, Gustav (1880): *Die Entdeckung der Seele.* (Zugleich Lehrbuch der allgemeinen Zoologie. III Abteilung: Psychologie). (2. Aufl.) Leipzig.

Kenrick, D. T./Gutierres, R. B. (1980): »Romantic attraction: Misattribution versus reinforcement explanations«, in: *Journal of Personality und Social Psychology,* Bd. 35, S. 381–391.

Kinsey, Alfred C./Pomeroy, Wardell B./Martin, Clyde E. (1964 [1948]): *Das sexuelle Verhalten des Mannes.* Berlin/Frankfurt am Main.

Kinsey, Alfred C./Pomeroy, Wardell B./Martin, Clyde E./Gebhard, Paul H. (1963 [1953]): *Das sexuelle Verhalten der Frau.* Berlin/Frankfurt am Main.

Kirk-Smith, Michael D./Booth, D. A. (1980): »Effect of androstenone one choice of location in others' presence«, in: van der Starre, H. (Hg.): *Olfaction and taste VII.* London/Washington DC, S. 397–400.

Kleinpaul, Rudolf (1972 [1888]): »Sprache ohne Worte«, in: Sebeok, Thomas A. (Hg.): *Approches to semiotics,* Bd. 19. Paris.

Harms, Ingeborg (2003): »Martyrium der Schönheit. Über Mode und Fetisch«, in: *Merkur* Heft Nr. 57, S. 1100–1110.

Heyck, Ed. (1902): *Frauenschönheit im Wandel von Kunst und Geschmack.* Bielefeld/Leipzig.

Holzschuher, Ludwig von (1948): *Praktische Psychologie.* Seebruck, Chiemsee.

Jedding-Gersterling, Maria/Brutscher, Georg (Hg.) (1988): *Die Frisur. Eine Kulturgeschichte der Haarmode von der Antike bis zur Gegenwart.* München.

Kern, Stephen (1975): *Anatomy and Destiny: A Cultural History of Human Body.* Indianapolis.

Kiener, Franz (1956): *Kleidung, Mode und Mensch.* München/Basel.

Kleinspehn, Thomas (1991): *Der flüchtige Blick.* Reinbek bei Hamburg.

Koch-Mertens, Wiebke (2000): *Der Mensch und seine Kleider.* Düsseldorf/Zürich.

Landfester, Ulrike (Hg.) (2002): *Schrift und Bild und Körper*. Bielefeld.

*Langley Moore, Doris (2004 [1928]): *Die Kunst der Verführung*. Hamburg.

Lehnert, Gertrud (1998 a): »Mode, Weiblichkeit und Modernität«, in: Lehnert, Gertrud (Hg.): *Mode, Weiblichkeit und Modernität*. Dortmund. S. 7–19.

Lehnert, Gertrud (1998 b): »Es kommt der Moment, in dem sie selbst ihre Puppe ist – Vom modischen Körper, Frauen und Puppen«, in: Lehnert, Gertrud (Hg.): *Mode, Weiblichkeit und Modernität*. Dortmund, S. 86–106.

Lexikon der Erotik (1978), 2 Bde. Hg. Knoll, Ludwig/Jaeckel, Gerhard. Reinbek bei Hamburg.

Link, Heiner (2004): *Fräulein Ursula*. Reinbek bei Hamburg.

Lohse-Jasper, Renate (2001): *Die Farben der Schönheit. Eine Kulturgeschichte der Schminkkunst*. Hildesheim.

Loschek, Ingrid (1991): *Mode. Verführung und Notwendigkeit*. München.

Márai, Sándor (2003): *Wandlungen einer Frau*. München.

Margulis, Lynn/Sagan, Dorion (1991): *Geheimnis und Ritual*. Berlin.

Maupassant, Guy de (1977): *Bel-Ami*. Zürich.

McClintock, Martha K. (1971): »Menstrual synchrony and suppression«, in: *Nature*, Bd. 229, S. 244 f.

*McDowell, Colin (1993): *Dressed to Kill: Sex Power and Clothes*. London.

McDowell, Colin (1989): *Schuhe. Schönheit, Mode, Phantasie*. München.

*Miersch, Michael (2002): *Das bizarre Sexualleben der Tiere*. München.

*Morris, Desmond (2004): *Die nackte Eva*. München.

*Morris, Desmond (1970): *Der nackte Affe*. München/Zürich.

Nefzaui siehe Scheik Nefzaui.

Perret, David siehe unter Fernsehmitschnitte.

Ploss, Heinrich/Bartels, Max und Paul (1927 [1884]): *Das Weib in der Natur- und Völkerkunde*, Bd. I–III. (11. Aufl.) Leipzig.

Rako, Susan/Friebely, Joan (2004): »Pheromonal Influences on Sociosexual Behavior in Postmenopausal Women«, in: *The Journal of Sex Research*, Bd. 41, Nr. 4, S. 372-380.

Reik, Theodor (1985 [1949]): *Von Liebe und Lust. Über die Psychoanalyse romantischer und sexueller Emotionen*. Frankfurt am Main.

Renne, K. S. /Allen, P. C. (1976): »Gender and the ritual of the door«, in: *Sex Roles*, 2, S. 167–174.

Rohnstock, Katrin (Hg.) (1995): *Erotik macht Häßliches schön. Sexueller Alltag im Osten*. Berlin.

Rouff, Maggy (1951): *Philosophie der Eleganz*. München.

Sadger, Isidor (1913): »Über die Gesäßerotik«, in: *Internationale Zeitschrift für ärztliche Psychoanalyse*, S. 351–358.

Scheik Nefzaui [Nafzawi, Umar Ibn-Muhammad-an] (1966): *Der blühende Garten*. München.

Schmauks, Dagmar (2000): »Die Darstellung des menschlichen Gesäßes in der Printwerbung«, in: *Semiotische Berichte* 24, 1–2, S. 305–323.

Schmauks, Dagmar (2003): »Nude Buttocks in Advertising«, in: Rector, Monica/Poggi, Isabella/Trigo, Nadine (Hg.): *Gestures. Meaning and Use*. Porto Universidale Fernando Pessoa, S. 237–242.

Schopenhauer, Arthur (o. J. [1844]): *Metaphysik der Geschlechtsliebe. Über die Weiber*. o. O.

Senses (Fachzeitschrift der Firma Symrise) 2004, Heft 4: »Groß, schlank und jugendlich – Globalisierung der Schönheitsideale«, S. 14–18.

Spitzing, Tamara (1991): »Auf Schusters Rappen durch die Geschichte«, in: Andritzky/Kämpf/Link (Hg.): *Z. B. Schuhe. Vom bloßen Fuß zum Stöckelschuh. Eine Kulturgeschichte der Fußbekleidung*. Gießen. S. 47–57.

Steele, Valerie (1998): *Fetisch. Mode, Sex und Macht*. Berlin.

Veit, Peter G. (1982): »Gorilla society«, in: *Natural History*, März 1982, S. 48–58.

Wegeli, Jean (1912): »Das Gesäß im Völkergedanken«, in: *Anthropophyteia*, Bd. 9, S. 209–243.

Weiss, Hermann (1860): *Kostümkunde. Handbuch der Geschichte der Tracht, des Baues und des Geräthes der Völker des Alterthums*. Stuttgart.

Weser Kurier vom 15. 2. 2002: »Zum Schulabschluss 'ne neue Nase.«

Wilson, Elisabeth (1989): *In Träume gehüllt. Mode und Modernität*. Hamburg.

Witte, Klaudia (1999): »Sexes of a monomorphic species differ in preference for mates with a novel trait«, in: *Behavioral Ecology*. Vol. 10, Nr. 1, S. 15–21.

Zaidel, Dahlia siehe unter Fernsehmitschnitte.
Zoffili, Ermanno (1992): *Kleidung und Schmuck im alten Ägypten*. Frankfurt am Main/Berlin.

Verwendete Videos, Fernseh- und Radiobeiträge

Werbefiguren. Geschöpfe der Warenwelt. Deutsches Werbemuseum, Frankfurt, Video, 120 Minuten.
50 Jahre Werbung in Deutschland. 1945 bis 1995. Deutsches Werbemuseum, Frankfurt, Video, 153 Minuten.
Fernsehmitschnitte der Universität Bremen:
Die Deutschen und der Sex (aufgenommen am 1. 3. 2004).
Sex und Leidenschaft (aufgenommen am 26. 2. 2004).
Körper nach Maß. Einblicke in die plastische Chirurgie (ohne Angaben).
Geo Reportage (1999): Schönheit Teil 1–4. Interviews u. a. mit Dahlia Zaidel, David Perret.
Kulturgeschichte des Pos. Radiosendung vom 15. 12. 2003. Funkhaus Europa. Sendereihe: Verso.

Dank

Mit großem Dank an Sandra Tolle Koop sowie Jutta Fraas, Sandra Kolb und Niels Neumann aus der Mediathek der Staats- und Universitätsbibliothek in Bremen. Bedanken möchte ich mich auch für das Vertrauen, das mir von nahezu zweihundert Frauen und Männern geschenkt wurde. Ihre offenen Antworten und beherzten Schilderungen ihrer Erfahrungen haben wesentlich zu diesem Buch beigetragen.